朝向他在性的
公共行政建构

肖涵 著

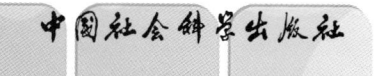

中国社会科学出版社

图书在版编目（CIP）数据

朝向他在性的公共行政建构/肖涵著. —北京：中国社会科学出版社，2022.2
　ISBN 978－7－5203－9623－3

　Ⅰ.①朝… Ⅱ.①肖… Ⅲ.①行政学—研究 Ⅳ.①D035

中国版本图书馆 CIP 数据核字（2022）第 020993 号

出 版 人	赵剑英
责任编辑	田　文　刘　洋
责任校对	周　昊
责任印制	王　超

出　　版	中国社会科学出版社
社　　址	北京鼓楼西大街甲 158 号
邮　　编	100720
网　　址	http://www.csspw.cn
发 行 部	010－84083685
门 市 部	010－84029450
经　　销	新华书店及其他书店
印　　刷	北京君升印刷有限公司
装　　订	廊坊市广阳区广增装订厂
版　　次	2022 年 2 月第 1 版
印　　次	2022 年 2 月第 1 次印刷
开　　本	710×1000　1/16
印　　张	16.5
插　　页	2
字　　数	238 千字
定　　价	88.00 元

凡购买中国社会科学出版社图书，如有质量问题请与本社营销中心联系调换
电话：010－84083683
版权所有　侵权必究

目 录

导 论 ··· (1)
    一　公共行政未来建构的可能性 ······················· (2)
    二　研究现状与述评 ····································· (6)
    三　研究方案 ·· (47)

第一章　公共行政的自我建构：对他者的拒绝 ············· (56)
  第一节　实体层面上对他者的拒绝 ······················· (57)
    一　拒绝政治的公共行政实体化 ······················· (58)
    二　拒绝他者的行政组织封闭化 ······················· (74)
  第二节　价值层面上对他者的拒绝 ······················· (83)
    一　实践中掀起效率的基本追求 ······················· (83)
    二　理论上确立科学的基本取向 ······················· (90)

第二章　公共行政的他在性建构：对他者的承认 ·········· (97)
  第一节　公共行政对政治的承认 ·························· (98)
    一　在实体层面上对政治的承认 ······················· (98)
    二　在价值层面上对政治的承认 ······················· (103)
  第二节　公共行政对社会的承认 ·························· (110)
    一　在实体层面上对社会的承认 ······················· (111)
    二　在价值层面上对社会的承认 ······················· (117)
  第三节　公共行政他在性建构的价值 ···················· (125)
    一　克服自我建构拒绝他者的负作用 ················ (125)

二　重视公共行政他在性建构的支点 …………………………（134）

第三章　公共行政他在性建构中的障碍 ……………………（138）
第一节　公共行政他在性建构面临的复杂环境 ……………（139）
　　一　公共行政研究中自我的分裂问题 ……………………（139）
　　二　公共行政实践中他者的在场问题 ……………………（158）
第二节　公共行政他在性建构中的狭隘现实性 ……………（162）
　　一　公共行政他在性建构中官僚制的狭隘性 ……………（162）
　　二　公共行政他在性建构中市场的狭隘性 ………………（169）
第三节　公共行政他在性建构中的合法性与责任 …………（178）
　　一　公共行政他在性建构中沦为承认工具的他者 ………（178）
　　二　公共行政他在性建构中对他者的责任问题 …………（187）

第四章　公共行政他在性建构的路径选择 …………………（196）
第一节　后现代主义公共行政中的自我建构 ………………（197）
　　一　重构公共行政他在性建构的支点 ……………………（197）
　　二　培育公共行政自视为他者意识 ………………………（206）
第二节　21世纪公共行政中在场的他者建构 ………………（216）
　　一　超越从合法性理解他在性的纰漏 ……………………（217）
　　二　突破实体性思维与他者共生共在 ……………………（221）

结　语 …………………………………………………………（229）

参考文献 ………………………………………………………（235）

后　记 …………………………………………………………（261）

导　论

　　从20世纪中后期以来,在女性主义、种族宗教问题、文学创作甚至是音乐、绘画等各个领域都充斥着他者的反抗。例如,奇玛曼达的跨文化小说（the intercultural novel,移民文学）批判女性和非洲文学在美国受到的创伤；在一些加拿大小说中批判美洲印第安人和梅蒂斯人也不被北美社会接受而边缘化；拉丁美洲的非殖民化主义（边缘）在当前社会科学和人文学科对欧洲中心主义的批评中占有突出的地位。但正如有些学者所说的,物质主义的发展似乎并没有让人们普遍过上自由自在的生活,反而使我们更加孤立和自私,虽然身份认同是通过他人完成的,但人们普遍通过排除"劣等的他人"来肯定自我的社会身份,自我与他人是一种主从关系,这就是很多人理解的他在性（alterity）。有人指出西方的思想就是在他人面前进行自我辩护,居住在所谓发达世界的人民（占世界人口的15%）利用同一性反对不发达世界人民（占世界人口的85%）的差异而实现自我。[1] 正如有些学者所指出的,在美国历史中习惯性创造"邪恶的他者",导致国内族群斗争并将自我与他者的二元对立推至世界范围,导致霸权主义乃至焦虑。[2] 其实,他在性是对自我中心主义、对极权主义和暴力的

---

[1] Augusto Ponzio, "Signification and Alterity in Emmanuel Levinas", *Semiotica*, Vol. 171, 2008, pp. 115–130.

[2] 孔祥永:《"他者"想象与美国的焦虑》,《美国研究》2015年第4期。

否定，是我们之间应有的伦理责任，① 他在性具有深厚的历史价值，但由于人类历史中对他在性的漠视，使诸多领域的他在性建构出现问题。纵使到了如今的全球化时代，大量技术支撑着我们共时共在，突破了传统时空限制的共享空间却是"一个特殊的共振空间，一个回音室，任何不同与陌生都被消除了。真正的共鸣以他者的切近为前提。如今，他者的切近让位于同者的无差别性。全球化交际只允许相同的他者或其他的同者存在"②。而"同质化的扩散形成病理变化，对社会体造成侵害。使其害病的不是退隐和禁令，而是过度交际与过度消费，不是压迫和否定，而是迁就和赞同。如今病态时代标志不是压制，而是抑郁"③。在公共行政领域也一样。

一 公共行政未来建构的可能性

在风险和危机四起的环境中，"未来公共行政应当根据什么进行重建"一直是当代公共行政领域最值得关注的问题之一，回答这个问题需要诉诸公共行政历史，才能找准其重建的方向。但即使到了20世纪末，几乎所有专业和学科都缺乏历史分析意识，表现为社会科学致力于通过非时间性的因果关系发展知识和寻求确定性，通过独立于时间和空间的法则与模型解释人类行为，这一切都是排斥历史和文化等他者维度的。柯尔柏甚至指出现代主义对"历史的他性"并不承认，因此往往被认为是有根本性缺陷的，必须通过历史教育加以克服。④ 在公共行政领域也如此，已有的关于西方公共行政历史的主要叙述基本是正统论范畴，依赖线性的时空观念阐述公共行政历史，我们总以普遍主义之名抹掉历史中的其他声音，这种简单地与时空和文化相关并将大量公共行政知识和视角排斥在外的建构对如今日益复杂

---

① Seong Shin-Hyung, "A Study of Alterity and Ethics in Emmanuel Levinas", *Journal of Ethics*, Vol. 113, 2017, pp. 91–105.
② ［韩］韩炳哲：《他者的消失》，吴琼译，中信出版社2019年版，第7页。
③ ［韩］韩炳哲：《他者的消失》，吴琼译，中信出版社2019年版，第4页。
④ Andreas Korber, "Presentism, Alterity and Historical Thinking", *Historical Encounters*, Vol. 6, 2019, pp. 110–116.

的社会环境的解释力必然较弱，缺乏对当下公共行政发展的参考价值和借鉴意义。少量的一些历史性学术研究也是存在问题的，甚至被批判停滞于现代主义魔幻之中而没有考虑当下的社会环境。

历史分析意识并非简单地与时空相关，更是与实践、研究关联的整体文化相关，穿插在对知识的生产和再生产中，能够从历时性的知识积累中提炼出本质，看清事物的发展规律和趋势，但同时也要注意到历史主义的窠臼，即考虑公共行政历史对当下的价值和借鉴意义的问题。历史分析意识是同时包含时间和空间的概念，时空二维是统一的，并不能简单地拆分开来，尤其是在社会科学的诸多问题分析上，不能偏废其一，可以举个例子来理解时空的这种统一性。在社会科学的研究中我们经常使用"农业社会、工业社会和后工业社会"这一理论框架，人们通常只从时间维度去理解这几个概念，就会将其视为阶段论。如果每个国家在实际运转中真是一个封闭发展的共同体，可能严格的阶段论是有"成效"的，但这不符合事实，同在一个空间（全球）的各个国家虽处在不同发展时间却也在不断沟通，也就是说不能仅从时间维度去理解概念，否则发展就不存在多样性。总之，时空维度应该是统一的，但以往我们更多地采用单一维度去言说和行动，历史分析意识就是二者的统一，否则我们总会得出范式论而遗忘他者。

他在性视角是具有历史分析意识的路径，为公共行政添加了批判性的历史分析视角和见解，既具备时空性，又对他者具有包容性，能够提炼出公共行政发展中的规律并对当代治理环境具有启发意义。基于此，本研究从公共行政理论与实践的演进入手，发现了不断朝向他在性（alterity）建构的逻辑线索，进而反思朝向他在性建构的公共行政有哪些内容？它给公共行政带来了什么？依据他在性建构存在哪些障碍？如何根据他在性方向重建公共行政？

第一，20世纪后期以来，两种看似矛盾的趋势——互联性和碎片化——相伴而来，公共行政领域迎接他者的过程也面临这样的当代环境。首先，公共行政因不能放手去处理有关他者的问题而面临自我分裂问题，20世纪中期以来学术共同体的分化（规范研究与实证研究难以弥合）和20世纪后期公共行政规范研究因无支点而碎片化，虽然途中有理论整合的努力但最终在后现代主义思潮中成为徒劳；其次，自我与他者的相互依赖关系逐渐突破了传统的时空范畴限制而在场于公共领域中，这也是当代他者在场的新形式，但更新了的在场形式又面临新的治理难题。

第二，如果说他在性代表的是一种实现公共行政未来建构的可能性，那它所面临的问题就是一种现实性，可能性如何超越现实性中的狭隘，同时又不陷入纯粹的乌托邦，是当代公共行政的一种内在紧张。首先，20世纪后期以来，社会这一他者已经成为理论家们首要关注的问题，社会的存在与要求成为公共行政建构的主要原则，即公共行政的社会建构，但是理论家们发现仅仅主张张开怀抱迎接社会是不够的。真正的朝向他者需要公共行政将自身也视为他者，但直至20世纪后期，官僚制的权威控制无处不在，具有排他性的技术理性和行政傲慢更是高踞中心地位，破坏着社会性（社会回答了"我是谁"及我与他者关系的问题），并且基于原子化个体（自我）设计出发点的官僚制存在制度不正义。其次，市场希望实现他者的复权却未以恰当形式在场，20世纪后期市场观念的出现是他者复权的表现，因为政府治理角色的中心地位问题不断说明公共领域中他在性的匮乏，市场想改变甚至替代政府的治理地位，但是这种他者复权的理念和途径出现了问题。① 总之，官僚制组织和市场是公共行政他在性建构中主要的现实性却又愈加狭隘，都不是他者在场的正确形式。

第三，面对20世纪后期政府及其行政被诟病的现状，面对狭隘的现实性，公共行政领域急切作出回应，但在回应过程中出现了进一步的问题，即如何处理与他者的关系？公共行政与他者的关系问题表

---

① 20世纪后期市场神话的发展造成的真正问题是政府维护社会公平的功能被搁浅。理论上市场是能够实现资源最优配置的方式，但现实中并不能实现（缺乏条件），是需要政府承担公平供给功能（实现公共利益）的。

现为公共行政对他者的承认问题和公共行政对他者的责任[1]问题。首先，因为对不同他者的承认，20世纪后期对合法性问题（公共行政寻求合法性多半需要他者帮助）的认知途径各异，造成20世纪后期公共行政对他者承认问题的混乱，他者也都沦为公共行政的工具。其次，公共行政理论被指责失去对现实的解释和指导价值，而政府及其行政被抱怨丧失其公共性，都源于人们对公共行政他者责任的认知混乱。20世纪后期公共行政对他者的责任问题充分体现了政治要求（主要是公共行政实践）与社会要求（主要是公共行政理论）的冲突，[2]造成理论逐渐失去了对微观现实的解释能力，积累了越来越多对现实的不满，也导致自我与他者、他者与他者之间的关系混乱。

可见，无论是公共行政理论还是实践，都具有朝向他在性演进的逻辑。他在性为公共行政提供了批判性的历史分析视角和见解，能够提炼出公共行政发展规律并对当代治理环境具有启发意义。20世纪中后期以来，在愈加关联的社会网络结构中，公共行政的他在性建构却遇到了障碍。虽然这种他在性建构问题引起了一些人的关注，甚至有人提出了后现代公共行政领域他在性的内涵，但并没有人详细梳理和思考公共行政朝向他在性的演进逻辑，进而找出目前他在性建构存在的问题，挖掘并论证他在性的价值。在公共行政研究中，法默尔正式将他在性概念和视角引入，他将他在性视为不同于现代公共行政的基本维度之一，提出让他在性成为行政建构的方向，进而产生了一批体现他在性视角的前瞻性作品。但法默尔及其追随者都是在后现代语

---

[1] 关于责任，尤其是行政责任，公共行政领域关于主观与客观责任、个体与组织责任的争论已不在少数，本书认为伦理责任也需要从自我与他者关系的视角去审视和建构，即责任的社会建构，因为责任应当始于个体对伦理的自主理解和判断，并通过与他人对话和沟通达成伦理决策，行政人员更是如此，在对自我的认知中，建立与他者的联系，共同在公共领域工作。

[2] 20世纪中后期，民主价值这一被公共行政自我建构过程忽视的他者得到重视，但它可以作为一项政治原则，即从政治层面来看，意味着非民选机构（行政）对民选机构（政治）负责，这主要发生在20世纪中后期的公共行政实践中；民主价值也可以作为社会原则具有其实质内容，即从社会角度审视，意味着非民选机构直接对社会负责，这主要发生在20世纪中后期的公共行政理论中。

◆◇◆ 朝向他在性的公共行政建构

境下描述他在性的内涵和重要性，而没有按照他在性去梳理和思考公共行政的历史发展。要实现公共行政理论和实践的良性发展，促进公共行政的积极建构，以他在性这一逻辑线索审视公共行政的历史发展，清晰地梳理和界定公共行政他在性建构的相关问题，是一种明智的选择。在此过程中，可以发现多个主要他者在公共行政建构中的角色和价值，通过他在性的视角可以发现当代公共行政内在紧张关系的内容和本质，基于他在性可以为公共行政的重建提供方向。

二　研究现状与述评

已有的关于西方公共行政历史的主要叙述存在一些共性，基本是正统论、范式论[①]或阶段论的梳理方式，即依赖线性的时空观念阐述公共行政历史，将大量非正典公共行政知识和视角排斥在外，简单地与时空和整个文化相关，在并未产生广泛共识的各式范式论中去总结公共行政发展，对如今日益复杂的社会环境解释力较弱，也缺乏对当下公共行政发展的价值和借鉴意义。尽管罗森布鲁姆等人突破了范式论的线性思维，直接从行政世界或知识再生产入手来阐述公共行政，但还是存在地域性和局限性。而他在性是独树一帜的批判性视角，为公共行政提供了独特的视角和理解。

对中西方他在性知识的梳理和反思为本研究做一个理论铺垫，中西方对人类社会尤其是人文社会科学朝向他在性演进规律的认可还是清晰的。对他在性概念理解的前提是理解他者、理解自我与他者这对概念关系，"自我以外的一切人与事物，凡是外在于自我的存在，不

---

① 范式概念源于库恩向科学的真理性提出了挑战：科学知识并不是从自然中简单地读取出来的，而是以历史上特定的、具有一定文化背景的范式作为中介，但范式会污染观察和实验。（参见［美］库恩《科学革命的结构》，金吾伦、胡新和译，北京大学出版社2003年版，序第4页。）库恩所提出的"范式"概念是指科学研究者原先所持有的世界观和方法论，科学知识只能在一定的范式下成立，所以知识在库恩看来是"科学家"这一文化共同体内部社会交往过程的特定结果。库恩指出："一个科学共同体，遵循他们一致接受的范式，从事常规科学研究，解决疑难；当许多疑难解决不了时，就产生危机；于是就发生科学革命，产生新的范式，形成新的科学共同体，解决过去解决不了的疑难。"（［美］库恩：《必要张力》，范岱年、纪树立译，北京大学出版社2004年版，第372页。）

管它以什么形式出现,可看见还是不可看见,可感知还是不可感知,都可以被称为他者"①。自我与他者是现代文明成果中的一对重要概念,其关系演变构成了现代思想和建制的一条基本逻辑线索:在自我意识生成之时就开始保持自我的中心地位,对他者进行支配,直到20世纪才逐渐出现他者话语,在他者话语基础上发展了主体间性②和他在性问题,但他在性是对自我中心主义的反击,也是对绝对他者和主体间性的批判与完善。

(一)国外他在性知识述评

1. 西方公共行政研究的历史与问题

1968年,沃尔多在《公共行政学》一文中对公共行政历史进行了较有代表性的梳理。19世纪,欧洲、美国各国已经开始重视文职人员的培训和公共行政研究,公共行政管理方面的改革和变更促进了理论的发展和学科意识形成,尽管早期人们倾向于把公共行政学视为政治科学的一部分。20世纪二三十年代,公共行政就确立了它的正统,至20世纪40年代,公共行政正统的基本信念受到了批判,不同研究领域和青年学者(诸如达尔、西蒙)等都对公共行政正统理念进行了反击。20世纪中后期,人们已经对行政涉入政治过程达成了基本共识;③ 同时心理学和社会学也逐渐进入公共行政领域;④ 组织理论既与公共行政学有

---

① 吾文泉:《当代美国喜剧的文化他性及其舞台表述》,《当代外国文学》2015年第2期。

② 主体间性并没有从根本上超越主体性思维,没有克服自我中心化问题,是个"似是而非的概念"。具体而言,在主体—客体这种不平等关系中强调平等是不可能的,因为主体与客体之间存在绝对的权力权威关系,客体能够成为主体,是因为自我对他者的类比推理而来,把他者还原为自我,二者同一才能实现主体—主体的关系,那么与此同时自我与他者之间也就没有差异,所谓的承认他者的主体间性也就是消灭差异的手段而已。

③ "人们通常有一种一致的看法,尽管从一个行政机构的上层移动到底层,或者深入到某一技术过程或职能部门时的政治现象和决策总量在逐渐减少,但它们依然表现了其重要程度;而在主要行政部门或上层管理部门这种级别中,由于那里集中体现如此众多的利害关系,政治现象和决策则的确是重要事情。"(Waldo Dwight,"Public Administration",*The Journal of Politics*,Vol. 30,No. 2,May 1968,pp. 443 – 479.)

④ "社会学的科研探索工作对于与效率直接有关的问题,其联系并不十分明显;而心理学的探索工作在这方面的联系,则要明显得多。……一般说来,公共行政学必须从对心理学和社会学这两者的研究兴趣与技术方面得到好处。"(Waldo Dwight,"Public Administration",*The Journal of Politics*,Vol. 30,No. 2,May 1968,pp. 443 – 479.)

◆◇◆ 朝向他在性的公共行政建构

联系也为其提供了帮助；公共行政比较研究成为公共行政学规模最大的学术活动领域；① 公共行政的各种物质设备以及可以应用于公共行政实践和研究的各种逻辑思维体系（如运筹学）迅速发展，提高了公共行政的效率和合理性，提供了新的机会。

尼古拉斯·亨利更直接地将公共行政的百年发展梳理为五个范式阶段，体现了公共行政与政治学、管理学这些他者的简单关系。1900—1926年公共行政确立了范式1，即政治与行政二分法。"范式1强调的是定向，即公共行政应该在哪里。很清楚，在古德诺和他的追随者的观念里，公共行政应该以政府的官僚体制为中心。对这种定向的阐明形成了政治与行政的二分法。"② 1927—1937年的公共行政范式2是公共行政原则，公共行政正统形成，地位达到了高峰，以1937年古利克和厄威克的《行政科学论文集》为标志，从而确立了公共行政原则POSDCORB。③ 1950—1970年公共行政确立了范式3，即作为政治学的公共行政，但"这种建构的结果'剔除了'公共行政学科领域的基本'专业知识'"，导致作为一个确定领域的公共行

---

① "第二次世界大战以及在战后的军事职业中，数以百计的美国公共行政学的学生和教师们，在美国政府、联合国以及私人基金会这三者的许多技术资助计划的促进之下，在国外从事着专业性的工作。这种面临外国的并且通常是非西方的政府制度和文化的情况，刺激产生一种'进行一般性比较'的想法，特别是对于下属的作法产生了怀疑，即把他们所熟悉的行政方法向当地传播，或者把曾经认为是良好和合乎科学的行政原理在当地加以实施，究竟是否适宜或者是否完全行得通呢？"（Waldo Dwight, "Public Administration", *The Journal of Politics*, Vol. 30, No. 2, May 1968, pp. 443 – 479.）

② [美]尼古拉斯·亨利：《公共行政与公共事务》（第八版），张昕译，中国人民大学出版社2002年版，第49页。

③ 亨利认为从范式1到范式2的发展是公共行政正统确立时期，具体而言，20世纪早期美国高等院校发起公共服务运动，使公共行政受到了关注；1912年美国政治科学联合会建立了公务人员实践培训委员会，并在1914年报告指出政治科学要关心公民培训、职业准备、教育研究人员以及培训专家和为政府职位准备专门人才，也需要特殊的学院培训公共行政人员，这使公共行政能够成为一门学科，同年该委员会构成了公务人员培训促进协会的核心，是公共行政学会的前身；1906年成立的纽约城市研究局是公共行政学者和实践者密切关联的重要表现，并在1911年成立了第一个公共行政学校（公务人员培训学校），培训出的第一批公务员在1924年形成了第一个隶属大学的公共行政项目（马克斯韦尔公民和公共事务学院）；政治与行政二分原则在市政研究运动中广泛运用；20世纪20年代公共行政开始获得合法学术地位，以怀特的《公共行政研究导论》为代表。

政开始了长期下滑的演变。1956—1970年，公共行政确立了范式4，即作为管理学的公共行政，这一时期加速了一般性管理范式。不过，1965—1970年公共行政产生了复兴的种子，一种是交叉学科项目的发展，一种是新公共行政的出现，一种是政府大幅度扩张（例如约翰逊的伟大社会项目）。1970年以后进入了"作为公共行政的公共行政"阶段，即范式5。100多所院校先后受到1970年成立的全美公共事务暨公共行政院校联合会的鉴定，工商管理学院或管理学系的公共行政项目急剧减少，最有效的公共行政硕士项目都是由单独的公共行政院系提供的。

尽管人们对公共行政领域的范式内容存在争议，但这一争议的前提是默认公共行政范式论的合理性。范式论或阶段论都是从时间角度对公共行政知识进行再生产，并且知识之间存在连续性，但是范式论容易将大量公共行政知识和视角排除在外，对事物发展规律和趋势分析并无太大助益，对如今日益复杂的社会环境的解释力也比较弱。全钟燮指出范式具有很多局限性：第一，典范产生的范例可以证明一些科学社群的具体成就，但是"公共行政不属于自然科学；自然科学得以经验资料来评断成效，行政典范（或理论）的效能却不能以大量成文、经验的研究结果为判别依据"；第二，公共行政领域单一典范限制了人们理解复杂社会现象的能力；第三，公共行政并没有产生典范概念中的共识问题，"公共行政亦如社会学及其他社会科学学科一般，尚未出现获致广泛合意的理论，以供研究者采行"；第四，关于公共行政典范的竞争问题，"尽管确实有若干典范（或理论）获致较多认同，然而本领域仍将持续维持多重典范并存并相互竞争的局面"。①

有研究尝试突破这种仅依赖线性观念阐述公共行政历史的方式。例如，罗森布鲁姆打破时间对研究的束缚直接以行政行为为对象，基

---

① 参见［美］全钟燮《公共行政：设计与问题解决》，黄曙曜译，五南图书出版公司2001年版，前言第2页。

◆◇◆ 朝向他在性的公共行政建构

于美国政治结构（三权分立）对行政世界进行研究，将公共行政研究划分为三种途径：政治（一般意义上包括政治与法律）、管理与司法途径。[1] 三种途径对公共组织（公共行政）与私人组织（私人行政）有无区别这一问题看法不同，管理途径认为二者没有区别，即组织存在一般性，政治与法律途径认为二者是有本质区别的。政治途径与法律途径的进一步区别是立法（基于立法与决策的考虑）与司法（强调的是政府的裁决功能、对维护政治权利的承诺以及法治）[2] 的区分，政治途径在公共行政历史发展中更多是反击行政是国家意志执行的思想；法律途径关注的是在行政机构运行中宪法文本及其司法裁决的适用性问题。但是，并不是所有的国家都像美国这样存在立法与司法的界限和区别，这是有地域性的。并且在管理途径中，传统管理途径和新公共管理途径并不能被完全归于一类，虽然二者关于公共组织（公共行政）与私人组织（私人行政）关系的看法相同，但组织这一基元所处的状态和环境已经完全不同了，前者是处于组织化的世界，即组织是封闭状态，而后者处于社会化环境中，组织是开放和边界模糊的，因而公共行政行为也是不同的。总之，这种探讨公共行政历史的方式带有地域性和局限性。

已有的关于公共行政历史的阐述和知识再生产存在一些局限，本研究在系统考究与反思中发现了他在性视角对公共行政历史梳理与知识再生产的价值，突破已有研究范式的局限，能够符合历史分析意识的理念，既具备时空性，又对他者具有包容性，能够提炼出公共行政发展规律并对当代治理环境具有启发意义。

---

[1] "管理途径与行政部门最紧密关联。承载了大量角色与功能的总统的宪法权力特征是确保法律得到忠实执行，这是管理途径定义公共行政执行角色的核心内容。相反，政治途径与立法考虑更紧密关联，它强调作为补充性立法者与一般性政策制定者的公共行政官员的代表性、回应性与责任。法律途径与司法部门紧密关联，关注个人权利、抗辩程序和公平问题。" (David H. Rosenbloom, "Public Administrative Theory and the Separation of Powers", *Public Administration Review*, Vol. 43, No. 3, 1983, pp. 219 – 227.)

[2] [美] 罗森布鲁姆、克拉夫丘克：《公共行政学：管理、政治和法律的途径》（第五版），张成福等译，中国人民大学出版社2002年版，第17页。

2. 西方他在性知识建构

法默尔指出："他在性关涉的是'道德的他者',而且显然,每个行动活动都直接或间接地会影响他人,例如影响到委托人、下属、上司甚至旁观者。"① 全钟燮也认为:"通过与他人发生联系,对他人做出回应,我们就能发现新的道路,创造新的可能性和新的办法,以此处理世界的无序和差异。作为人,通过我们的共同努力,通过我们的思想和知识,通过我们与他人的互动,我们创造着我们生活的这个世界……我们怎样与他人发生联系,我们就怎样建构我们的秩序,就会怎样建构这个将要生活其中的未来世界。"② 因此,对他在性概念理解的前提是理解他者概念,理解自我与他者这一对概念及其关系。他在性是认识他者的一种能力,作为同样具有人类尊严的他者,与自我在历史、偏见和信仰等方面有着本质不同,他者能够开阔我的眼界和精神边界,不带任何目的地尊重并接受自我的本来面目。③ 自我与他者是现代文明成果中的一对重要概念,自我和他者关系的演变构成了现代思想和建制的一条基本逻辑线索:在自我意识生成之时就开始保持自我的中心地位,对他者进行支配,直到20世纪才逐渐出现他者话语,在他者话语基础上发展了主体间性和他在性问题。

在西方发展中,一方面,在很多民族或族群文化中总能看到通过"外国"元素完成对本土"自我"的完整表达,由"他"建构了"我",他者具有重要价值。"任何一个族群的文化都不是纯而又纯的,其中都有或多或少其他民族文化特质和成分"④,例如有研究发现,18世纪夏威夷土著将库克这一外来者杀死肢解,却奉为罗诺神,

---

① [美] 法默尔:《公共行政的语言:官僚制、现代性和后现代性》,吴琼译,中国人民大学出版社2005年版,第309页。
② [美] 全钟燮:《公共行政的社会建构:解释与批判》,孙柏瑛、张钢、黎洁等译,北京大学出版社2008年版,第46—47页。
③ Mde Miribel, "Welcome the pwblic: A Royal Road to Alteriby", Docnmentation Et Bibiotheques, Vol. 66, No. 1, 2020, pp. 12–18.
④ 陕锦风:《自我的"他性"——论回族文化的兼容性》,《青海民族大学学报》(社会科学版) 2010年第3期。

这一"自我他性"的历史之谜源于夏威夷土著将自我与他性互为因果，传说罗诺神是从大洋尽头出现的他者，与本地国王神圣交替后成为我者。① 同样，例如基督教精神中的核心元素也包括 Alterity（他性）和 Kenosis（自我清空），都是包容异质（"我"与"非我"）的方式。② 在《新约·马太福音》中耶稣自称为外来人（他者），他将外来人与饥渴者、病人、受牢狱之苦者视为同一类别群体，都是社会中的不幸者和边缘者，也都是需要被善待之人，而以好客之道善待他们的人就是"义人"，"要往永生里去"。③ 又如在诗歌、文学等艺术中，他者也具有重要意义，甚至可以说诗歌、文学等艺术就是一种想象力，这种想象是熟悉者包含着陌生者（他者），如果是在同质化中，艺术想象力将走向灭亡；艺术也讲究超越自我和忘我，前往陌生、沉默之境，正如作家米歇尔·布托尔洞察到当代文学的危机来源于他者的消失，他者的无声在如今同者的喧嚣中死亡。

另一方面，尽管他者意义非凡，但"他"通常是"我"的附属甚至奴役。与欧洲殖民主义同时产生的人类学也是以"我—他"关系为逻辑起点，通过"野蛮的"非西方的"他"来完成对"文明的"西方的"我"的认识。人类学中那些无文字的、边远的、落后的甚至野蛮的"异文化"族群在他性中不断被污名化。在西方传统哲学中，他者也被视为在经验上与自我相分离甚至从属性的东西，低一级的事物往往被认定为他者。例如，直到20世纪80年代美国戏剧创作才通过多样性艺术展示文化他性，少数族裔、女性和同性恋等亚文化群体的戏剧和剧团开始走上舞台诉求重要的话语权力，展现群体间的冲突和理解。又如，印度卡斯特体系源于他性的作用，是建立在宗教观念基础上的，依据洁净和不洁将社会分为不同阶序，婆罗门被视为最洁

---

① 彭兆荣、李春霞：《"自我的他性"：族群共同体的语境化表述》，《思想战线》2011年第6期。

② Randall Lehmann Sorenson, "Kenosis and alterity in Christian Spirituality", *Psychoanalytic Psychology*, Vol. 21, No. 3, 2004, pp. 458–462.

③ 李有成：《他者》，浙江大学出版社2013年版，第22页。

净的信仰，因此等级最高。① 婆罗门之所以洁净跟不杀生的素食有关，并将洁净与不洁作为社会的二元结构推广到饮食、婚姻等各个领域，卡斯特体系整体来看就是这样一个层层都有着自我与他者二元对立的关系结构。

　　自我与他者是一成对的概念，有了自我意识才有自我与他者的区分前提，并且自我与他者的关系贯穿于政治哲学之中。18世纪人们普遍发现了近代意义上的自我，人们有了"人是万物尺度"的自我意识："存在某种特定的作为人的方式，那是'我的方式'。我内心发出的召唤要求我按照这种方式生活，而不是模仿别人的生活。这个观念使忠实于自己具有一种前所未有的重要性。如果我不这样做，我的生活就会失去意义；我所失去的正是对于我来说人之所以为人的东西。"② 但在自我与他者的关系问题上，并非像启蒙思想家倡导的"人与人生而平等"，18世纪之后的很长时间，自我保持着中心地位支配着他者这一边缘，他人话语虽占有一席之地却处于边缘难与自我抗衡，自我与他人之间就是一种中心—边缘结构。

　　具体而言，笛卡尔通过"我思故我在"这一经典的表述确立了自我的存在，是"我所寻求的那种哲学的第一条原理"③，从笛卡尔开始，哲学"转入了主观性的领域"。笛卡尔"对主体性的强调，反映出人们试图发现一种毋庸置疑的出发点"④，自我成为认识的主体，确切说是"精神实体"，这是近代哲学中主体概念的核心。在自我之外就确定了与之对立的物质世界，主体与客体发生了分离，并且自我主体成为了核心——"其他的物都根据'我'这个主体才作为其本

---

① 范钟秀：《印度文明世界的他性——〈阶序人〉阅读一得》，《西北民族研究》2013年第1期。
② [加] 查尔斯·泰勒：《承认的政治》，载汪晖、陈燕谷主编《文化与公共性》，生活·读书·新知三联书店2005年版，第294—295页。
③ [法] 笛卡尔：《谈谈方法》，王太庆译，商务印书馆2005年版，第28页。
④ [美] 多迈尔：《主体性的黄昏》，万俊人、朱国钧等译，人民出版社1992年版，第2页。

◆◇◆ 朝向他在性的公共行政建构

身而得到规定"①，即自我主体是第一性的，其他必须在此基础上得以被建构。接下来，康德将自我意识区分为"经验的自我意识"和"先验的自我意识"，康德的先验自我已能够将经验世界加工为知识体系，人的价值通过主、客关系先验地转化为科学知识的价值，自我对知识（客体）是一种决定性地位，"凡是我清楚明白意识到的都是真的"。自我给杂多的材料带来统一的形式，自我是那极其普遍的、完全无规定性的、最抽象的东西，自我通过统觉（一种能力）将经验内容放入自我意识内就成为了自我的内容，这种从杂多变为统一的东西就是范畴，那么自我就是范畴的先验根据——"只有通过我能够把被给予表象的杂多联结在一个意识中，我才有可能设想在这些表象本身中的意识的同一性"②。

费希特进一步提出的"绝对自我"成为一切知识绝对第一性的原理，更是从自我去推演法权，从作为主客同一体的自我推演出一个由法权规律支配的感性世界，从自我推演出有限理性者及其在感性世界中的必然联系。③ 绝对自我不仅是自我指涉的，而且是自我设定的，具有绝对的独立性和自主性，自我只为自我而存在，自我之外别无他物。费希特的自我主义哲学强调了个体的自我，它源于绝对自我并构成与非我的统一，个体自我要竭力地把握和改造非我，进而无限地接近于绝对自我。

19世纪，黑格尔的《精神现象学》对自我与他者的关系进行了静态的描述，以"主人—奴隶"的关系总结了自我意识的生成逻辑，通过揭示主人与奴隶的辩证关系描绘了近代人际关系中一切事物的两个维度：存在与本质（主体与客体）。精神现象学认为自我意识是存在的本质，自我意识外化为他者意识，即存在是一种他者意识，具有

---

① ［德］海德格尔：《海德格尔选集》（下卷），孙周兴译，生活·读书·新知三联书店1996年版，第882页。
② ［德］康德：《纯粹理性批判》，邓晓芒译，人民出版社2004年版，第90页。
③ ［德］费希特：《自然法权基础》，谢地坤、程志民译，商务印书馆2004年版，第24页。

导　论 ◆◇◆

自我意识的主人是没有自我意识存在的奴隶的本质。"主人是自为存在着的意识，但已不仅是自为存在的概念，而是自为存在的意识，这个意识是通过另一个意识而自己与自己结合。"这里的"另一个意识"即为奴隶，"其本质即在于隶属于一个独立的存在……主人既然有力量支配他的存在，而这种存在又有力量支配他的对象（奴隶）"①，那么一目了然，自我就是中心（主人）。随后在自由主义的黄金时期，尤其是经历了市场经济的发展，人的自我利益（利己主义）意识生成，自我意识快速发展而成为中心观念，即使是在组织化发展的过程中，自我不得不承认他者而生存于组织中，但个人在组织之外仍然是以自我为中心的形式出现，并且组织本身也复制了这种中心—边缘结构而生存于组织间。

正如有学者指出的，政治试图通过及时阻止他人来支撑自己，在政治文明进程中，自我处于时间的运动中，而他者则被僵化了，他者以三种基本方式在时间中停止：视觉缺失、死亡和被征服。② 他者的空缺是不利于社会发展的，尽管亚当·斯密的《道德情操论》试图证明个人的利己行为如何产生道德的可能性，但是从 20 世纪的历史可以看到，这种以自我为中心的利己主义随着组织化进程不断扩大影响，造成了市场机制的失衡，社会道德沦丧和生态环境恶化等诸多重大问题，造成两极分化、社会不公、市场与公共领域信息极不透明，并且由发达国家传播到发展中国家的自由主义也造成了后者在经济增长、贫富分化和社会矛盾各个方面的问题。

直到 20 世纪初期，同样发源于精神现象学的精神分析学（以弗洛伊德为代表）和现象学建构了两种（内向和外向）不同的他者话语。前者要求赋予精神现象以动力，抛开自我意识转向探讨其背后的"潜意识"和"无意识"，"我维系于他者比维系于自我更甚，因为在

---

① ［德］黑格尔：《精神现象学》，先刚译，商务印书馆 1981 年版，第 102—103 页。
② Iver Brynild Neumann, "Halting Time: Monuments to Alterity", *Millennium – Journal Of International Studies*, Vol. 46, No. 3, 2018, pp. 331–351.

◆◇◆ 朝向他在性的公共行政建构

我承认的我的本性的深处是他者在策动我"①。后者关注现象（存在，即他者意识），"我和每一个人都可以作为他者中的一个人"②，那么他者意识也就浮出水面，而在他者话语基础上存在主体间性（intersubjectivity，也被译为"主体际性"或"在主体之间"或"主体之间的关系"）和他在性的问题，二者是不同的。

在他者话语地位更加突出的基础上人们逐渐关注主体间性问题，但并没有突破主客体对立的本质，超越主体性思维，而依旧是自我中心化。在他者的问题上，胡塞尔关注了主体间性（intersubjektivitaet），他反对主客体的对立和唯我论，"从自我的内在性走向他者的超越性"，所谓"他者的超越性"是我自己的肉体或者作为他者的另一个我自己，强调"我在我周围世界中发现其他人的有效性。要把他们作为人来经验时，我把他们中的每一个人都理解和承认作一个像我自己一样的自我主体"③，但作为另一个我的他者只不过是自我的"变样"，最终成为另一个自我，他者成了他我，还是主体性，主客体还是对立的。胡塞尔的现象学没有摆脱"先验唯我论"，他将自我视为先验的构造主体，他者是自我的影子而没有独立性，胡塞尔的先验自我具有一种吞噬他者的强力，是一种不道德的现象学。

进一步来看，海德格尔提出了"共在"——"世界向来已经总是我和他者的共同分有的世界。此在的世界是共同世界。'在之中'就是与他者共同存在"④。但他指向的主体间性也没有突破主客体对立，他的"共在"就是"此在"，是就自己而言的"共在"，是西方哲学传统中的存在论，存在论是关注整体性而不关心差异性的，也并不是真正关心他者的，除自己之外是"没有别的东西"的，因此海德格尔的"共在"还是将人类封闭在自我之中，是自我中心的，这点我们从

---

① ［法］拉康：《拉康选集》，褚孝泉译，上海三联书店2001年版，第457页。
② ［德］胡塞尔：《笛卡尔式的沉思》，张廷国译，中国城市出版社2001年版，第177页。
③ ［德］胡塞尔：《纯粹现象学通论》，李幼蒸译，商务印书馆1997年版，第92页。
④ ［德］马丁·海德格尔：《存在与时间》，陈嘉映、王庆节译，生活·读书·新知三联书店1987年版，第146—148页。

后来海德格尔对待犹太人的态度可见一斑。另外，梅洛·庞蒂的现象学将人们的注意力转移到身体上，与自我身体相对的是事物，他者可以帮助确立事物的存在，自我与他者之间是一种可逆性的关系，但他者是一种工具性的存在，自我是二者的中心："如果从自己的身体'出发'我能够理解他人的身体和存在，如果我的'意识'和我的'身体'的共现延伸到了他人和我的共现之中，这是因为……自己的身体是他人的预兆，设身处地是我的肉身化的共鸣。"①

更为经典的是，哈贝马斯也为我们描绘出生活世界中的"主体间性"图景。相对胡塞尔、海德格尔和庞蒂，哈贝马斯对自我进行了道德改造，即让自我主动包容他者（差异性）。如果说自我能够不被同化也不利用他者而是包容他者，那么这种方案就能消除"承认诉求"这一困扰众多理论家的逻辑前提。也就是说自我主动包容他者的话，他者的承认诉求也就不存在，"为了承认的斗争"也就不存在了。但是依据什么保证自我对他者的包容？哈贝马斯寄希望于在启蒙思想家那里找答案，即启蒙思想的人权和人民主权观念产生了"平等的普遍主义"，平等地包容他者，并且"自法国大革命和美国革命以来，一个政治共同体的任何一次新的闭合，在一定程度上都受到了平等的普遍主义的约束，而这种普遍主义的基础在于认为应当平等包容他者"②。众所周知，启蒙思想产生了民主过程，认为民主利于保证对他者的包容，但"为了承认的斗争"表明包容出现了问题，也就是近代民主出现了问题，于是哈贝马斯提出了协商民主（理论前提就是交谈伦理），从而走向交谈、交往、协商。在交往理论上，哈贝马斯当然是集大成者，他认为韦伯在合理性问题思考上存在的缺陷——注重技术合理性而走向祛除价值"巫魅"，他认为不应当削弱交往的合理性基础，但与韦伯一样，哈贝马斯也寻求共识，只是前者是通过集权

---

① ［法］莫里斯·梅洛-庞蒂：《哲学赞词》，杨大春译，商务印书馆2003年版，第163页。
② ［德］尤尔根·哈贝马斯：《后民族结构》曹卫东译，上海人民出版社2002年版，第96页。

实现，后者希望通过自由交谈。交谈伦理自然能够改变自启蒙思想以来近代以自我为中心的情况，从而关注于人和人之间的关系，向他者进行了妥协，但是这种妥协是因为面临"为了承认的斗争"，本质上哈贝马斯认为希望不能寄托在被冷落的他者身上，而是寄托于更有积极意义的自我这里。并且，协商民主（交谈伦理）能依靠什么制度实现，在哈贝马斯这里并不知道，所谓协商民主需要得到的共识不过是排斥、消灭他者的差异（即同化）而得来的。那也就像弗雷泽所说的，这是否具有实践意义是要打问号的，所以在哈贝马斯这里我们看到的是一种信心而非方案。

霍耐特是哈贝马斯的得意弟子，当他提出黑格尔的《法哲学原理》这一标题存在误导，应当改为"正当法权的伦理理论"即"规范的正义理论"时，我们就应该能猜想到他的目的。霍耐特认为黑格尔的"基本财富"（Grundgut）这一概念就是使得主体平等参与交往关系的基础，也就是正义实现的规范原则，从而达到个体的自我实现。通过强调重心的转移，霍耐特成功重构了黑格尔的法哲学，但是否是黑格尔的本意？答案是否定的，因为黑格尔法哲学服务于自我。霍耐特这样做的目的是获取"承认"的价值，但众所周知，尤其是在弗雷泽的批判中我们看到，现实是因为"承认"而陷入了"斗争"中，因为"承认"服务于自我。所以弗雷泽认为我们应该承认的不是自我的特殊身份，而是人们作为社会相互作用的成员地位，否则错误的承认反而会造成一种制度化的社会从属关系，阻碍参与平等的文化价值发展。在差异中追求平等和正义应该放置到具体的行动者之中，而不是像承认政治所认为的社会可以自行通过承认路径获得正义。以"承认"为代表的主观路径应该与改变社会结构的客观途径相结合。

可见，人们意识到了以自我意识为基础的主体性思维的缺陷，从而转向以他者话语为基础的主体间性思维，希望克服自我中心化问题，实现主体协商和平等，但是主体间性并没有从根本上超越主体性思维，没有克服自我中心化问题。也就是说，在主体—客体这种不平等关系中强调平等是不可能的，因为主体与客体之间存在绝对的权力权威关系，客体能够成为主体，是因为自我对他者的类比推理而来，把他者还原为自我，二者同一才能实现主体—主体的关系。那么与此同时自我与他者之间也就没有差异，所谓的承认他者的主体间性也就是消灭差异的手段而已。正因为此，有学者才指出"主体间性"是个"似是而非的概念"[①]。

在他者话语基础上进一步产生了他在性思想而不同于主体间性概念，当然不同人对他在性思想侧重点的理解和阐释是不同的，因而他在性思想的内容也是丰富的。在他在性理论中，他者是独特的、他性的，不能被还原为自我，他者话语成为了否定现代主义独白式元叙事的利器，同时也否定了主体成为中心的恶性趋势，他者成为了一种道德力量。例如，《塔木德》包含着犹太教的他者哲学，体现了犹太教对"他者"的敬重：触犯他者就要请求他者的宽恕，这是道德的回归。基于此，勒维纳斯指出"人类在他们的本质上不仅是'为己者'，而且是'为他者'"[②]，"我们是他们的人质。……作为所有他者人质之人对全人类都是必要的，因为没有这样的人，道德不会在任何地方发生"[③]。勒维纳斯赋予了主体以社会的、伦理的意蕴，揭示了自我与他者之间的责任关系，展现了全新的当代哲学思维原则——他者性（otherness）。勒维纳斯的他者性内涵，首先是指差异性，"他者并非只是简单地拥有一种不同于我的气质；可以说他者所表现的性质就是相异性"[④]，这种相异性给予了他者绝对的他性。其次，自我对他者负有无限的责任——"话语最初的本质是对我们的他者即第三者的承诺：特别的行为、社会的规范。话语的初始功能主要不是在一个无关紧要的活动中确指一个对

[①] 俞吾金：《"主体间性"是一个似是而非的概念》，《华东师范大学学报》（哲学社会科学版）2002年第4期。

[②] ［法］埃玛纽埃尔·勒维纳斯：《塔木德四讲》，关宝艳译，商务印书馆2002年版，第182页。

[③] ［法］埃玛纽埃尔·勒维纳斯：《塔木德四讲》，关宝艳译，商务印书馆2002年版，第125页。

[④] ［法］埃马纽埃尔·勒维纳斯：《从存在到存在者》，吴蕙仪译，江苏教育出版社2006年版，第117页。

象来和他者交流，而是在于某个人对他者承担的一种职责。说话，就是为人类的利益担保。责任或许是语言的本质"[①]。

布朗肖受到了勒维纳斯的影响，在布朗肖解构主体的策略中，言语是越向"外边"、面对"他者"的最佳路径，言语在自我与他者的关联中承担无限的责任和权能，它体现了异质性、他者与外边的经验。他设想了一种"非辩证"复数语言，自我在这种语言里最终消解，转而成为一种他在性的主体，在这种言语中他者表达自身，并将自己保持为他者。[②] 也就是说，自我与他者之间的关系不是主体间的交互性，而是非对称的伦理关系，自我通过朝向他者、为他者服务和负责才能实现自己的存在。与此同时，因为自我（主体性）并没有给他者（他在性）留有空间，甚至企图消灭它，因此布朗肖反对整体性中的他者，即将他者当成客体、他我或者具有宗教神秘色彩的他者；自我与他者的关系也不是主体间性的均质关系，而是不均衡的空间曲折关系，即自我与他者并不处于一个相同的空间之内，二者之间的距离并非是同质的、可逆的和整体性的，而是存在着一种无法还原的断裂。[③] 因为他者就是一种差异性，自我与他者之间的断裂关系就要求放弃自我中心主义。

列文指出，他者的构成问题是现象学长期关注的问题，幼儿已经能够投射出他人的想法，同理心可以说是人类社会性的根本基础，情感丰富的、与世界的社会交往在心理上仍然是心理健康的必要条件。列文认为，在我们的理论研究中存在着一种挥之不去的笛卡尔孤立主义，在西方文化中，我们不断地被双重信念所强化，即人是独立自主的个体，与精神相比，身体处于次要地位。但当审视我们是如何构成

---

① ［法］埃马纽埃尔·勒维纳斯：《塔木德四讲》，关宝艳译，商务印书馆 2002 年版，第 25—26 页。

② See Maurice Blanchot, *The Infinite Conversation*, Trans. Susan Hanson, Minneapolis and London: University of Minnesota Press, 1993. Maurice Blanchot, *Political Writings*, 1953 – 1993, Trans. Zakir Paul, New York: Fordham University Press, 2010.

③ Maurice Blanchot, *The Infinite Conversation*, Trans. Susan Hanson, Minneapolis and London: University of Minnesota Press, 1993, p. 82.

他者的时候，在理解他在性时，不是理解心灵而是理解身体，更具体地说，是理解具有行为的身体而不是抽象的、肉体的。列文论证了从行为意向性（列文将其解释为达到某种目的的行为，不同于胡塞尔的意识）感知他者、他在性：第一，我们从行为的意向性角度解读他者、他在性，换句话说，我们首先感知到意图，然后才辨别出施动者是否是人；第二，通过将一种叙事框架（"情境"或"原生叙事"）投射到他在性上，他者的行为——无论是人类的还是非人类的——才变得具有意图的可理解性。具体而言，生活经验总是在情境或基本条件下的经验，"生活"不是抽象的，是嵌在情境中的，这也正是行为意向性的原叙事，只有在原叙事投射的逻辑发挥作用时，移情才有可能。①

伊丽莎白·乔琳认为，在当代国际舞台上，试图理解他在性或与"他人"的关系，是一个非常紧迫的话题，而仇外心理和种族主义、种族战争，偏见和污名，基于种族、族裔、性别、年龄和社会阶层的隔离和歧视是涉及高度暴力的普遍现象，这些现象表明我们并不承认他人是同样享有权利的完整的人，差异性引起不容忍、仇恨和消灭对方的冲动。在宏观层面上，公民权利在主张权利和对社区作出公民承诺的双重意义上，包含对他人和其他国家的承认；在个人和人际实践层面，对他人的责任是代际关系的核心，个体在与他人必要关系的框架中构成其主体性，这种关系标志着成人社会空间和情感空间的发展。个体化的过程是一个逐步分化的过程，它从父母的监护中"解放"出来，同时也包含在以不平等和权力不平衡为标志的社会群体和机构中。在这个过程中，一个更广泛的身份被建立起来——"我们"，它基于对这个更大集体中其他成员的责任而产生联系，这意味着要更加谦卑，认识到没有绝对的真理，在我们寻求片面的、对话的、偶然的真理时，要寻找机会按照"我们"的理想行事：消除痛苦和征服，

---

① Philip Lewin, "Understanding Narratively, Understanding Alterity", *Human Studies*, Vol. 28, No. 4, Oct. 2005, pp. 375 – 383.

培养对他人的责任。①

17世纪虽然是近代文明的开启时期,但东西方都没有关注他者,尽管中国在鸦片战争之后不断学习和吸收西方这一他者的经验和知识,但自我与他者之间从未有过真正的对话。19世纪很多学者也在寻找他者,但寻找的是作为自己影子的他者,20世纪更多的学者意识到不能再从自身出发去寻找同一性而是真正能够对话的他者。法国学者于连一直探讨中西方之间如何在去中心化境况中真正对话,他认为他者性(l'altérité)这一概念兼有不同(alteritas)和他者(l'autre)二层含义,是相异性和他者性的内涵结合。文化相异性不是为了论证不同文化之间不可比较,而是利用相异性在欧洲文化和中国文化之间拉开距离,自然呈现各自思考世界的思维方式,互相映照和反思。

当然,并非所有的作者都将他者视为一种正义角色。流心在《自我的他性》一书中描述了一位从知识分子投身商海的老板,他将知识分子视为自我,而老板则是自我的他性,这种身份的转换不仅是职业和空间的变化,更是伦理道德的转变,所以使这位老板对"我是谁"这个问题的看法发生了根本转变,沉溺于纸醉金迷之中。在这里"他性"是作为与自我形成强烈反差的重构道德出现的,但并不影响他者在人的社会化过程中的价值。总之,他在性思想建立在对自我与他者关系的研究基础上,从自我思想到他者话语的转换过程中逐渐显现他在性思想的内容和价值,他在性思想的内容是丰富的,无论是早期的他者话语,还是他者性思想都不是他在性的全部内容,或者说相对于他在性内涵,这些概念和思想还过于简单甚至褊狭。

他者并非出现在遥远之处,20世纪70年代至今在美国社会,激化的政治极化也充分展现了自我与他者的对立,美国政治精英也擅于利用他者(对立政党、大众)来粉饰与操纵形式民主。首先,精英主

---

① Elizabeth Jelin, "Citizenship and Alterity: Tensions and Dilemmas", *Latin American Perspectives*, Vol. 30, No. 2, Mar. 2003, pp. 101–117.

动拉开与其他精英这一他者的距离。内战时期联邦主义共和党与州权主义民主党在行政理念、对外贸易和废奴等问题上存在截然相反的主张；19世纪末20世纪初围绕政府在工业化和城市化进程中角色的对立；"新政"后两党虽然形成了较长时间的政治共识，但因为政党重组两党之间的竞争和差异依然存在；20世纪60年代随着民权运动的发展，民主党也不断左移，而经历了70年代里根政府的保守主义革命之后，总体上是共和党更占优势，民主党经历了三次大选落败后将政策主张向右倾斜；随着信息化与全球化新经济的发展，迎来了美国历史上最保守的小布什政府，到带来锈带与蓝带复兴以及反非法移民等议题巨变的特朗普政府。政治极化已经对美国的政治体制、社会生活以及国际关系产生了重要影响，使美国的民主政治演变为"否决政治""双峰政治"。其次，精英擅长通过选举民主利用大众这一他者。在公共领域的绝大多数时空中都能看见精英，他们需要使代理式民主运转才能不断巩固其利益地位，政治极化能够带动这种代理式民主机械运转。由于反对党的身份威胁和选举胜利的诱惑（获胜概率、竞选资金分配、竞选公职、连任或晋升），主要政党愈加明显地强调他们之间的差异，甚至将极化作为一种有意为之的政治策略，因为精英的两极分化足以提示选民采取更一致的立场，让选民们更容易辨别和理解政党间的不同，以鼓励人们投票、捐款或参与政治。20世纪中期以后，随着政党的卡特尔化，与社会脱钩的精英在赢者通吃的政治竞争风险中有意操纵极化，尤其自2008年以来，精英通过新闻媒体技术更加直接便利地影响大众。人们在极化中一定会产生"少数"（他者）与"多数"之分（少数与多数并非完全数量上），少数派的力量在极化背景下被不断强化（例如参议院中少数派的阻挠力量），也在不断被绝对化，即现实发展中这波少数派往往被固化而不得不一直负重前行，尤其当这种少数派利益体现在文化方面，追求承认和包容就会愈加困难。当极化使得大众中的温和派（少数他者）不得不更加沉默时，政府人员收到的信息大多是被极化扭曲的，这种参与性不平等会导致政策产出不平等，甚至一味讨好极化大众会产生民粹主义这类

◆◇◆ 朝向他在性的公共行政建构

"堕落的民主形式"①。

作为一种现代建制，公共行政的建构不可避免地受到自我与他者逻辑关系的影响，即公共行政朝向他在性建构符合这一科学的发展规律，他在性内涵在公共行政领域有着不同的表现。有学者认为公共行政正统的建构过程对他者是零容忍的，公共行政的正统建构就是通过对他者的拒绝实现的，因此有人提出公共行政的重建需要去中心化（叛离自我中心主义）。当然公共行政领域中不乏将他在性（后现代属性）作为完善现代主义的工具，甚至将其视为公共行政建构的绊脚石。因此需要辩证地梳理和审视公共行政朝向他在性建构。

斯蒂福斯认为，公共行政建构中对他者的态度主要表现为男性对女性的排斥，那么对他者的承认也就是要获得女性的承认。斯蒂福斯指出公共行政正统中对效率的追求导致该领域长期以来对民主等规范价值的排斥，这点主要因为且表现为该领域男性对女性的排斥。尽管女性参与了20世纪初期的进步运动，并发挥了非常重要的作用，但致力于建构公共行政正统的男人却把进步运动变成了一场"去女性化"的运动："历史上公共行政中价值观（善意、民主、公众）和技巧（效率、管理）之间的核心冲突到处都有性别的影响：正如在改革中女性牺牲了她们从事慈善工作时独特的女性方法，以便达到公事化实践的标准，因此，公共行政为了效率至上也牺牲了民主。"② 可见，正统公共行政所包含的价值充斥着对他者的拒绝，其实在当代领导管理思维中，公正是实现组织有效性的合理手段，但是一直以来这种公正都在掩盖它的男性化，将爱和关怀边缘化。③ 这种观点也同样在我们所熟知的约翰·斯坦贝克的长篇小说《愤怒的葡萄》中出现，西方文化中贬低自然与歧视女性一样，他们都被视为没有发言权的他者，

---

① Jan-Werner Müller, What is Populism? Philadelphia: University of Pennsylvania Press, 2016, p. 6.
② [美]斯蒂福斯：《公共行政中的性别形象：合法性与行政国家》，熊美娟译，中央编译出版社2010年版，第148页。
③ Carl Rhodes, "Ethics, A Lterity and the Ratinality of Leaderslnip Justire", Human Relations, Vol. 63, No. 10, 2012, pp. 1311–1331.

导 论 ◆◇◆

但透过斯坦贝克的作品我们能够发现，男权文化与土地的伤害之间存在必然联系，土地的破坏随即转嫁给人类，并影响人的情感尤其同理心。面对被他者化的土地，作者通过塑造伟大女性（母亲）形象呼吁人们对自然神性、对人与人之间关系的尊重。

麦克斯怀特指出他在性（alterity）是解决公共行政合法性问题首先要完成的事情："一种旨在使理性的人归位的沉闷的学术史必定属于公共行政，确切地说，属于美国政府研究。使这一历史必然如此的原因是：我们能够看到：（1）在不依赖于理性的情况下使创造世界和行动如何得以可能；（2）如何与我们人类用以和自己对抗的他在性和平共处之前，是不会有重大变化发生的。然而，我的基本论点是，完成第一件事实际上要依赖于能够实现第二件事。一切都有赖于对他在性的问题的解决。"① 何为他在性呢？他在性是对现代性、对理性的抗争。传统公共行政中的理性是持有"我—你"对立模式的思维，这反倒使合法性问题日趋严重，而他在性思维是一种"我们"观念。他指出："可以把个人看做既是他人又是我们。……为什么对希特勒怎么办的问题比如何防止他出现的问题更能吸引人的注意。就好像我们的理性意识需要希特勒的幽灵作为其自身的理论基础，作为'正义战争'观念的理论基础。理性似乎需要自身的对立面才显得有意义。……过程理论（因为它是一个建立在这样一个观念的基础上的，即理性的'对立面'就存在于作为自身界限的自身之内）否认这一理论基础。"②

但是麦克斯怀特在一开始就指出："公共行政的创立者选择道路的目的地是重新复活传统体制，使其适合于公民不喜欢政治精英的腐败统治的意识，并赋予它为形成国家认同提供可能的能力。这一认同

---

① ［美］麦克斯怀特：《公共行政的合法性：一种话语分析》，吴琼译，中国人民大学出版社2002年版，第240页。
② ［美］麦克斯怀特：《公共行政的合法性：一种话语分析》，吴琼译，中国人民大学出版社2002年版，第240页。

◆◇◆ 朝向他在性的公共行政建构

使公共行政成为了现存联邦主义体制的附属物。"① 也就由此产生了麦克斯怀特所说的公共行政合法性问题。总体而言,麦克斯怀特提出,公共行政的创立时期因为政治(联邦制)缺乏合法性(民主)而使得公共行政合法性问题没有被解决,并且在接下来的演进过程中这一问题也没有甚至无法解决。而所谓的他在性也成为公共行政合法性建构的绊脚石。麦克斯怀特自始至终都认为公共行政的发展是一个寻求合法性的过程,即公共行政寻求自我认同,因此他在性就是公共行政丧失自我的表现,他发现公共行政的发展不断丧失自我,因此麦克斯怀特希望公共行政能够寻回自我,体现了一种自我中心主义,而未发现他在性的价值。

福克斯和米勒对他在性的追求被表述为"去中心化":"无论随后自我的重新理论化如何多变,后现代主义仍然联合起来贬低现代性的自我,认为启蒙运动'太中心化、太统一化、太理性主义,总之,太笛卡儿主义';'我思'(我思故我在)所意指的构建性的自我是不可能实现的理想。"② 因为后现代境况已经来临,"由于'现实'处在快速变化中,来自不同时期、出于不同目标结合起来的机构将会失去其重要性,并且冷漠的、相信因果报应的后现代公民并不是唯一的不愿为西方传统承担责任的后现代游戏者。由于这种安排可以看作是精英组织的特权,因此老的建立在传统基础上的机构将会失去且再也无法恢复合法性"③。

雅各布斯通过分析语言在自我与他者关系中的局限性来理解他在性,这种局限性最好的例子就是我们与自然界的关系,尤其是与非语言动物王国的关系。雅各布斯从环境的角度探讨他在性,揭示了当代公共行政话语的地域性,并试图挑战公共行政对环境问题的排斥。在

---

① [美]麦克斯怀特:《公共行政的合法性:一种话语分析》,吴琼译,中国人民大学出版社2002年版,第144页。
② [美]查尔斯·福克斯、休·米勒:《后现代公共行政:话语指向》,楚艳红等译,中国人民大学出版社2002年版,第61页。
③ [美]查尔斯·福克斯、休·米勒:《后现代公共行政:话语指向》,楚艳红等译,中国人民大学出版社2002年版,第65页。

这样一个追求他在性的设计空间中，希望公共行政者扩大目前的语言工具，超越对成本效益分析和效率标准的呼吁，拥抱人类与环境的关系，不是作为主人对奴隶而是作为地球居民对另一个人的关系，这种努力有助于改善逐渐恶化的公共行政实践。拥抱与环境相关的他在性，使公共行政从业者能够以超越人类理性诉求和将效率标准作为任何公共措施起点的方式对待环境。他在性通过扩大辩论范围、增加平等的发言权来促进更大的民主化，他在性允许我们将环境作为他者来整合，并帮助认识到语言是我们与他者之间的一条鸿沟，但我们也可以使语言超越这条鸿沟。①

法默尔对他在性概念（alterity）的引入作出了直接贡献。随着现代哲学的认识问题转向后现代主义哲学的离心化运动，在后现代公共行政领域，尤其是在法默尔这里，他在性变成了一个道德他者的问题，他者从认识论转向道德性——"他在性关涉的是'道德的他者'，而且显然，每个行政活动都直接或间接地影响他者，例如影响到委托人、下属、上司甚至旁观者"②。法默尔从四个方面阐述了后现代公共行政的他在性内涵：向他者开放、偏爱差异性、反对元叙事和颠覆已建立的秩序。③

第一，向他者开放。法默尔认为向他者开放意味着以反权威方式建构和进行公共行政实践，以服务为导向，向共同体开放其决策，发

---

① Debra A. Jacobs, "Alterity and the Environment: Making the Case for Anti-Administration", *Administrative Theory & Praxis*, Vol. 23, No. 3, Jan. 2001, pp. 605 – 620.

② ［美］法默尔：《公共行政的语言：官僚制、现代性和后现代性》，吴琼译，中国人民大学出版社2005年版，第309页。

③ 后现代他在性的显著方面就是反法西斯主义，反法西斯主义表现为以上四个特征。从法默尔对反法西斯主义的理解看，即为：1. 使行政行为摆脱所有统一的和总体化的偏执狂；2. 通过繁殖、并置和分裂而不是通过再分和金字塔式的层级化来展示行动、思想和欲望；3. 倾向于肯定和多样的东西，倾向于差异高于一致、流动高于统一、机动高于体系；4. 不要用思想去证明行政实践的真理，也不要用行政行动去怀疑思想路线；5. 个体乃是权力的产物，需要的是借助多样化和置换、借助相异者的联合来解个体化，群体也不是统一等级化的个体有机纽带，而是解个体化的推动器；6. 不要迷恋控制。（［美］法默尔：《公共行政的语言：官僚制、现代性和后现代性》，吴琼译，中国人民大学出版社2005年版，第312页。）

◆◇◆ 朝向他在性的公共行政建构

展以地方共同体的行动为主的微观政治。首先,向他者开放意味着公共行政应当作为一种反权威的活动来建构。一系列公共行政朝向他在性的改革实践面临失败是因为它们处于政府与社会不平等权力的结构和情景中,反权威意味着解构,不要赋予"我的文本"和"他者的文本"以优先地位,可以进行无休止的试验和行动。其次,向他者开放意味着对已确立的学术和文化传统施以非正典化。所谓非正典化必然是与正典(正统)相对的概念,正典化就是将某些学术和文化优先化,代价就是否定另一些文本;非正典化就是要建构面对公民的文本,即公民参与其中,策略就是介入政治权力的再分配,重要的是这种参与应该被官僚制视为一种自我设计。最后,向他者开放意味着主体离心化,即去中心化。公民参与和介入是向他者开放的前提,更意味着让共同体"去做自己想要的事,甚至当它的愿望与'来自上面的计划'或行政者的专业判断相冲突时"[①]。

第二,对差异性的偏爱。这一特征意味着"反对那所谓的行政各就各位,也就是,按组织和类别把雇员和公民类型化",一个文本不能只以一种方式去阅读,也不能只被纳入一个范畴内,即不能被"整齐地分门别类"。法默尔认为官僚制的部分祸根就在于程式化,即官僚们被分门别类地各司其职,但是在任何一个文本都不会只具有一个身份,这种程式化可以说是公共行政领域中的惯用伎俩——"看一下处于组织语境中的人和规划,在那里,组织单位首要地是类型化,当组织不打算消除组织内部的障碍而只是想对这些障碍有所抑制时,就可以看到这种类型化的症候"[②]。

第三,对元叙事的反对。元叙事即宏大叙事,包括为现代性的谋划的最终源头提供证明,后现代解构元叙事,解构这些元叙事的神秘基础主义,这些基础主义力挺了无须理由的暴力公共行政行为:"由

---

① [美]法默尔:《公共行政的语言:官僚制、现代性和后现代性》,吴琼译,中国人民大学出版社2005年版,第321页。
② [美]法默尔:《公共行政的语言:官僚制、现代性和后现代性》,吴琼译,中国人民大学出版社2005年版,第323页。

导　论 ◆◇◆

于权威的根源、基础或根据——依据定义——不能依靠自身以外的任何东西，因而它们本身就是无需理由的暴力。"例如，这种暴力表现为要求官僚不是提供正义而是避免非正义即可，但提供正义和避免非正义是有实质区别的，后者往往导致避免任何试验而例行公事。简言之，对元叙事的反对意味着"允许行政人员成为元叙事和不切实际的基础的解构者。有人指出，行政人员应解构行政权威的神秘基础，使公共行政成为一种没有限制的'暴力'。这一特征也激发了那所谓的拥护试验的行政的发展"①。

第四，对已建立秩序的颠覆。即对已建立的建制和实践的反对，反对非正义，反对控制。行政机构及其人员本质上是拥护其建制的，反建制就是出于一种道德紧迫性而反行政。例如，1968年第一届明诺布鲁克会议就是对已有实践的反对，比勒指出新公共行政的措辞可能意味着某种新的东西，意味着新的公共行政学将对快速变革中的组织进行研究，兴趣落在不断变化的关注点上，即关注骚乱环境中的组织，需要一种新的公共行政定义来实现切题性，面向不确定性，以变革为基础，处理情境中的相互依赖，将复杂性变为纠错能力实现人类价值。② 又如，社会组织及其工作其实是为了帮助个体或群体的，但实践运行中他们可能为权力集团所利用，被误用为维持秩序的目的。而他在性就为建制提供了一个侧重点，对已有的不合理建制中的运作和控制持有反对态度，即强调游戏的、试验的和开放的公共行政特征。

真正的开放是否只需做到向他者张开怀抱呢？显然不是，真正的开放"不是一种包含了被化简为一系列规定的开放性，……它是一种既从主流（中心）观点，也从非主流的边缘（被排斥的，即不被邀

---

① ［美］法默尔：《公共行政的语言：官僚制、现代性和后现代性》，吴琼译，中国人民大学出版社2005年版，第325页。

② Robert P. Biller, "*Some Implications of Adaptive Capacity for Organizational and Political Development*", in Marini F ed., Toward a New Public Administration: the Minnowbrook Perspective, Scranton. PA: Chandler Publishing Company, 1997, pp. 119–124.

◆◇◆ 朝向他在性的公共行政建构

请加入讨论）观点寻求理解的开放性"[①]。在斯派塞看来这就是公民联合（civil association），真正的开放不是存在于国家与公民这种结构环境中，而是存在于被建构为公民与公民之间的相互关系中。也就是说公共行政及其官员要有把自身视为他者的心态，抛弃自身高于他者的观念，从他者立场出发与其他他者交往。"将公共行政视为一种公民联合，可以更好地理解和协调治理体系中公共行政与历经几个世纪遗传下来的分散且有限的政治权力的关系，而不是与之冲突。（根据这种公民联合的理念）我们可以通过减少控制和减轻冲突的方式处理后现代政治和社会中逐渐增加的文化多样性。"[②] 受到法默尔反行政理念的影响，康妮汉姆等人也从后现代主义审视公共行政的他在性，他认为具有他在性的概念，诸如双极性、多向度甚至悖论都是"有助于帮助读者理解对公共行政有用的多重真理。反行政并没有确定或强调某种特定的治理关系。它开放而不是关闭了对话"[③]。全钟燮也指出："对于那些相信自我和外部事物，例如自我和公民、社区、制度、社会、自然或世界之间有着明确区分的人们，各种有问题的边界可能被忽视或被控制。但是，那些不相信这种刚性区分的人——像道教所建立的——则努力超越边界的限制。相应地，那些没有看到在行政管理与公众、客观性与主观性、管理和雇员之间的主体间关系的公共行政官员，他们在自身与外部事物之间保持了一种分离，并只在他们的初始界限内工作。其他人则努力超越他们当下的心理和行政界域，转移到社会和公共领域。"[④]

[①] David John Farmer, "Mapping Anti-Administration: Introduction to the Symposium", *Administrative Theory & Praxis*, Vol. 23, No. 4, Dec. 2001, pp. 475 – 492.

[②] Michael W. Spicer, *Public Administration and the State: A Postmodern Perspective*, Tuscaloosa: The University of Alabama Press, 2001, pp. 107 – 108.

[③] Robert Cunningham, Robert A. Schneider, "Anti-Administration: Redeeming Bureaucracy by Witnessing and Gifting", *Administrative Theory & Praxis*, Vol. 23, No. 4, Dec. 2001, pp. 573 – 588.

[④] ［美］全钟燮：《公共行政的社会建构：解释与批判》，孙柏英、张刚、黎洁译，北京大学出版社2008年版，第135页。

(二) 国内他在性知识

1. 中国公共行政研究的历史与挑战

通过几十年的发展，我国公共行政建构成绩显著。从理论层面看，进入21世纪，公共行政研究主题呈现出多元化和紧跟行政现实变化的特征，研究数量增长迅速且研究质量逐步提高，研究主题日益多元化，学科与专业建设逐渐齐全，研究与实践中的合作日益增多，公共行政学在社会科学中的学术地位不断提升。从实践层面看，总体上我国政府管理实现了由传统专制行政向现代公共行政的跨越，现代公共行政从封闭走向开放、从专制变革为民主的社会参与制，突破了政府是万能的禁锢，实现职能转变，谋取公共利益，承担公共责任。中国公共行政是以解决中国公共服务与公共政策的实践问题，特别是行政体制以及党和国家的领导制度改革问题为导向的，我国公共行政研究机构以及学者活跃在政府决策的各个领域尤其是公共事务管理以及经济社会发展的方方面面，发挥思想库的作用。中国公共行政学最初是舶来品，但在建设过程中也充满了本土特色，历经几十年的发展，我国公共行政在自我建设和朝向他者建设，以及二者关系建设等方面取得了较大成果，同时也面临一系列相关问题，表现形式多样。

作为最初的舶来品，19世纪末20世纪初中国公共行政学的一些学者首先翻译和引进了国外的一些行政学著作，如《行海要术》《行政纲目》《行政学总论》和《行政法撮要》等；20世纪30年代，中国出现了诸如张金鉴《行政学的理论与实际》和江康黎《行政学原理》等最早的本土行政学著作，中国共产党也曾在延安建立过行政学院，开设过行政学课程；中华人民共和国成立初期，我国的许多院校①都曾有行政学方面的研究和教育；1979年后，在邓小平的明确指示下，包括公共行政学在内的许多社会科学学科得以恢复；1982年，夏书章先生在《把行政学的研究提上日程是时候了》一文中呼吁重建行政学研究。

---

① 如北京大学、南京大学、中山大学、厦门大学等。

◆◇◆ 朝向他在性的公共行政建构

　　1982年，我国进行了改革开放后的首次政府机构改革，同年与次年，中国政治学会举行了两次骨干教师的培训（上海复旦大学的全国行政学讲习班，济南政治学和行政学讲座）以恢复我国行政学研究和教育。1984年8月，全国行政科学研讨会倡议成立中国行政管理学会和国家行政学院。1985年，创立《中国行政管理》杂志。1986年，我国设置了行政学或行政管理二级学科，1987年，党的十三大宣布建立我国公务员制度，1988年成立了中国行政管理学会。到20世纪90年代初，中国的行政学研究和教育已经初步形成体系，出版和发表了大量专著、教材和论文。1993年，国务院出台了《国家公务员暂行条例》。1994年，国家行政学院、地方行政学院先后正式成立，形成庞大的公务员培训网络。1997年，我国首次在研究生教育中增设公共行政一级学科，又在本科教育中增设公共事业管理学科。1998年后，一些高校先后获得中国行政管理学博士学位授予权。[1] 1999年，国务院学位委员会正式批准试点公共行政专业硕士（MPA），2001年国家开始创设MPA，从最初的24所大学到2018年有两百多所都获得了MPA的授予权，推动中国公共行政学研究走向现实世界，为公务员培训提供了主要基地。

　　在此发展过程中中国公共行政不断向他者开放，即国际化：国内诸多学术机构和学者组织翻译了一大批国外公共行政领域的经典著作和教材；从1984年开始，我国政府和学界承办了多次大型国际公共行政研讨会；每年都派遣学者、留学生去国外交流，国外许多公共行政学者也先后到国内进行学术交流；国内许多大学、研究机构、学者和国际机构在共同关心的许多议题领域（政府改革、治理与发展、公共服务等）开展共同研究。[2]

　　中国公共行政在他在性建构过程中也面临挑战，一方面是在自我

---

[1] 截至2012年，所有"985"大学和一些非"985"高校都有公共行政（包括行政管理）博士学位授予权。

[2] 张成福：《变革时代的中国公共行政学：发展与前景》，《中国行政管理》2008年第9期。

建构中，另一方面是在与他者交互过程中，根本上还是处理与诸多他者的复杂关系问题：其一，在本土化国情中，我国公共行政自我建设面临身份归属的模糊性和缺乏现实维度的问题，他者建设中与环境的他者的关系问题，以他者为中心的国际合作问题，等等；其二，存在于多样、复杂、恶化的当代共同治理空间中，治理问题就变得更加复杂，自我问题能找到他者原因，自我问题的解决有赖于我们之间的合作与交流，但需要合作的我们又存在于不正义的霸权结构中，并且去中心化的网络信息技术对公共行政自我建设提出了新的挑战。

具体而言，其一，在本土化国情中，多数公共行政研究还停留在尝试界定问题、变量识别的发展阶段，高质量研究绝对数量在增长但赶不上现实问题的发生频率，研究成果结构性失衡；行政学知识增长缓慢，学术评价机制无法取得较大共识；相当多的中国公共行政实证研究、诠释研究和批判研究没有遵循各自的研究方法，对研究方法缺乏持续性地反思；规范理论缺少对真实世界的了解，缺乏更高的指导实践能力。[1] 当然，有学者也指出，尽管公共行政在其发展过程中存在着没有自我意识的倾向，但其始终是一个寻求自我的领域，随着其在中国语境中的重新定位，公共行政将更好地处理各类关系，从而成为一种愈发具有自我意识的学科和活动。[2]

第一，作为一门应用型学科，中国公共行政学在研究问题、方法体系、理论价值等自我建设层面还有待成长。尽管从全球来看，公共行政作为一门学科已确立一百三十多年，但中国公共行政作为一个独立学科的发展时间较短，学科共识有待提升，研究方法有待规范，学科体系不够完整。例如，公共行政学者在申报和评审科研项目时，学科定位困扰于政治学和管理学两者间的徘徊。在1997年和1998年的

---

[1] 参见何艳玲《问题与方法：近十年来中国行政学研究评估（1995—2005）》，《政治学研究》2007年第1期；吕方、王梦凡、陈欢舸《对21世纪以来中国公共行政学研究的评估与反思：基于2001—2013年间的4659篇论文》，《政治学研究》2015年第2期；马骏、刘亚平《中国公共行政学的"身份危机"》，《中国人民大学学报》2007年第4期。

[2] 薛澜、张帆：《公共管理学科话语体系的本土化建构：反思与展望》，《学海》2018年第1期。

◆◇◆ 朝向他在性的公共行政建构

公共管理一级学科下分别在研究生专业目录和本科生专业目录中设置了行政管理、社会保障、土地资源管理、社会医学与卫生事业管理、教育经济与管理、公共事业管理等二级学科。如果说一级公共管理学科的设置，标志着中国公共行政学科正在从分化迈入整合，学界对公共行政学科基本上形成了比较大的共识，但从二级学科之间及其与一级学科之间的逻辑关系来看，公共行政的完整学术体系和共识仍需稳固。公共行政的研究对象、研究边界不够清晰，理论体系与研究方法体系还没有尽善尽美，中国的公共行政学科也还没有从本国的传统和历史中获得更为丰富的学术资源。例如如何根据中国公共行政学科的发展需要，厘清行政管理、公共行政、公共行政、公共事务这些概念的差别，并且保证这些概念的使用能够与国际接轨的问题。又如，很多公共行政研究也没有从根本上严格遵循实证、诠释和批判研究的方法，缺乏多样化的、持续性的反思。有学者指出："自1980年代以来，许多学者都对公共管理期刊论文和博士论文进行方法论评估，都表明整体研究水平差强人意，同其他兄弟学科差距较大。"① 也有学者指出："重点进行定性研究可能是最适合中国公共行政学研究发展的路径（至少在今后相当长一段时间里），并应该是我们下一步方法论训练和研究的重点。"② 当然，"定性研究方法并不是我们理解的没有数字不用模型的研究。定性研究方法也有一整套的方法论、认知论和技术规范的要求"③。

另外，公共行政研究对实践的指导能力较弱，公共行政学的自我建设缺失他者分析维度，影响了自我的身份认同。所以有研究指出："当各级地方政府亟需政策建议时，公共管理和政策学者可以成为座上宾吗？……（相比经济学）听不到公共管理和公共政策学者的声

---

① 马亮：《中国公共管理的学科定位与国际化》，《公共事务评论》2018年第1期。
② 于文轩：《中国公共行政学研究的未来：本土化、对话和超越》，《公共行政评论》2013年第1期。
③ 于文轩：《中国公共行政学研究的未来：本土化、对话和超越》，《公共行政评论》2013年第1期。

音。"① 由于缺乏内在一致而且逻辑严谨的理论，并且许多研究既没有深入实践部门调查，也没有收集并分析各种现实数据，无法批判性地审视真实世界，进而缺乏指导实践的能力。一方面，中国公共行政理论依赖西方的理论和模型，缺乏基于中国国情和情景的理论体系（这两年有所好转），并且理论研究相对滞后于实践发展，在满足实际需求方面存在不足。另一方面，当前公共行政研究的热点领域和前沿主题追逐时政热点的趋势明显，这侧面说明公共行政研究成果的理论性、系统性和自主性不强，反过来对实践的指导价值就大打折扣了。

第二，在本土化国情中，我国公共行政面临迥异的、复杂的他者。在本土化的公共行政他在性建构中存在的他者建设不足问题，是与他者交互中的问题，根本上还是处理与他者（例如西方、政治、社会等）关系的问题。首先，本土化蕴含着比较的前提，因为本土理论和实践的特殊性，西方化是不能完全普遍化的，例如，中国的国家行政管理实践面临着截然不同的市场，以西方公共行政理论、方法或话语体系并不能与中国公共行政有机结合。其次，截至21世纪，在经济、政治、文化发展到一定程度之后，我国的社会领域也逐步发展起来，社会活力和能力逐步增强，公共行政由权力的公共性向社会的公共性扩散。但是例如社会层面的实体代表——社会组织，无论是在运行管理、人员管理、薪酬财税管理、项目与评估管理，还是政府购买方式等各个方面都与西方的"第三部门""非政府组织"或"非营利组织"存在很大差异。中国政府正在致力于构建一个有效的社会治理体系，强调政府发挥主导作用的同时鼓励市场和社会广泛参与，形成一种包括政府、市场和其他社会行动者的治理网络。

其二，国际现实环境也对中国公共行政研究提出了挑战。全球化与信息化对中国公共行政造成了影响，传统的管理型行政日益受到开放性和新媒体等因素的冲击和挑战，社会转型环境对公共行政提出了挑战。公民对行政知情和参与的权利意识不断上升，行政的系统性与

---

① 马亮：《中国公共管理的学科定位与国际化》，《公共事务评论》2018年第1期。

◆◇◆ 朝向他在性的公共行政建构

交互性不断增强，新兴领域不断涌现使现有的行政监管盲区扩大。①如果说在处理自我与他者关系中不能以自我为中心，那另一个极端——以他者为中心——也是不对的，即如何处理与他者的关系问题。例如，21世纪以来，中国管理主义盛行，中国公共行政的一个最大背景特点就是政治与行政的水乳交融，然而研究并没有真正地把政治与行政整合在一起，而是将引渡而来的政治与行政"二分"推向极致。马骏等人指出中国公共行政的研究重心非中国化，中国的公共行政学者经过二十多年发展后，仍将重点放在美国或西方的公共行政学研究上，而缺乏本土化研究。②刘鹏对中国公共行政作出了一些判断和设计：一直以来中国行政学的主要任务是引进和介绍西方行政学的知识体系，③但行政学发展进入了泡沫化阶段，暴露出理论脱离实践、效率导向过重、研究方法落后等问题，主要是行政学研究方法论和规范性不足。④

当代共同治理空间主要是指全球化，全球化在现实中已经发生，这是无可争辩的。他在性是考察全球化现实的关键要素，在国家、种族和个体层面，背井离乡、错位和被侵蚀的统一都在打破身份与他在性的旧边界，在摧毁差异。⑤全球化是不同于之前的"世界化"运动

---

① 王石泉：《转型社会的中国公共行政：挑战、变革与创新》，《中国行政管理》2013年第9期。

② 马骏、刘亚平：《中国公共行政学的"身份危机"》，《中国人民大学学报》2007年第4期。

③ 西方公共行政学的知识体系有着自身难以突破的局限。以美国为主导的西方行政学体系主要聚焦于对西方三权分立体制下、政治—行政二分基础上的行政现象研究，一些理论流派基本上是围绕着西方政治理论体系中的政府—市场、国家—社会、民主—效率等传统的二元价值平衡展开，其使用的核心概念也是基于西方特有的话语环境和知识体系，对当今中国鲜活的行政转型现象则缺乏有力的对接和诠释。中国行政体制改革需要具有本土化特征的行政学知识提供智力支持。首先，已有的中国行政体制改革是一个混合体，不同于西方国家；其次，转型背景下中国行政体制面临种种困难和挑战；最后，中国本土化研究为我们走向国际化提供话语体系。

④ 刘鹏：《中国公共行政学：反思背景下的本土化路径研究》，《中国人民大学学报》2013年第3期。

⑤ Ivan Ivlampie, "Identity and Alterity in the Primitive Era of Globalization", *Postmodern Openings*, Vol. 9, No. 2, 2018, pp. 79 – 85.

的，资本主义"世界化"是一场脱域化运动，这里的"域"更多被人们理解为地域/地区之意，似乎是一种空间维度，但实质上它仅仅是一种时间维度。因为在"世界化"过程中，更多伴随的是殖民统治的霸权事实，也就是说资本主义国家借由自身"更发达"这一时间维度去否定被殖民国家的多元价值，从而实现"世界化"。这种形式的"合而为一"显然是违背历史、反人类的。全球化就本质而言，是一场再脱域化运动，时空二维极大化地统一互融，全球化的理念和技术支持共时共在，人们在全球化运动中共享成果，"全球化意味着民族国家、文化、人类行动、民众生活经历、经济和资源交换间的相互依赖和相互联系"[1]。

作为再脱域化运动，全球化是包容差异性的。比如从如今看，一方面，国内外对总统（主席）的家庭和个人经历具有极大的好奇心，官方也不断在公共场合公开信息，也有企业建立家文化、成为政治代表等，这一切现象都说明领域之间是发生彼此融合的，空间维度决定了它们沟通的需求和可能。但另一方面，这一切都不影响作为总统（主席）的公共职责，不改变企业的盈利目标，因为同样的道理，作为空间维度的概念，它们各自保留本质，可以存在差异。全球化是再脱域化，公共领域与私人领域存在空间维度上的差异，只能是作为符号化的工具手段进入彼此的领域，所以二者合而不同。共同体之间（包括共同体内部的领域关系、共同体间的领域关系）也依然是这个问题，或者说共同体之间更多的是空间维度的问题，我们要尊重它们之间存在的空间维度上的差异。如果拥有这样的空间理念，比如面对西方已有的文明成果和学术知识，就不会走向全然拒之门外或照搬照套的极端了，因为时间维度上我们有汲取他人成果的机遇，空间维度上我们存在着差异性和多样性，这两方面是统一的。全球化使"世界变成了单一的空间，但这并不意味着同质化，而是意味着在保持文化

---

[1] ［美］全钟燮：《公共行政的社会建构：解释与批判》，孙柏瑛、张刚、黎洁译，北京大学出版社2008年版，第55页。

◆◇◆ 朝向他在性的公共行政建构

多样性和差异化的同时,形成一种共同的目的,这包括走向政治和社会民主化,以及艺术和文化活动的交流";在全球化中,经济、技术、文化、政治等各种因素流动、互动,"全球化是一个正在进行之中的建构和重新建构进程,在这个路径中,人们分享着相互依赖的含义,不断发现着改善地方以及全球社会文化与政治环境的可能性。在这个意义上,全球化进程不是现代化的延续,而是个体、社群、制度和社会以及世界持续的变革过程"。①

但是作为再脱域化运动,全球化一方面包容差异性(这种差异性可以这么理解,"每一个参与全球化的实体和个体都抱有关于过程的独一无二的观点。每一个人都通过一种独特的镜头解释了全球化变迁中的碎片化的一部分,并提供了别处无法企及的见解"②),另一方面全球化也存在着结构性异化(例如霸权主义的广泛存在是对他者的霸凌)。在这样的全球化运动中,诸多要素快速、相互流动交替,并且随着传统时空范畴在全球化运动中发生根本改变,全球各国是共享一些共同发展背景的,很典型的例子就是西方新公共管理运动对中国的深刻影响。我国公共行政的他在性建设面临着与西方相似的问题,中国要学会如何在维护国家主权和人民利益的基础上应对当代共同背景下的公共行政建设问题,从而更好地参与全球治理、保证人类共同体利益。

第一,自我与他者存在于多样、复杂、恶化的当代共同治理空间中,既面临机遇也面临挑战。在这样的治理空间中,治理问题就变得更加复杂,自我与他者关系的密切程度超出了以往,自我问题能找到他者原因,自我问题的解决有赖于我们之间的合作与交流,但需要合作的我们又存在于不正义的霸权结构中。具体而言,在全球化和各国解除管制的推动下,人口、交通、资本、讯息等要素超越传统的时空范畴,在全球几乎畅通无阻地加速流动,这就产生了多样化的治理空

---

① [美]全钟燮:《公共行政的社会建构:解释与批判》,孙柏瑛、张刚、黎洁译,北京大学出版社2008年版,第52—53页。

② [美]全钟燮:《公共行政的社会建构:解释与批判》,孙柏瑛、张刚、黎洁译,北京大学出版社2008年版,第55页。

导　论　◆◇◆

间，一是超出单一主体的跨界治理空间，二是原本渐次发生的事件在同一空间同步发生。例如，全球人口流动，尤其是移民与难民问题在全球化过程中不断加剧，发展中国家的高速城市化使得全球接近一半的人口生活在城市中，随之带来的城市治理问题并未得到及时处理；在过去几十年里，超过10亿新增劳动力进入全球市场，国际贸易增长的速度达到了GDP增长的一倍，经济高速增长的同时也消耗了众多生态矿产资源，人类生存的自然生态环境不断恶化，诸如能源短缺（水资源危机、森林与草地资源锐减）、物种加速锐减、环境污染（废气废水废渣污染、噪音、酸雨）等问题应接不暇。就如今来看，我们不得不共同面对这样恶化的治理空间。

此外，如上所述，不公平不正义的国际秩序依然存在，这种中心—边缘结构造成十分普遍的国家和地区社会发展不平衡状况，全球贫富差距日益扩大，地区冲突与暴力依然存在。虽然再脱域化的全球运动具有包容差异性特质，但结构性异化依然存在，这种结构性异化亘古存在，尤其是在近代，自我出现并一直处于中心地位，而他人话语虽占有一席之地却难与其抗衡而处于边缘，自我与他人之间就是一种中心—边缘结构。近代社会拥有组织化程度不断提高的环境，以自我与他人二者关系为基元所形成的中心—边缘结构在组织化中扩散，也就是说，自我与他人之间的关系发生着异化，以其为基元的组织（间）也发生着异化。在全球化过程中，个体原子化和社会组织化平行发展，并行不悖，因此这种结构性异化不仅被保留下来，也在某些方面愈演愈烈。正如有研究所指出的"全球化中蕴含着一种暴力，它使一切都变得可交换、可比较，也因此使一切都变得相同。这种完全的同质化最终导致意义的丧失。意义是不可比较的。……全球化的暴力也就是同质化的暴力，它摧毁他者、独特性以及不可比较之物的否定性"[1]。这种暴力会造成他者的反作用力，例如恐怖主义，"恐怖主义是独特性的恐怖对抗全球化的恐怖"；如今西方再度复苏敌视外来

---

[1]　［韩］韩炳哲：《他者的消失》，吴琼译，中信出版社2019年版，第10页。

者的民族主义和新右派也都是对全球化统治的反映。

第二，去中心化的信息技术（如人工智能就具有他性）对公共行政自我建设提出了挑战。首先，全球信息技术已高度发展，打破了传统治理格局。政府不能再满足于从方便的角度提供公共服务，而是根据公众多元化的需求提供多样化、个性化的服务，平衡不同群体、地域之间的关系，控制治理手段已经极其不适应这一新格局。同时，互联网为公民参与公共事务提供了技术等现实条件，使公民权获得了现实性；并且随着信息化的发展为政府、市场及其组织提供了一手数据和信息，政府与市场互动模式发生了变化，市场在向社会提供产品和服务时能够影响治理走向。虽然这种变化使得政府不再一家独大，但治理的伦理责任问题也逐渐显现。

其次，去中心化的网络信息技术对自我伦理责任发起挑战。互联网改变了组织权力结构，自我与他者已经超越了传统上依托组织治理的形式，互联网的广泛应用越来越对政府的权威构成挑战，必然使传统的政府与公民的伦理关系受到挑战。全球化依托于网络信息技术的发展，网络技术在政府管理领域的普及与应用，导致行政权力结构的分散化，使原有的"以权力为中心，以控制为单位"的政府组织结构产生分化，与此同时，权力正在由物质权力、组织权力向信息权力转化，互联网的普及削弱了信息集权控制的能力，以大众传播为基础的信息权力走向分散，网络中信息的分布和流动不再是中心主义的而是网状的。以政府及其行政为焦点的全民化的社会舆论监督系统逐渐形成，这打破了政府垄断的治理格局，对政府组织架构和职能提出了新的要求。

最后，网络的广泛运用改变了政府公务员的工作方式与技术手段，从而改变了公务员的个性与人格，促进行政人员最大限度地实现角色意识与角色行为的统一性，即网络技术使得行政手段与目的更加切合，更容易满足公共利益的需求。这种对公共服务即时性的要求使行政人员的自由裁量权增加，对行政人员的行政自主性要求明显提高，并且虚拟与现实空间的分离可能导致公共行政人员生成冷漠的机器人"性格"，这对公共行政人员的道德要求就增加了。

2. 中国他在性知识建构

在中国历史发展中，一方面，对他者的包容和尊敬在中国历史文化中常常出现。中国历史上历来将人类与自然的关系视为共生，即某一物种的生存与进化必须建立在另一个物种存在和进化的关系链条上，例如图腾就是反映了某些族群与动植物建立的互惠关系。又如瑶族的槃瓠神话，在汉籍中记载高辛氏的神犬槃瓠为他取下了敌人首级而获娶帝女，成为汉族与瑶族友好关系的典故。另一方面，在中国历史文化发展过程中对他者的排斥也是常见的。例如，刘彦在对清水江流域存在的一个特殊人群"生鬼"的研究中发现，这一"他者"概念是当地区分不同阶层、族群和亲疏远近的重要表述，表现了区域内的一种内在排斥关系。[①] 历史上"苗人"因被赋予了文化象征而"生化"，"咸同苗乱"之后更是让其"生鬼"身份合法化，并在实践中通过族群边界和人群类别区隔开。新中国成立后，随着新型平等民族政策的推行，在当地作为"生鬼"的苗人的境遇发生了改善，他们通过权力、财富等方式试图改变自己地位，但是在宗教、通婚等领域依然无法冲破传统。可见，尽管清水江流域苗侗社会在历史与国家治理制度转型过程中不断熟化，但"生鬼"被人们视为不干净、漂浮不定、暗藏不确定性甚至危险的人群，他们一直作为一种"他性"存在。

也有一些研究从自我与他者视角来研究东西方关系的。有学者指出东西方这一自我与他者关系长期存在二元结构问题，西方看东方是在一种比较视野中，东方是"田野"，作为一个人类学词汇，"田野"中不出思想只出例证；很多东方学者（如汉学）也时常将西方学术思想作为利器来剖析东方。而"东方人看西方，出现了三种可能：第一种，用东方的例子证明西方的理论。第二种，用东方的例子，证明西方有的，东方也有，西方并不特殊；同样，东方也不特殊。持这种思想的人，暗示一个道理，人性都是相通的，西方人怎么想的，东方也

[①] 刘彦：《"生鬼""熟化"：清水江苗寨社会的"他性"及其限度》，《原生态民族文化学刊》2018年第1期。

会这样想。这种研究法,只是论证了世界一体的道理,却将例证抽离出了各自的语境,也错过了东西方相互启发的机会。第三种,用东方的理论和例子,来证明与西方不同。东方与西方是如此不同,以至于在许多地方都正好相反。东方与西方,本来并不是逻辑上的差别,而是地理上的区分。在很长的时间里,我们却将一个地理上的区分逻辑化了。于是,东方与西方处处相对立,在逻辑上互为反题"①。

国内关于自我与他者关系和他在性的研究并不多,主要存在于哲学、文化、文学、教育等领域,但对朝向他在性演进规律的认可还是清晰的。陈亚丽明确指出,人类理想社会形态的建构呈现出从自在性不断朝向他者性(otherness)的演进逻辑,以他者性为原则。她认为,马克思主义的共产主义社会是对"自我"与"他者"关系的真正超越,"他者性"决定着未来共产主义社会发展的基本样态。② 项久雨等人用自我与他者的关系视角分析了中国价值观在国际传播中的问题和路径,他们指出自我与他者的关系是当代中国价值观国际传播躲不开、绕不过的基础问题。在当代中国价值观国际传播中,过分强调自我而无视、敌视他者是不可取的,一味迎合他者而放弃自我也是不可取的。当代中国价值观的国际传播必须在坚守自我立场的前提下,尊重他者,在自我与他者的和谐互动中,增进价值理解,达成价值共识。③ 樊艳梅指出,20世纪80年代以后,男性与女性和风景的双重结合实现了自我与他者的同一,作为一位男性作家,勒克莱齐奥为女性和风景的关注投入了一种他者言说,女性和风景也成为男性共同的他者,表达了作者去男性中心主义的观念,因为尽管女性是借助男性目光被观看,但处于叙事的核心地位,对男性有引导作用。④ 刘

---

① 高建平:《从"他"到"你":他者性的消解》,《学术月刊》2014年第1期。
② 陈亚丽:《朝向他者性:人类理想社会形态的演进逻辑——对共产主义社会的一种解读》,《理论月刊》2015年第12期。
③ 项久雨、张业振:《当代中国价值观国际传播中的自我与他者》,《武汉大学学报》(哲学社会科学版)2018第2期。
④ 樊艳梅:《从他性到同一:论勒克莱齐奥作品中的风景与女性》,《国外文学》2018年第1期。

要悟和柴楠认为，在教学交往后先后经历了主体性、主体间性和他者性三种不同范式，在主体性视野中，要么以教师要么以学生为主体，会造成自主能力和责任的丧失；主体间性教学交往是通过交互性达到理解和宽容，虽然能够弥补主体性视野的一些盲区但难以在教学生活中落实；而他者性教学交往是建立在教师对学生的伦理责任基础上，二者都是伦理主体，尊重他者避免自我中心主义。①

有学者通过自我与他者视角创造性地解释了生产与消费的关系，认为在市场经济中商品生产是为了满足他人的消费需求而进行的，是一种他性的生产，但是这种生产的最终目的是为了自我利益，所以商品生产也是一种自为性生产，是他性与自为性的统一。② 这在市场经济中是可以解释得通的。虽然生产依赖消费这一他者实现价值，但并不表示在任何时期生产都是消费的目的，例如计划经济与卖方市场时期，产品最终都被消费但生产并不是以消费为目的，消费者这一他者没有自主性。还有学者通过他者性建构描述西藏旅游业的发展，③ 作者认为游客是作为一种差异前往作为"他者世界"的目的地，并且藏族对于自身他者性的展演也在不断变化，游客因为转经、磕长头等行为将藏族视为神圣的代名词，藏族人将游客的这种凝视转变为文化资本，积极响应游客建构的文化内涵而获取物质利益。

国内公共行政领域关于自我与他者的研究并不多，对于他者的认识还处于匮乏阶段。谢新水以他在性为视角，分析共享单车协同治理中的"三重失灵"带来的"协同困境"，认为多元主体间合作能力的缺乏是历史形成的，有深远的理论缘由。第一，西方古典政府理论将政府以外的"他者"置于边缘地位；第二，西方的行政学是在"自在性"原则下建构的，在西方竞争文化背景下有引入他者难以克服的

---

① 刘要悟、柴楠：《从主体性、主体间性到他者性——教学交往的范式转型》，《教育研究》2015年第2期。

② 朱华桂：《论市场经济的自为性与为他性》，《南京大学学报》（哲学·人文科学·社会科学）2001年第6期。

③ 钱俊希、张瀚：《想象、展演与权力：西藏旅游过程中的"他者性"建构》，《旅游学刊》2016年第6期。

体制瓶颈；第三，我国服务型政府理论坚持人民本位和社会本位，对"他者"非常重视，但实践过程缓慢。①陈永章指出，虽然当前社会多样性、差异已然成为当代公共行政的共同背景，但"他者"的缺席使得当代公共行政面临诸多难题，穷于应付，缺少"他者"质素的公共行政是同质而一元的，无法破解自身的艰难局面。他认为回应"绝对他者"的"他者"行政，需具三种特质：公共的、多元的而又合作的。②王锋认为，首先只有承认公共管理是具有自我意识和自我选择能力的主体时，他者才有意义。公共管理所面对的他者是既定的制度、习惯以及伦理道德、服务对象等，公共管理所面对的他者既是有形的又是无形的，既是在场者又是不在场者。后工业社会的高度不确定性与复杂性、网络技术的普及使得他者不在场的可能性大大增加。要使旁观者从不在场变成在场者，从参与者变为行动者，更重要的是来自于社会关系的根本性变革及其基础上的制度重构。③孙秋芬认为，传统社会治理中，政府建立在主体性范式基础之上进行支配性治理，导致了自我中心化倾向，陷入政府治理危机。20世纪后期，主体间性范式将社会治理视为政府与社会之间的交往过程，社会治理的内涵和外延得到了很大的拓展。但主体间性的社会治理模式试图在沟通、协商的过程中促使形成共同决策的想法，在当前的主客体中心—边缘结构中难以实现，因而变成在想象中构建的乌托邦式的交往世界。他在性原则的出现是对主体性原则的彻底颠覆，意味着一种新的理解政府与社会关系的社会治理模式的产生。④

（三）对他在性概念的总结与反思

对中西方他在性知识的梳理和反思是为本书做一个理论铺垫。对

---

① 谢新水：《协同治理中"合作不成"的理论缘由：以"他在性"为视角》，《学术界》2018年第6期。
② 陈永章：《差异·他者·宽容：当代公共行政的伦理沉思》，《华中科技大学学报》（社会科学版）2014年第1期。
③ 王锋：《公共管理中的他者》，《中国行政管理》2016年第1期。
④ 孙秋芬：《从主体性、主体间性到他在性：现代社会治理的演进逻辑》，《华中科技大学》（社会科学版）2017年第6期。

他在性概念理解的前提是理解他者，理解自我与他者这对概念关系。在梳理笛卡尔、康德、费希特、黑格尔、亚当·斯密、胡塞尔、海德格尔、梅洛·庞蒂、哈贝马斯、勒维纳斯、布朗肖、列文和乔琳等人的思想时我们发现，自我与他者是现代文明成果中的一对重要概念，其关系演变构成了现代思想和建制的一条基本逻辑线索：在自我意识生成之时就开始保持自我的中心地位，对他者进行支配，直到20世纪才逐渐出现他者话语，在他者话语基础上发展了主体间性和他在性等问题（二者存在实质差别）。在此过程中我们发现，一方面中西方对人类社会尤其是人文社会科学朝向他在性演进规律的认可还是清晰的。作为一种现代建制，公共行政的建构不可避免地也受到自我与他者逻辑关系的影响，即公共行政朝向他在性建构也符合这一发展规律。另一方面，他在性首先是对自我中心主义的反击，也是对主体间性的批判，更是对他者话语、他者性等思想的完善。

在翻译工作中我们经常能够体会自我与他者的合理关系。巴赫金认为通过译者与意象的他者之间建立平等对话才能有效传达原意。意象是对象与作者或读者心意融合的形象，文本及其所处文化语境等背景因素会制约意象的内涵，这是意象的他性。作为自我的译者对于他者（作者和读者）的尊重应该是有效传达意象，探究其文化内涵和文本隐喻，而不能以主观意志为准。福柯借助异托邦概念来说明自我与他者的关系，所谓异托邦是与乌托邦相反的具有场所的真实存在，但它与现实是颠倒的他性空间，比如人们照镜子，人们通常无法直接却能在镜像中看到自己，虽然它不是现实存在，却能够通过镜像这一他性空间建构真实的自己。

作为一种现代建制，符合自我与他者关系演变逻辑的公共行政通过对他者的拒绝找到了独立的自我，开启了自我建构，这一过程从浅层意义（实体层面）上来看是人们通过对具有政治属性的实体机构和具有社会属性的实体因素的区别与拒绝来划定了公共行政存在与活动的实体范围，从深层次意义（价值层面）上来看是通过对政治与社会中其他规范价值的拒绝，确立了一个追求效率和科学的公共行政价值主体。当然，在公共行政自我建构过程中主要面临的是政治这一他者，对社会的关注很少。接着，当公共行政在实践发展过程中发现其并非自在之物，它的存在和完整性需要政治和社会的证明，这一过程从浅层次意义（实体层面）上来看是对政治和社会的实体因素的承认和吸纳，从深层意义（价值层面）上来看是对政治范畴和社会范畴内价值因素的承认。

对他者的承认并不是他在性的全部内容，并且在承认的过程中也存在很多问题。通过梳理公共行政领域的他在性思想发现，他在性内涵在公共行政领域有着不同的表现，有学者提出公共行政的重建需要去中心化（叛离自我中心主义），也不乏将他在性作为完善现代主义的工具，甚至将其视为公共行政建构的绊脚石。法默尔正式将他在性概念和视角引入，他将他在性视为不同于现代公共行政的基本维度之一，提出让他在性成为行政建构的方向，进而产生了一批体现他在性视角的前瞻性作品。但法默尔及其追随者都是在后现代语境下描述他在性的内涵和重要性，没有按照他在性去思考和梳理公共行政的历史发展、发现朝向他在性的公共行政演进逻辑，更没有依据他在性的丰富内涵反思和建议当代公共行政的建构，并对同样处于高度复杂环境中的我国公共行政建设产生启发价值。

本书认为，他在性是具有历史分析意识的路径。历史分析意识并非简单地与时空相关，更是与实践、研究相关的整体文化相关，是能够从历时性的知识积累中提炼出本质，看清事物发展规律和趋势，但同时也注意到历史主义的窠臼，即考虑公共行政历史对当下的价值和借鉴意义的问题。已有的关于西方公共行政历史的主要叙述存在一些共性，基本是正统论范畴，依赖线性的时空观念阐述公共行政历史，将大量公共行政知识和视角排斥在外，简单地与时空和整个文化相关，在并未产生广泛合意共识的各式范式论中去总结公共行政发展，对如今日益复杂的社会环境解释力较弱，也缺乏对当下公共行政发展的价值和借鉴意义。而他在性为公共行政添加了批判性的历史分析视角和见解，既具备时空性，又对他者具有包容性，能够提炼出公共行政发展规律并对当代治理环境具有启发意义。

本书总结与反思认为，他在性包含丰富的内容，对我们具有启示价值。第一，他在性意味着向他者开放，迎接他者，包容差异，并对他者负责的道德性内容。第二，他在性意味着反权威。首先反权威是去中心化或者说非正典化，祛除公共行政现代性建构中对主体性价值（控制、理性、效率、科学等）等宏大叙事和基础主义的迷信；其次反权威是政府及其官员自视为他者（行政人员自身解构权威），当政府自视为与他者平等的他者时，自我与他者的二元对立也就消失了；再次是对抗权威（即使是与政府产生冲突时也拥有对抗自由）的参与性治理活动。第三，他在性意味着所有他者的在场形式都不能削弱公共领域的公共性本质，对他者开放并不意味着以他者为中心的逆向自我中心主义，所有行动主体都处在平等的社会结构之中相互建构。第四，他在性还意味着公共行政直面高度复杂的具体现实环境（他者）。

三 研究方案

（一）研究思路与框架

在人类文明史上，无论是中国的"蛮夷"，还是古希腊的"异邦"，"他者"确实几乎从来不讨喜甚至被鄙视，至今，在结构性异化的全球环境中，当"文明"与非文明冲突发生时，我们都能看到对作为他者的异域的偏见和霸凌。全球化理念和技术支持共时共在，人们在全球化运动中共享成果。全球化一方面包容差异性，这种差异性可以这么理解，"每一个参与全球化的实体和个体都抱有关于过程的独一无二的观点。每一个人都通过一种独特的镜头解释了全球化变迁中的碎片化的一部分，并提供了别处无法企及的见解"[1]，另一方面也存在结构性异化，"由于增长和工业化与现代化的迅速蔓延，生活在工作场所和社会中的民众……缺少亲密的、社会互动的和相互信任

---

[1] [美]全钟燮：《公共行政的社会建构：解释与批判》，孙柏英、张刚、黎洁译，北京大学出版社2008年版，第55页。

的关系"①,"在这种文化中,我们缺乏感情联系,对于我们自身和他者关系存在潜在关联的事情缺乏关心"②。这种自我与他者之间的疏离现象在公共行政领域表现为其在迎接他者的过程中遇到了障碍。20世纪中后期以来,公共行政共同体面临分化、规范性研究碎片化、公共行政面临合法性危机、公共行政理论与实践出现了脱节,并且官僚制和市场等强劲的现实性也以错误的形式在场于公共领域,这都源于这一时期公共行政对所应面对和负责的他者的认识错乱。如何让他在性超越其劲敌的狭隘现实性,同时又不陷入纯粹的乌托邦?如何在高度复杂的环境中实现自我建设,同时又面向他者建设?要实现公共行政理论和实践的积极建构,就必须清楚梳理和界定公共行政他在性建构的相关问题:朝向他在性建构的公共行政有哪些内容?它给公共行政带来了什么?依据他在性建构存在哪些障碍?如何根据他在性方向重建公共行政?

本书从公共行政历史入手,发现了公共行政不断朝向"他在性"建构的逻辑线索,包含一个从拒绝他者到承认他者、再到向他者开放的理论与实践过程。本书从实体层面和价值层面对公共行政的自我建构进行系统描述,展示公共行政在此阶段对他者的拒绝;以他在性这一逻辑线索审视公共行政的历史发展,发现多个主要他者在公共行政建构中的角色和价值,并基于此从实体层面和价值层面分析了公共行政朝向他在性建构的内容,即公共行政对他者的承认及其所产生的价值,进而分析他在性建构过程中存在的障碍及其解决路径。本书通过他在性的视角发现当代公共行政内在紧张关系的内容和本质,为公共行政的重建提供了方向,并为同样处于高度复杂的治理环境中的我国公共行政建设提出了建议。本书具体框架内容如下。

导论主要介绍本书的选题背景和研究意义,对他在性知识,尤其

---

① [美]全钟燮:《公共行政的社会建构:解释与批判》,孙柏英、张刚、黎洁译,北京大学出版社2008年版,第1页。
② [美]谢里尔·西姆拉尔·金、卡米拉·斯蒂福斯主编:《民有政府:反政府时代的公共管理》,李学译,中央编译出版社2010年版,序言第4页。

导 论 ◆◇◆

是中西公共行政领域的他在性知识及内涵进行了总结和反思，在此基础上指出本书的逻辑框架、创新点和研究方法。对中西方他在性知识的梳理和反思是为本书做一个理论铺垫，他在性首先是对自我中心主义的反击，也是对主体间性[1]的批判，更是对他者话语的完善。

第一章描述了公共行政的自我建构。本书认为公共行政现代主义建构是通过对他者的拒绝实现的，这种拒绝给公共行政带来了自足。人们通过拒绝他者这一途径将公共行政确立为一个追求单一价值目标的独立部门和领域，即排斥所有被这一部门和领域视为他者的元素来保证自我的存在。该部分从实体层面和价值层面分别描述了公共行政如何通过对他者的拒绝实现自我建构，具体包括行政机构的实体生成及其生成结果（官僚制组织）的封闭属性，以及拒绝他者的实践中对效率的基本追求和理论上科学的基本取向。这种实体和价值层面上的自我建构追求使近代行政[2]成为了公共行政。

第二章梳理了公共行政的他在性建构。"新政"和第二次世界大战后，政治和社会因素如雨后春笋般进入公共行政领域，正如人们对自我中心主义的否定，公共行政逐渐发现自己并不能是一种自在之

---

[1] 主体间性并没有从根本上超越主体性思维，没有克服自我中心化问题，是个"似是而非的概念"。具体而言，在主体—客体这种不平等关系中强调平等是不可能的，因为主体与客体之间存在绝对的权力权威关系，客体能够成为主体，是因为自我对他者的类比推理而来，把他者还原为自我，二者同一才能实现主体—主体的关系，那么与此同时自我与他者之间也就没有差异，所谓的承认他者的主体间性也就是消灭差异的手段而已。

[2] 本书认为行政与近代行政是不同的概念。行政是一个具有泛历史主义特征的概念，即人类历史过程中都需要通过行政活动来实现治理，但公共行政是不同于行政的概念。早期，亚里士多德关注更多的是官职：一是可以在特定领域中指挥管理全体或部分公民，二是管家务事，三是由奴隶承担的职务。根据亚里士多德的观点，"行政"主要集中在第一项较高级的官职中，但根据如今的观点，另两种官职的职能可能更具有近代意义上的行政特征。将行政限定在一个静态的官职职能中，与近代意义上动态的行政内涵是迥异的。近代行政从具有法律执行（executive）角色，到较为独立的实体（不仅承担 executive 还具有 administration 功能）。多数启蒙思想家还是使用（国家）政治权力构成层面上的行政（executive）：洛克的立法权、执行权和对外权其实是传统意义上立法与执行（executive）的二权逻辑，尤其执行权是立法执行，不是近代意义上具有独立性的政府行政功能（administration），它受立法机关的直接控制而没有管理甚至治理层面的意义。孟德斯鸠开始对政治权能进行划分，把三种权力分属于不同的具体机关、团体和官吏，行政权具有了近代公共行政的内涵——"执行公共决议权"。近代行政的真正区别在于它在理论上提出了公共属性，例如文官制度改革的初衷，虽然历史发展中近代行政在效率、科学甚至私人利益上越走越远，但是并不妨碍官僚实践者口中呐喊的"公共利益"，直至 20 世纪中期对此的反思。

· 49 ·

◆◇◆ **朝向他在性的公共行政建构**

物，它的存在和完整性需要政治和社会的证明，要以政治、社会等他者为前提，在对政治和社会的承认中证明自己的存在和完整性。该部分从实体层面和价值层面描述了公共行政承认政治和社会的他在性建构过程及其价值。本章认为，通过对他者的拒绝实现公共行政自我建构一方面有违现实经验，另一方面给公共行政带来了恶果；同时，公共行政领域对他者的承认，在对诸多政治与社会价值逐渐包容和吸收（即在他者的帮助）的过程中重拾公共性（支点）。

第三章指出了20世纪中后期公共行政他在性建构中的障碍，即当代公共行政的内在紧张问题。第一，公共行政的他在性建构面临自我与他者相互依赖却又分裂冲突的当代环境，包括因不能开放地处理与他者有关的问题而面临自我分裂[①]，也包括在场的他者突破传统时空范畴限制而带来的新问题，即实体性治理思维的失效对他在性建构提出了新的要求。第二，公共行政他在性建构中遇到了狭隘的现实性：20世纪后期，官僚制依旧不能自视为他者且控制和排斥他者，破坏着社会性，并且基于原子化个体（自我）设计出发点的官僚制存在制度不正义；20世纪后期政府的中心治理地位问题不断说明公共领域中他在性的匮乏，市场希望实现他者的复权却未以恰当形式在场。[②] 第三，公共行政领域急切地对公共行政他在性建构中狭隘的现实性作出回应又出现了进一步

[①] 公共行政的自我分裂经历了20世纪中期以来学术共同体的分化（规范研究与实证研究难以弥合）和20世纪后期公共行政规范研究因无支点而碎片化，虽然途中有理论整合的努力但最终在后现代主义思潮中显得徒劳。

[②] 20世纪后期市场神话的发展造成异化，例如消极公民的出现和政府责任的旁落，真正的问题是政府的主要功能——维护社会公平——被搁浅。我们都相信了在理论上市场是能够实现资源最优配置的方式，但现实中并不能实现（缺乏条件），是需要政府承担公平供给（实现公共利益）功能的。在市场中，拥有有限资源的自我与他人交易他们的有限资源，因为资源的有限性（每份资源都有不同供给者和需求者），因此这种交易是竞争性的。市场促进增长的秘密就在于竞争，如果说良性的社会增长应该是有效增长和分配公平的有机结合，那么竞争只影响增长（投入），但市场收入（价格）并不由竞争而是一些非公平性人为因素决定。古典经济学认为，市场中的问题都可以通过完全的竞争来加以解决，完全竞争的市场能够使资源配置达到帕累托最优，即交易成本为零，这也是"科斯定理"的核心内容之一。但科斯也指出在现实中交易成本为零的情况是不存在的，交易成本甚至会使市场交易低效、无效：在完全竞争中，资源要素所有者之间会讨价还价，由于交易成本的存在，讨价还价的成本可能高于某种生产安排的产值增长，这就导致了市场的无效率。因此，纵使是社会增长也无法完全由市场决定，因为有公平的问题存在。

的问题。首先，20世纪后期对合法性问题（公共行政寻求合法性多半需要他者帮助）的认知途径各异，造成公共行政中更多他者都沦为公共行政的承认工具；其次，公共行政对他者的责任①问题，公共行政理论被指责失去对现实的解释和指导价值，而政府及其行政被抱怨丧失其公共性，源于人们对公共行政他者责任的混乱。

第四章提出了公共行政他在性建构的路径选择。公共行政他在性建构中有几大障碍：第一，公共行政需要向他者开放，迎接他者（差异），并对他者负责；第二，公共行政需要支点②来自信地处理与处在后现代主义之中的他者有关的问题，解决自我分裂，③应对官僚制本身在现实中的狭隘性问题，并且对抗处于后现代主义中的支点（公共利益）走向相对主义或虚无主义的风险；第三，公共行政在他在性建设中需要自视为他者可以应对官僚制本身在现实中的狭隘性问题，更深层次上是依据反权威（控制）、反傲慢（理性）和倾听、行政关怀等来建构后现代主义公共行政；第四，向他者开放还意味着公共行政直面高度复杂的具体现实环境，在如今这个信息化世界，"共在规定此在"已经变为现实，异于平常的流动性和现代科技显然已经创造了更新在场概念的现实性，面对

---

① 对于责任，尤其是行政责任，公共行政领域关于主观与客观责任、个体与组织责任的争论已不在少数，本书认为伦理责任也需要从自我与他者关系的视角去审视和建构，即责任的社会建构，因为责任应当始于个体对伦理的自主理解和判断，并通过与他人对话和沟通达成伦理决策，行政人员更是如此，在对自我的认知中，建立与他者的联系，共同于公共领域工作。

② 无论是在处理与他者有关的问题上，还是迎接一切他者的过程中，尤其是面临后现代主义思潮的到来，公共行政不仅自我分裂，而且市场等他者也想取而代之，这在我们看来主要是因为公共行政丧失了支点（或者说逻辑起点）——公共利益。因为没有支点，公共行政无法自信地去处理与他者有关的问题；因为没有支点，我们都相信了从理论上而言市场是能够实现资源最优配置的方式，但现实中并不能满足（缺乏条件），是需要政府承担公平供给的；因为没有支点，公共行政在迎接一切他者的过程中，尤其是面临后现代主义的到来，会自我分裂并可能被他者取而代之。所有他者的在场形式都不能削弱公共领域的公共性本质，对他者开放并不意味着逆向自我中心主义，因此，公共行政的他在性建设首先要重视在自我建设中的支点问题。

③ 本书认为，在愈加复杂和多变的环境中，自我是具有重要价值的，并非像后结构主义和后现代主义宣告的主体已经死亡，但此时的自我并非现代主义尤其启蒙思想中呼吁的处于刚性权力结构中单一、中心化的主体观念，而是自我超越和实现，自我学习和反思，成为克服现代主义弊病的行动者。

◆◇◆ 朝向他在性的公共行政建构

突破实体性在场观念对公共行政他在性建设提出的现实性要求，我们需要注重的是在场意味着什么，在场的我们有什么样的责任。

关于本书研究方案有几处需要说明。首先，本书之所以选择从实体层面和价值层面①对公共行政自我建构以及对他者承认过程进行分析，是因为笔者在梳理和分析中发现，公共行政通过对他者的拒绝找到了独立的自我，开启了自我建构，这一过程从浅层意义（实体层面）上来看，是人们通过对具有政治属性的实体机构和具有社会属性的实体因素的区别与拒绝，划定了公共行政存在与活动的实体范围，从深层次意义（价值层面）上来看是通过对政治与社会中其他规范价值的拒绝，确立了一个追求效率和科学的公共行政价值主体。接着，当公共行政在实践发展过程中发现自己并非自在之物，它的存在和完整性需要政治和社会的证明，这一过程从浅层次意义（实体层面）上来看是对政治和社会的实体因素的承认和吸纳，从深层意义（价值层面）上来看是对政治范畴和社会范畴内价值因素的承认。

其次，在公共行政自我建构阶段，本书认为公共行政更多的是处理自己与一般政治的关系，即更多时候是通过拒绝一般政治来完成自我建构，而由于社会环境的简单性，在已有的公共行政研究和实践中很少能看到人们对它的关注，社会这一他者作为主角登上公共行政舞台基本是在20世纪中期以后。因此本书在第一章阐述对他者拒绝的公共行政自我建构中主要从实体层面和价值层面论证其对一般政治的建构内容，而在第二章阐述对他者承认的公共行政他在性建构中，因为社会这一他者在这一时期的进入，故从政治与社会二者的实体层面和价值层面论证了建构内容。两章一级标题——"公共行政的自我建构：对他者的拒绝"与"公共行政的他在性建构：对他者的承认"——虽然存在对应的逻辑关系，但实质内容是有区别的，因此在二级标题设置上也存在差异。

---

① 本书在导论和第一章详细说明和阐述了公共行政实体化和价值建构的内容，故两个层面不是捏造和随意安排，而是结构分析法指导下在梳理文本和材料中挖掘出实体层面和价值层面，便于理解其中的本质要素，为公共行政朝向他在性建构的历史演进提供框架。

最后，本书第三章"公共行政他在性建构中的障碍"和第四章"公共行政他在性建构的路径选择"存在逻辑对应关系，但为了详细阐述公共行政他在性建构的问题，本书特意将其拆分为复杂的当代环境、狭隘的现实性和与他者关系问题三部分来详细分析，但是在路径建议中本书都对这些问题一一进行了回应，例如：重构公共行政他在性建构支点回应了公共行政研究中的自我分裂问题和市场的狭隘现实性问题，培育公共行政自视为他者的意识回应了官僚制的狭隘现实性问题，超越从合法性理解他在性的纰漏回应了公共行政他在性建构中他者沦为承认工具问题和对他者责任混乱的问题，而提出突破实体性思维与他者共生共在也是回应公共行政实践中他者的在场问题。

（二）研究方法与创新

1. 研究方法

公共行政他在性建构涉及较多的价值选择与质性研判，因而该基础理论的探讨必然适用规范研究的方法。具体而言本书在研究中采用了历史分析法、文献研究法和结构研究法。

第一，历史分析法。公共行政缺乏真正的历史分析路径，从历史语境对理论问题进行探索，就能够从历时性的知识积累中抽象出其本质，看清事物发展规律和趋势，但同时也要注意到历史主义的窠臼，即考虑公共行政历史对当下的价值和借鉴意义的问题。本书采用历史分析法，从公共行政正统和非正统的历史发展中梳理其朝向他在性发展的逻辑线索，落脚于他在性建构的意义、障碍和路径选择问题，同时分析其对于我国公共行政建构的助益之处。

第二，文献研究法。对文本的梳理和分析贯穿于本书始终，通过对本领域国内外相关著作、期刊论文和报告的梳理与评析，对其他有关领域研究的整理和分析，论述了公共行政朝向他在性建构的逻辑历史，进而发现问题和提出路径选择。

第三，结构研究法。对事物的构成要素及其关系进行解析是一种结构研究方法，本书从实体层面和价值层面对公共行政的自我建构和承认他者的过程进行了结构分析，便于理解其中的本质要素，为公共

◆◇◆ 朝向他在性的公共行政建构

行政朝向他在性建构的历史提供了框架，有助于我们把握公共行政他在性建构的方向。

2. 创新之处

第一，研究视角方面的创新。纵使后现代公共行政领域存在对他在性的界定和研究，但只是阐述它的基本内涵和强调它的重要性，没有系统梳理他在性内容，更没有按照他在性去审视和分析公共行政的历史发展，即没有发现和反思公共行政朝向他在性的演进逻辑。本书从他在性视角对公共行政（理论和实践）历史进行了系统梳理，希望通过此番梳理和反思能对当代公共行政他在性建构存在的问题进行剖析，并对公共行政的重建尤其是我国公共行政建设进行分析和提出建议。

第二，研究内容方面的创新。我国对20世纪后期尤其黑堡学派以来公共行政的系统研究数量还是较少，本书希望借助他在性的视角，通过系统梳理文本（正典与非正典资料）[1] 展示这段时期以后的公共行政与之前研究（近代传统公共行政）的差异与联系。同时本书也对其他领域的相关研究进行了整理和分析，以辅助阐述和论证主题，望能为公共行政理论研究作一点贡献。在本书看来，近代公共行政的建构主要是完成自我建构和对他者承认的过程，而20世纪后期（当代）以来公共行政他在性建构的问题和内容是不同于以往的。

第三，研究路径方面的创新。公共行政历史中，相比知识生产，

---

[1] 为了尽最大努力对文章主题作出系统和科学的研究，除了著作、报告、论文集，本笔者还根据主题、依据一定的实证研究方法系统整理分析了诸多口碑靠前的国际期刊，例如 *Public Administration Review*（由于从 Web of Science 上查询到的引用量为绝对引用量，意味着发表时间越晚的文章因传播时间短而被引用的概率较小，为了排除发表时间对文章真实引用的影响，本书采用加权被引量来衡量 *Public Administration Review* 期刊近60年发文的真实被引情况。由于期刊主题随年代变化较大，且目前国内数据库中 JSTOR Arts & Sciences IV 以10年为时间段统计收存了 *Public Administration Review* 自创刊以来的所有文章，收存 *Public Administration Review* 部分文章的 ABI/INFORM Collection 和 ProQuest Research Library 等数据库也是以10年为时间段处理，因此本书也以10年为时间段将总样本划分为6个子样本，同时在计算公式中添加时间间隔 T 消除子样本中发表时间不同产生的影响），以及 *American Review of Public Administration*，*Administration & Society*，还有 *Public Administration Theory Network*，*Dialogue* 和 *Administrative Theory & Praxis* 等。

对现实世界没有直接作用的知识再生产常受质疑，但其实二者的价值都不可否认。本书主体上属于对知识的再生产，其中穿插着经验性知识，在协调二者的过程中对公共行政朝向他在性的演进逻辑、问题和路径进行分析和提出建议，希望既能解释分析和指导公共行政实践，也能承担起公共行政理论重建的责任。

第四，研究方法方面的创新。首先，相比其他领域对他在性的思辨性哲学阐述，本书采用了解析事物构成要素及其关系的结构研究方法，从实体层面和价值层面对公共行政的自我建构和承认他者的过程进行了结构分析，便于理解其中的本质要素，为公共行政朝向他在性建构的历史提供了框架，有助于反思和把握公共行政他在性建构的问题和方向。其次，相比以往公共行政领域历史意识的缺失，本书采用历史分析法，从公共行政正统和非正统的历史发展中梳理其朝向他在性发展的逻辑线索，落脚于他在性建构的价值、障碍和路径选择，不落于历史主义窠臼，同时助益于我国公共行政建构。

第一章　公共行政的自我建构：
对他者的拒绝

　　对他者的拒绝和恐惧总是在历史中上演，例如无论是在政治、行政还是司法领域，是公共领域还是私人领域，我们常常依赖精英，但在发展过程中被他者认同的精英并不承认他者。古希腊时期，政治思想就对精英寄予了强烈的期望，彼时的精英是一种天赋自然精英，例如苏格拉底对知识、柏拉图对智慧、亚里士多德对美德的向往。近代思想家虽然认为这种具有天赋的精英是智者，但他并不能因此要求更多权利，尤其启蒙思想所创造的经典民主理念更是强调人民作为国家的唯一主权者地位。然而在现实层面，西方没有任何国家能够真正落实这份思想，甚至美国建国的精英们是出于意识到"强有力的中央政府能够保护他们的安全，调节货币和贸易"① 才建立联邦制国家的，精英将群众当作恐惧对象，对他者的排斥就产生了人民与精英代表的分离思想，启蒙思想设置的经典民主转变为表达—代理式民主，由精英代表治国理政。19世纪以后以官僚为主的精英主义蔚然兴起，虽然在理论上明确了精英的责任，但越来越被政党、利益集团等精英操纵。在公共领域，依附于官僚制组织、具备专业素质的精英，追求的并不是知识分子的良知与德性而是利益和权力，通过标准化的专业和技术影响政治，并且将更多的他人排斥在决策领域之外，而在私人领

---

① [美]麦克斯怀特：《公共行政的合法性：一种话语分析》，吴琼译，中国人民大学出版社2002年版，第63页。

第一章 公共行政的自我建构：对他者的拒绝 ◆◇◆

域则通过资本的积累成为精英，并与公共领域进行沟通甚至勾结。无论是金钱政治还是财阀政治都是精英对美国民主的侵蚀和控制，更不堪的是，如今西方国家由于公共支出增多，且无法对精英阶层加税甚至让其纳税，于是对内外发行国债。全球中的债权人（精英）则会因此影响该国的政府构成和目标，国家为了更顺利地借债则不断提升债权人的回报预期，例如通过削减公共支出、削弱劳动保护等紧缩政策赢得精英们的投资借债信心，[①] 但也远离了社会和更多公民。

近代以来人们也是通过拒绝他者这一途径将公共行政确立为一个独立部门和领域的，即排斥所有被这一部门和领域视为他者的元素来保证自我的存在。通过对政治和社会等主要因素的拒绝，公共行政逐渐建立起在实践上以效率为基本追求和在理论上以科学为基本取向的自我形象。具体而言，从实体层面上来看，通过对政治机构等他者的拒绝，公共行政实体确定了具有封闭性的机构和活动范围；从价值层面上来看，通过对政治等价值因素的排斥，公共行政成为了以效率和科学为主要追求的价值主体。因此才实现了行政"就是它自己的目的"[②]，"行政就是行政是行政"（administration is administration is administration）[③]。

第一节 实体层面上对他者的拒绝

在公共行政开始自我建设的阶段，没有过多地考虑其与社会的关系，并且为了自我建设而拒绝政治，从实体意义上来看，主要包括公共行政的实体化和拒绝他者的官僚制组织（近代行政组织的主要类型）建构。自公共行政起源开始，威尔逊就明确指出："行政领域是

[①] 张乾友：《债权人的统治还是财产所有的民主？——债务国家的治理前景》，《天津社会科学》2020年第5期。

[②] Donald Morrison, "Review: Public Administration and the Art of Governance", *Public Administration Review*, Vol. 5, No. 1, January 1945, pp. 83–87.

[③] David John Farmer ed., *The Language of Public Administration: Bureaucracy, Modernity, and Postmodernity*, Tuscaloosa: The University of Alabama Press, 1955, p. 60.

· 57 ·

◆◇◆ 朝向他在性的公共行政建构

一个从政治混乱和争吵中解脱出来,甚至大多数情况下置身于宪法辩论之外的事务领域。……行政问题不是政治问题。尽管在政治中设定了行政任务,却不应庸人自扰地去操控行政机构。"[1]

一 拒绝政治的公共行政实体化

公共行政的发展得益于实体支撑,政府及其行政的实体化是逐渐区别于国家及其政治的过程:启蒙思想中没有形成十分清晰的实体政府概念,而是"政府"一词与国家在抽象层面相互缠绕;在政治与行政二分原则下,从国家概念纠缠中出走的政府才更多关注实体内部构成状况,即公共行政。换言之,行政活动在不同历史时期的性质不同,近代公共行政从一个与司法混淆的概念发展为与立法、司法相独立和制衡的概念。如果说这个过程中行政仍然是抽象的,经过威尔逊时期对一般政治(包括政治、法律等内容)的拒绝,行政就逐渐获得了具体的实体性。

可见政府的实体化过程其实是逐渐独立于国家,平等于社会的过程。如今学界都认可启蒙运动和工业革命造就了现代国家概念,不再将主要精力用于探讨现代国家的合法性。启蒙思想中,主权者(人民)与代理人(国家)实现了分离,但没有形成十分清晰的实体政府概念,而是更多地在抽象层面将"政府"概念与国家相互缠绕。代理人(国家)如何进行行动(政府)甚至平等于社会(即政府的角色从 executive 发展到 administration 再到一个丰富的整体),这是公共行政领域兴起的落脚点和发展主题。在政治与行政二分原则下,从国家概念纠缠中出走的政府更多关注内部构成状况,于是在事实与价值二分原则下,我们似乎看到了一个丰富饱满的政府存在的理论张力。在新公共管理运动为代表的思潮中,政府得以与社会平起平坐,其实体地位达到巅峰。平等于社会的政府带来了治理主体的多元化和效

---

[1] Woodrow Wilson, "The Study of Administration", *Political Science Quarterly*, Vol. 2, No. 2, 1887, pp. 197–222.

第一章 公共行政的自我建构：对他者的拒绝 ◆◇◆

率，但却颠覆了近代民主理念——国家及其政府只是人民的委托代理，要对其负责，并没有平等地位。也带来了在多元价值中形成共识的困境。

具体而言，政府是不同于国家的，但前者是以后者为基础的，启蒙思想逐渐向我们展示了从国家概念中分离出的政府及其行政，以及他们开展治理的群体是什么样子。霍布斯用利维坦来指称国家，利维坦是政治与道德的结合，是绝对的、正义的。霍布斯的主要任务就是对"国家为何具有政治正当性"进行逻辑论证。一方面，国家是绝对的。"自然权利"的绝对性造成了一切人反对一切人的战争状态（"自然状态"），要想保护"自然权利"就要冲出"自然状态"，途径就是依托"主权者受绝对保护"和"臣民绝对服从"所建立起来的一种绝对的政治秩序，即绝对的国家。另一方面，国家也是正义的。"自然权利"是国家的道德起源，每个人具有自我保存的"自由"，自我保存原则就是正义原则，正义是自我保存的手段。如此霍布斯给予了国家正当性，国家是具有道德目标和绝对、至高权力的统一体。可见，启蒙思想中现代国家其实是一个建构概念，国家的建构和合法性取决于主权者与代理人（代理人并不是具体的，它的行为行动才是具体的）的分离。

洛克直接用"政府"命名其研究，但当我们阅读《政府论》时，看到的是国家。一方面，洛克从"国家的形式"这样的概念界定了"政府"属性——"政府的形式由最高权力，即立法权的归属而定，并非由下级权力来命令上级，也并非是由最高权力以外的谁制定法律。所以，制定法律的权利归谁就决定了国家的形式为何"[①]。可见这里"政府的形式"与"国家的形式"可以互换使用。由此，洛克在国家权力意义上描述了"政府"，他将国家权力分为立法权、执行权和对外权，至于三权的操作主体到底是谁，洛克并没有向我们说

---

① [英]约翰·洛克：《政府论》，刘丹、赵文道译，湖南文艺出版社2011年版，第159页。

明。另一方面，洛克的"自然状态"依靠"自然法则"，于是就出现了"执行自然法的权力"。有关"政府"的描述，洛克只是如此几笔带过，但我们看到了对执行（executive）的需求："为着社会的福利，有几项事情应当交由握有执行权的人来裁处。……有许多事情非法律所能规定，这些事情必须交由握有执行权的人自由裁量，由他根据公众福利和利益的要求来处理。"① 这已经能看到近代意义上的行政功能：只是没有对近代意义上政府机构和人事等具体问题进行划定，其实洛克从权能意义上划分的三权是立法与执行（executive）的区分，前者是立法的，后两者都是执行属性。至于权力是如何在政府行政层面上具体运行和操作的？洛克没有十分清晰的意识，甚至执行权和对外权在他这里都没有明确的区分——"把国家的力量交给不同的和互不隶属的人们去掌握，几乎是不可能的"②。

到了卢梭的时代，在英国主权国家已经成为现实，在所说的常态社会治理中逐渐看到了政府（即主权国家如何履行职责），这也是为什么在卢梭这里更多看到的是"社会状态"而非"自然状态"，政府已逐渐区别于国家而成为执行者。卢梭指出"政府的创制绝不是一项契约（即国家的建构）"，而是"由于主权猝然间转化为民主制而告完成的；从而，并没有任何显明可见的变化而仅只是由于全体对全体的另一种新关系，公民就变成了行政官，于是也就由普遍的行为过渡到个别的行为，由法律过渡到执行"③。完成创制的政府由人民任命首领来管理，由官吏（行政权力的受任者）组成。在常态治理状态，作为抽象概念的国家与主权概念几乎等同，主权集中体现为立法权，与立法权相对应的就是卢梭所讲的"行政权力"——"一切自由的行为的发生都是由两种原因共同促成的：一

---

① ［英］约翰·洛克：《政府论》，刘丹、赵文道译，湖南文艺出版社2011年版，第102页。
② ［英］约翰·洛克：《政府论》，刘丹、赵文道译，湖南文艺出版社2011年版，第167页。
③ ［法］让·雅克·卢梭：《社会契约论》，杨国政译，何兆武译，商务印书馆2003年版，第126页。

第一章 公共行政的自我建构：对他者的拒绝 ◆◇◆

个是抽象的，即决定这一行为的意志；另一种是具体的，即实施这一行为的力量……政治实体具有相同的动因，我们同样从中辨别出力量和意志：意志被名之为'立法权力'，力量被名之为'行政权力'……行政权力不能像立法或主权权力那样属于全体公民"①。这就是说，政府是一个执行人，是主权者委托的代理人的执行人，"政府是为了臣民和主权体的相互沟通而设立在他们之间的，负责实施法律、保障社会和政治自由的一个中间体"②。并且，在卢梭这里政府获得了相对独立性："就必须具有一个特定的我，一种所有政府成员共有的感知力，一种力量，一种以保全自身为目的的自身意志。这种特别的生命意味着须有各种会议制，磋商和解决问题的权力，某些只属于君主而且随着行政官的责任愈加繁重而愈受尊敬的权利、称号和特权。"③

在启蒙思想的基础上，近代行政的发展从具有法律执行（executive）角色，到较为独立的实体意涵（不仅承担 executive 还具有 administration 功能）。威尔逊指出，政府经历了三个发展时期，"第一个是绝对统治者时期，是行政系统与绝对统治相适应的时期；第二个时期是制定宪法废除绝对统治者并用人民的控制取而代之的时期……第三个时期是拥有最高权力的人民在使他们掌握权力的新宪法的保障下，着手发展行政管理工作的时期"④。可见，政府从被等同于国家的概念走向更多只是具有法律执行（executive）角色的机构，然后呈现为较为独立的实体（此时该实体不是仅承担 executive 而是 administration 了），获得了不同以往的实体性，不再是一个抽象概念而具有更多行动性。只不过威尔逊及其拥护者以行政（administration）与政

---

① ［法］让·雅克·卢梭：《社会契约论》，杨国政译，陕西人民出版社2004年版，第49—50页。
② ［法］让·雅克·卢梭：《社会契约论》，杨国政译，陕西人民出版社2004年版，第50页。
③ ［法］让·雅克·卢梭：《社会契约论》，杨国政译，陕西人民出版社2004年版，第53页。
④ 竺乾威等：《公共行政学经典文选》，上海复旦大学出版社2000年版，第6—30页。

◆◇◆ 朝向他在性的公共行政建构

治二分为代价换取了政府的实体形象。如果说多数启蒙思想家还是在（国家）政治权力构成层面上来划分权力，那孟德斯鸠则通过权力制约权力实现治理的合理化，把三种权力分属于不同的具体的机关、团体和官吏，行政权具有了近代公共行政（与政治相对）的内涵——"执行公共决议权"。

启蒙运动预设了现代国家的合法性，重点强调了主权者（人民）与代理人（国家）的一份社会契约关系。这也是近代政治学的主要任务，无论是为统治叫嚣还是为民主呐喊，都要强调代理人的正当性。所以到了公共行政兴起之时，国家已是不证自明的概念，但人们对公共领域仍有不满，这份不满的对象就是政府。我们知道，国家在启蒙思想那里是人民意志的产物，但政府并没有被这样预设。那么政府如何获得正当性就需依靠自身的具体行动，这是人们从国家概念中跳出来关注政府的原因，也是公共行政领域兴起的落脚点和发展的主题。因此，在进一步的思想中，能看到与政治相对的公共行政，不是与孟德斯鸠的政治权力分离制衡，而是公共行政领域熟知的政治与政府行政的分立，只不过政治的内容不同，从政党政治、立法权力到政府政治。即19世纪与20世纪之交的美国政治存在两大矛盾：一是行政与党争矛盾，文官制度运动解决了它；二是行政与立法矛盾，这是政治与行政二分原则的初衷。文官改革者反对的是党争意义上的政治，威尔逊及其追随者所指的政治是一般意义上的政治，希望重构立法、政治部门和行政部门的关系。

近代行政是通过与一般政治的分离实现实体化和独立的，一般政治的主要内容，第一是指政党政治和立法权力。到19世纪末，政党纷争和立法机构权力过大这两大政治问题困扰着政府行政，例如，麦迪逊就是在党派斗争和立法机构权力过大等问题上提到政府公共行政[①]的——"主要是党派的不稳定和不公平风气影响和污染了公共行

[①] 麦迪逊除了提到作为整体的行政部门（以 executive department/power 表达），也从微观上发现了行政领域的具体构成（以 public administrations 表达）。

第一章 公共行政的自我建构：对他者的拒绝 ◆◇◆

政机构"①，"每位参与或注意过公共行政机构过程的人都能证明（立法机构权力过大的问题）"②。又如，1883年文官制度改革通过人事改革打破党争政治对政府行政的控制，所以有学者指出"他们提倡的是行政机构对于党派而非对整个政治的中立"③。再如，密尔为了清除议会主权这一文官制度改革的障碍，通过把政治与行政区分开让一个具体的专门化行政部门显现：议会不干涉政府行政这一具体管理事务和专门技术型业务，行政人员"用他们的经验和传统来协助每一任部长，向他提供他们的业务知识"④。

首先，行政与政党政治分离的最典型例子就是1883年文官制度改革，这也是公共行政的实践起源。19世纪末，美国社会存在着党争（政党分肥）引起的严重政治腐败问题。为解决政府行政与党争的矛盾，美国在文官制度改革中提出了行政中立的方案。原本，"政党分肥"的人事分配制度是针对两党政治的制度设计，将政府职位分配给在竞选中获胜的政党，即肥缺属于胜利者，打破精英阶层对政府职位的垄断，让其他个体和阶层涌进政府。可以说，政府人事制度的这一转变在前期为美国带来了民主色彩。然而，其问题也接踵而来，美国政治迎来了严重的政党分赃：首先，由于个人对政府职位的谋取是根据其政治属性来确定的，也就是说，是否对本党忠诚成为官员任职的重要考核条件，而用物质的投入来表示忠诚更简单直接，这成为滋生政治腐败的温床；接着，由于政党既是主持分赃的主体又是享受分赃利益的客体，出现了唯自我利益是从的现象，政府成为政党的施政工具，党争导致政府公共性的丧失；同时，19世纪70年代以来，由于利益集团对政治生活的广泛介入，利益集团对选举活动的渗透使政

---

① Alexabder Hamilton, John Jay and James Madison eds., *The Federalist Papers*, New York: Cosimo, 2006, pp. 41-42.

② Alexabder Hamilton, John Jay and James Madison eds., *The Federalist Papers*, New York: Cosimo, 2006, p. 323.

③ Paul P. van Riper, "The American Administrative State: Wilson and the Founders-An Unorthodox View", *Public Administration Review*, Vol. 43, No. 6, November 1983, pp. 477-490.

④ [英]密尔：《代议制政府》，汪瑄译，商务印书馆1984年版，第200—201页。

◆◇◆ 朝向他在性的公共行政建构

党不是唯一能够代表人民的群体。

处于镀金时代的美国,其政治腐败与党争倾轧越演越烈,政府职能的行使处于瘫痪状态,这成了文官制度改革的直接诱因,让政府行政从党争问题中跳出来似乎可以解燃眉之急。继伊顿提出人事改革建议和受到加菲尔德总统遇刺的刺激后,国会最终通过了伊顿的《彭德尔顿法案》,文官制度改革运动开始。为了使政治腐败和党争倾轧等问题不致影响到行政职能,实现政府行政公共性的回归,避免行政受到政党政治的惠泽而影响到整个政治的稳定,文官制度改革者让行政从党争政治中独立出来,使行政官员免受党派利益之争的影响,打破政党分肥制条件下党争政治对行政的控制,减少政治对行政的干预,实现政府公共性的回归。也就是说,文官制度改革的功绩导向通过屏蔽行政人员的(政治)价值属性使其不偏不倚地推进国家政策,[①] 在行政过程开始的时候本着实现公共利益的目的,在行政过程开展中则只关注采用科学化手段来使利益实现的效率最大化。总之,不可否认,文官制度改革有着道德的初衷——对公共性的追求。

显然,文官制度改革是在政党分赃的背景下发生的,要解决的问题就是由于党争倾轧导致的腐败和行政瘫痪问题,因而采取了政治与行政二分的方案。正如有学者指出的,文官制度改革者"只是提出了一种政治与行政之间非常温和的二分。提倡的是行政机构相对于党派而非整个政治的中立"[②]。《彭德尔顿法》"在很大程度上仍局限在政府摆脱政治腐败和政党分赃制中,对政治与行政、职业官僚和政治家之间关系以及他们重叠的权力划分问题还考虑不多"[③]。也就是说,作为近代公共利益行政实践起源的文官制度改革中的政治是党政意义

[①] 张康之、张乾友等:《公共行政的概念》,中国社会科学出版社 2013 年版,第 49 页。

[②] Paul P. van Riper, "The American Administrative State: Wilson and the Founders—An Unorthodox View", *Public Administration Review*, Vol. 43, No. 6, November 1983, pp. 477 – 490.

[③] Robert Maranto ed., *Politics and Bureaucracy in the Modern Presidency: Careerists and Appointees in the Reagan Administration*, Connecticut: Greenwood Press, 1993, p. 16.

第一章 公共行政的自我建构：对他者的拒绝 ◆◇◆

上的，是为了拯救政府及行政在政党纷争中的形象，而非公共行政理论起源（威尔逊二分思想）中的一般政治内涵，即包括政治（例如政党）与立法法律（例如国会）等诸多一般政治的内容。

其次，行政与立法权力分离的典型例子就是密尔和威尔逊的思想。密尔不仅为文官制度改革清扫了英国政治体制运行中的障碍，对政府及其行政的关注也给了威尔逊以启发。在行政学作为一门独立的学科产生之前，密尔是较为集中探讨政府行政管理问题的思想家之一，密尔的思想包含了政府及其行政相对独立的内涵。密尔所处的时代是英国准备进行文官制度改革的时期，在议会主权阻碍文官制度改革的问题中，后者有着强烈的将政治与行政分离的愿望，所以密尔通过把政治与行政区分开来清除议会主权这一文官制度改革的障碍，提出议会应当从事的是对政府行为的控制，而不应涉入对政府具体管理事务的分析，政府行政是一种专门的技术型业务。当然，由于时代的局限，密尔没有完全摆脱传统政治话语环境而跳出人们对行政集权的恐惧，不可能对行政管理的问题作出全面、专业的探讨，但他的政府思想对威尔逊有启发意义。

威尔逊的《行政之研究》[①] 提出政治与行政二分的思想，成为美国文官制度改革的理论总结，二分原则的提出也为改革者提供了理论支持，契合了改革者的愿望。正因如此，威尔逊的二分原则被人们仅仅看作出于解决党争问题的需要，这也说明威尔逊并没有用一种直接或昭然的方式去解决立法与行政的关系。我们并不能说这是误解，只不过政治与行政二分的另一个目的是解决立法与行政的关系，即美国的政治体制在实践运行中出现的问题。这也是为何沃尔多在《行政国家》一书中指出威尔逊虽然是通过将政治与行政二分成为公共行政领域倡导效率的始作俑者，但其实是想通过它实现美国的民主。1787

[①] 《行政之研究》作为一份演讲稿并没有学术上的严谨性甚至有矛盾之处，但我们仍能解读出处于世纪之末的改革需求："在得到新宪法保障下，拥有最高权力的人民着手发展行政管理工作。"（Woodrow Wilson, "The Study of Administration", *Political Science Quarterly*, Vol. 2, No. 2, 1887, pp. 197 – 222.）

◆◇◆ 朝向他在性的公共行政建构

年《美利坚合众国宪法》秉承三权分立的权力制衡原则，将立法权、行政权和司法权分别授予国会、总统和最高法院。然而，由于西方国家宪法观念的流行限制了行政权的发展，反而导致实践发展中对宪法精神的偏离；加上美国对行政管理问题的漠视，形成了国会（委员会）独大的局面。正是在这样的背景下，威尔逊提出了政治与行政二分的原则。

具体而言，英国政体思想对美国的影响是显著的。美国宪法对体制的原初设计是遵循孟德斯鸠的三权分立精神，旨在实现分权制衡，保证它们在各自领域不受威胁和侵犯；① 但从实践运行来看，由于深受英国殖民历史的影响，现实中的行政受制于立法（机关），使美国在实践中偏离了宪法设计的制衡精神。早在18世纪六七十年代，英国笼罩在国王乔治三世的专制统治下，议会被贵族的钱财和国王的权势收买，成为国王宠信内阁的工具，人们普遍对行政机关抱有强烈的戒备心理。这样的统治直到作为首相的皮特为抑制国王专权主义进行改革，形成了总揽国家权力并对议会负责的责任内阁制才终止。英国将议会作为反对专制的利器，加深了美国对议会的好感，美国在1787年的制宪会议上提出建立一个不卑屈的国会和不专横的行政机构，移植了英国"议会至上"的观念，创立了国会并赋予了其至上的权力。但是美国并没有考虑到自身体制的差异，导致简单移植英国的"议会至上"经验带来了严重的政治腐败问题：英国"议会至上"下的行政是对王室效忠，建立起了比较科学完整的行政管理体制，所以行政满足官员自利要求，也受到王室的道德约束；美国没有这样的王

---

① 美国宪法的权力制衡思想深受洛克、孟德斯鸠等人的影响，不过细致分析就能发现他们的不同：洛克对立法权的重视不仅为英国议会主权模式奠定了基础，也形成了西方国家普遍重视立法权的传统倾向，在洛克的国家权力结构中，立法权居于国家最高权力的中心，其他权力（执行权和对外权）则统属于立法权："立法权就是最高的权力，因为谁要能够为别人立法，他就必定是凌驾于别人之上了。"（[英] 洛克：《政府论》，刘丹、赵文道译，湖南文艺出版社2011年版，第154页。）美国政体设计受孟德斯鸠思想的指导更直接。孟德斯鸠将国家权力分为立法权、司法权和行政权，三者分别交由不同的机构行使，实现相互制衡，避免权力的无限扩张。显然，孟德斯鸠强调的是这三种权力之间的制衡，立法权只是在顺序上先于其他两种权力而非洛克所指的最高权力。

第一章 公共行政的自我建构：对他者的拒绝 ◆◇◆

室，国会下的行政没有（指导）方向，政党行使官职分配权，而政党轮替带来了临时性，权力滥用和谋取私利就普遍存在。① 另一个严重的问题就是国会权力的膨胀。由于行政受制于立法观念的流行，加上宪法并未规定司法部门享有司法解释权，导致了在宪法颁布之后行政和司法都相对较弱，在当时的环境下，宪法不可避免地将国会推为联邦制的中心，造成国会独大并压制行政发展，不可能构成真正的"三权鼎立"之势。早在 1787 年，谢尔曼就预言"行政机关不过是实现立法机关意志的工具；行政机关的人员，只能由立法机关任命，并向立法机关负责，因为立法机关是整个社会最高意志的受托人"②。

在汉密尔顿时期，国会的权力进一步膨胀。汉密尔顿为了使银行法案得以通过提出了"暗含权力论"③，这使得国会拥有了立法特权，在联邦制中拥有了支配一切和不可抗拒的权力。汉密尔顿在促进联邦政府扩张权力、有效制约各州权力的同时，实际上极大地促进了国会的成长，国会甚至不断扩大自身的活动范围，逐步深入管理的细节，以至于国会权力凌驾于行政和司法部门之上。作为当时唯一能够控制国会的司法部门也声称"只要法律受到尊重，最高法院的一句话就可决定立法的成败……最高法院已被邀请甚至已获特许去占领，但是它却拒绝进入"④。其实即便最高法院愿意干涉，它也未必能够阻止国会力量的扩大，因为"宪法通过授予国会立法或提出宪法修正案的权力使国会掌握了惩戒最高法院的潜在力量"⑤。行政和司法部门面对强大的国会无力回击，国会委员会在"合法性"庇护下谋取私利并将行政牢牢束于自己掌控之下。

19 世纪 80 年代的美国历经工业革命后，人口密度逐步增大，政

---

① 张康之、张乾友等著：《公共行政的概念》，中国社会科学出版社 2013 年版，第 82—84 页。
② ［美］威尔逊：《国会政体》，熊希龄、吕德本译，商务印书馆 1989 年版，第 147 页。
③ "暗含权力论"认为，暗示权力与明示权力一样，可以根据实际需要来灵活解释宪法。
④ ［美］威尔逊：《国会政体》，熊希龄、吕德本译，商务印书馆 1989 年版，第 23 页。
⑤ ［美］维尔：《美国政治》，王合、陈国清、杨铁钧译，商务印书馆 1988 年版，第 234 页。

◆◇◆ **朝向他在性的公共行政建构**

府职责增多且日益复杂,人们要求政府提供更多更好的管理,对政府行政改革的呼声越来越高。但是,国会束缚了政府的发展,国会有权对政府各部部长下达命令却不能监督命令的执行,即行政机构虽然服从于立法机关的命令却并不对其负责,最终导致的是无人负责的局面。可见,国会独大,一是压制了行政和司法的发展,二是国会的监督能力十分有限,造成了美国政治体制权力分散、无人负责的根本缺陷。到威尔逊时期,国会一权独大的局面业已成形,使当时美国的宪法体制被称为"国会政体",造成"责任不明""政府瘫痪"等问题:"在某种程度上说,全国必须盲目跟着国会跑;国会也是在对各委员会完全不了解的情况下唯命是从。各委员会又必须把它们的计划委托给官员们去执行,而官员们可以在很多情况下进行蒙骗。"① 实质是国会委员会独自操控政府,造成政府效率低下、责任混乱,行政与一般政治(即一般意义上的政治,不对政治与法律进行严格区分)的问题呼之欲出。为了促进美国进一步发展,就必须扭转国会独大的局面,重构立法与行政的关系,捍卫美国政治体制尤其是宪法精神,威尔逊于是切题地提出了政治与行政的二分。

在对美国建国初政治体制安排的意见中,威尔逊阐述了他的政治与行政二分思想,这里的政治不再是文官制度改革者那里的政党政治,而是一般的政治,其包含立法及其机构,来针对当时出现的国会委员会独大的问题。威尔逊的政治与行政二分被公认为公共行政产生的理论标志,但其内涵并未被过多挖掘而只是作行政中立的理解,甚至将其仅设置于政党政治问题中,威尔逊提出政治与行政二分的目的并非仅仅是解决党争问题——使行政获得相对于党争政治的独立性从而摆脱政治腐败等,而更多地是为了解决"国会政体"的大问题,重构立法与行政的关系。但他真正首先或者说根本想解决的是行政与立法的关系问题,对应的现实就是国会委员会独大的问题,行政首先是相对于国会而言的独立,是总统及其部长领导下的行政。

---

① [美]威尔逊:《国会政体》,熊希龄、吕德本译,商务印书馆1989年版,第166页。

第一章　公共行政的自我建构：对他者的拒绝　◆◇◆

威尔逊对行政与立法的二分关系进行了矫正。首先，威尔逊为改革行政清扫了思想障碍，为重构立法与行政的关系铺平了道路。由于对专制历史的恐惧，西方各国无论是政治家还是法学家向来都对行政机关有强烈的戒备心理，尤其是美国的现状使威尔逊感叹，行政已经被制度的缺陷耽误。制度有什么缺陷？威尔逊在《国会政体》中总结是贯穿于宪法的权力分散最终导致了职责不清、行政改革停滞不前，美国亟须修正宪法在实际运行中带来的国会独大弊端，改革行政加强政府权力建设，解决宪法因权力分散造成的无人负责的状况。具体来说，一方面，在威尔逊所处的时代，社会结构调整进入垄断资本主义时期，社会矛盾的加剧导致政府活动日益困难，此外，社会分工明细化也导致政府职能数量增加且日益复杂，政府"得到了力量，但却不具备相应的行为……如今我们需要更细致的行政调整和更丰富的行政知识"[1]。另一方面，在欧洲国家发展行政管理的时候，美国却被有关宪法的斗争取代了，为此威尔逊呼吁制定宪法的时期已经结束、行政管理的发展势不可挡——"我们政府长期受到制宪传统的影响，它的健康已经到了一个急需行政研究和建立的时刻"[2]，"在实用性方面宪法原则不再比行政管理问题更突出。执行一部宪法变得比制定一部宪法更要困难得多"[3]。

其次，威尔逊不仅指出重构立法与行政关系的必要性，还给出了具体路径。在当时国会政体的背景下，立法机构攫取行政部门的权力，并不断越权实施对行政的干预，因此威尔逊要求政府重新明确自己的职责任务——"首先，政府应当和能够做什么；其次，政府如何用最低成本获取最高效率的方式做这些恰当的事"[4]。他明确提出

---

[1] Woodrow Wilson, "The Study of Administration", *Political Science Quarterly*, Vol. 2, No. 2, 1887, pp. 197-222.
[2] [美]威尔逊：《国会政体》，熊希龄、吕德本译，商务印书馆1989年版，第154页。
[3] Woodrow Wilson, "The Study of Administration", *Political Science Quarterly*, Vol. 2, No. 2, 1887, pp. 197-222.
[4] Woodrow Wilson, "The Study of Administration", *Political Science Quarterly*, Vol. 2, No. 2, 1887, pp. 197-222.

◆◇◆ 朝向他在性的公共行政建构

"行政管理的问题不是政治问题。尽管政治为行政管理确立任务,但它并不能摆布行政管理"①,行政机构的事务不都是国会的事务,要明确立法和行政的职责使行政摆脱国会的烦琐控制,抑制国会独大的现实。从更深层次上来看,职责的明确也有利于弥补美国政治体制因权力分散而常导致职责不清、无人负责的缺陷。

总之,文官制度改革者出于解决党争问题的需要,主张行政独立,他们并没有倡导加强行政权力,作为一场政治运动,文官制度改革者无意于也不可能对政治说不;威尔逊的思想更多地流露的是加强行政权力的愿望,实现对立法权力的制约,这远远超出了文官改革者的构想。但是,威尔逊没有选择直接明了地提出这份愿望,因为赤裸地提出不仅会引起国会的阻挠,还会引起人们的恐慌,威尔逊借助当时的文官制度改革掩护了其真实目的,是一项妥协策略。因而,文官制度改革者所主张的政治主要是指政府体制外党争意义上的政党政治,他们所要实现的是行政相对于政党政治的分离,使行政获得相对于政党政治的独立性,其政治与行政二分是较为温和的;威尔逊所主张的政治是一般意义上的(一般意义上的政治不对法律和政治作严格区分),也就是国家意志表达层面上的政治,他所想要实现的是行政相对于一般意义上政治的分离,其中就包括重构立法与行政的关系,他看到了国会独大和政府力量的孱弱,所以才说"文官制度改革只不过为我们将要进行的工作做了道德准备"②,只不过是实现政治与行政二分的一部序曲。威尔逊所希望的是通过实行政治与行政的二分来给予行政广阔的发展空间,有力地制衡国会,修正偏离了美国政治体制的立法与行政,这也是威尔逊提出政治与行政二分的初衷和真义。

第二,政治内容主要是指政府政治。近代英美等主流国家观念中的政府(即政府的行政机关)包括政府中的政治部门和行政部门,依

---

① Woodrow Wilson, "The Study of Administration", *Political Science Quarterly*, Vol. 2, No. 2, 1887, pp. 197–222.
② Woodrow Wilson, "The Study of Administration", *Political Science Quarterly*, Vol. 2, No. 2, 1887, pp. 197–222.

第一章　公共行政的自我建构：对他者的拒绝　◆◇◆

托政治官员和文官而区别，人们希望将政府中行政与政府中的政治分开。政府中政治职能基本是行政元首和政府诸大权的特殊管理范围，行政职能是行政官员处理公民无法满足的诸多事务，需要领导、组织、人事和监督等元素来完成其执行职能。古德诺和韦伯对确认公共行政在近代政府治理分工中的合理身份做出了重大贡献，他们采用的"分"的思想中的政治就是政府政治，行政获得的主要是执行职能（合理化）。近代观念中的政府（the Government 或 the Administration，即政府的行政机关）囊括了政府的政治部门和行政部门，依托于政治人物和文官的区别——"在议会制下，政治行政机构由民选的政治人物构成，部长来自议会并对议会负责，他们的工作是根据所属政党的政治和意识形态优先次序制定政策，并监督政策执行。官僚行政机构由国家委任的职业文官组成，他们的工作是提供建议和执行政策，服从政治中立的要求，并忠于所在部的首长。……在总统制行政机构中，两者的重合度甚至更高。例如在美国，总统是行政机构中唯一民选的政治人物，内阁成员实际上都是委任官员，所有高级文官和许多中层文官都有党派色彩且有任期限制"[1]。即公共行政领域视角中经典的政治与行政的分野。

古德诺在近代政府概念层面上就指出政府中有政治事务（职能）和行政事务（职能）的区分，前者基本是行政元首和政府诸大权的特殊管理范围，后者是行政官及行政官员处理人民自身无法满足的诸多事务。古德诺认为行政功能应该由政治上中立、长期任职的和有能力的文官担任，作为实现政府物质能力的行政需要领导、组织、人事、监督等元素来完成其执行职能，古德诺指出行政有五种类型，只不过各国行政内容的侧重点有所不同：其一，外交行政，执行国家间关系的政府管理职能；其二，军事行政，执行国内外兵力作用的政府管理职能；其三，司法行政，执行审判厅有关公民权利冲突裁决的政府职

---

[1] ［美］安德鲁·海伍德：《政治学》（第三版），张立鹏译，中国人民大学出版社2012年版，第249页。

◆◇◆ 朝向他在性的公共行政建构

能;其四,财务职能,即管理政府财务职能;其五,内务行政,以增进人民幸福为目标。① 就功能属性而言,行政是"政府任命官吏、训令外交官、征收赋课租税、练习军队、审查犯罪事件、执行审判庭之判决"②,行政的一部分功能"需要大量的技术知识"且具有准司法性质,另一部分功能"仅在于执行那已表达出来的国家意志——法律"③,包括了半科学、准司法和准商业的活动,两部分功能都不需要接受政治的控制。

沿着威尔逊时期设定的方向,在相对于政府政治而言的层面上,作为治理实体中合理性一角的公共行政形象逐渐清晰,简言之,在近代政府的治理分工中公共行政逐渐清晰的身份是承担治理的合理角色,理想状态就是有效地、专业地、中立地执行决策(提供公共服务)。首先,19世纪末到20世纪20年代是美国城市化发展迅速的时期,尤其是市政研究运动期间,公共行政集中于城市层面,城市经理制的确立和发展契合了政治与行政二分的理念和科学管理运动的背景,将威尔逊时期确立的行政中立原则发展为公共行政的科学化内涵。④ 城市经理具备良好的、专业的行政管理素养,由市议会任命并对其负责,政策制定和政策执行的职责分属于议会和城市经理,使城市政府管理远离了党派与商业巨头沆瀣一气的状况。"除非城市经理像私营企业的业务经理一样,没有左右公司发展方向的权力,只是建议者,当他的意见与董事会不合也只管执行后者的决议,否则城市经理制不会得到发扬。……市议会是决定政策的,城市经理只需做好一

---

① [美]古德诺:《比较行政法》,白作霖译,中国政法大学出版社2005年版,第2—3页。
② [美]古德诺:《比较行政法》,白作霖译,中国政法大学出版社2005年版,第1页。
③ [美]古德诺:《政治与行政:一个对政府的研究》,王元译,复旦大学出版社2011年版,第44页。
④ 城市经理在实践过程中是直接参与政策制定的,没有严格遵循科学化的中立原则,而是"负责发起和执行公共政策,不仅重组政府,而且处理城市所面临的社会问题"。(Martin J. Schiesl ed. , *The Politics of Efficiency*, Berkeley: University of California Press, 1977, p. 185.)

第一章 公共行政的自我建构：对他者的拒绝 ◆◇◆

个称职的行政管理者，他的职责是执行政策而非评论政策。"[①] 同时，在培训学校及其大学专业教学中致力于提高城市层面公共行政的专业化水平，这种专业人才可以通过政治、会计、工程、公共卫生等专业知识[②]和客观方法去评判预算、采购、人事、工资、债务、统计等市政的行政服务。[③] 其次，在近代政府观念中依托于文官的公共行政在职业化、专业化建设中队伍不断扩大，"公共行政主要是指被法定授权分派给文职机构的公共事务。……'公共行政'的概念主要用来表示被授予的行政部门有效完成与民事职能有关的组织、人事、实践和程序问题"[④]。到了20世纪20年代的胡佛总统时期，文官比例已经达到80%（当然，不能排除总统有借此扩大其政治权力的目的）。

政府成为相对独立的治理实体后在很长时间内都将行政作为其主要构成。在政治与行政二分兴盛时期，政府更多是作为行政部门呈现的，也就是注重效率和管理行为。尤其在20世纪初期科学管理运动和"市政研究运动"前后，政府更多意义上不被看作一个政府部门、国家机构，而是被看作行政部门、管理组织，也就是说政府被等同于一般组织性质。可见，逐渐实体化的政府在发展过程中同时受到近代政治学和公共行政学的影响。在近代政治学领域，国家处于绝对中心地位，而在公共行政领域，具体从事治理活动的政府正逐渐成为中心。当然，在治理体系意义上，政府并不能完全摆脱政治的影响：政府作为一个政治部门，需要得到立法部门（人民代表构成）的直接控制；政府也是一个行政部门，享有开展社会治理活动的独立性。作为治理实体的政府同时兼备政治和行政多重角色和功能构成，行政学领

[①] Woodruff Rogers Clinton ed., *Municipal Year book*, City Managers' Association, 1916, p. 14.

[②] Luther Gulick ed., *The National Institute of Public Administration: A Progress Report*, New York: The National Institute of Public Administration, 1928, pp. 55 – 56.

[③] Harvey Walker, "An American Conception of Public Administration", *Public Administration*, Vol. 11, No. 1, January 1933, pp. 15 – 19.

[④] John A. Vieg, "The Growth of Public Administration", in Fritz Morstein Marx ed., *Elements of Public Administration*, New York: Prentice Hall, 1946, p. 5.

· 73 ·

域的学者们就此展开了长期的研究,最终呈现在我们面前的是一个多元功能构成的政府。

二 拒绝他者的行政组织封闭化

行政实体化的结果是官僚制组织,它为徘徊在政治范畴内的公共行政扎了营,成为近代行政组织的主要类型。近代社会是一个组织化的社会,人们在组织框架内交往互动,但迈耶和罗恩(1977)提出了一个很多人都曾困惑过的问题:为什么各种组织都有着相似的结构?我们认为这个相似的组织就是官僚制组织。根据马丁·阿尔布罗(1990)的考证,官僚制一词最早的记录是在德·格里姆1764年的一封书信中,表达了对法国政府的怨气。18世纪的bureau是指官员办公之处,后缀的希腊语cratie意为统治,随后由bureaucracy产生了bureaucrat, bureaucratic, bureaucratism和bureaucratization。19世纪的各大辞典都将官僚制定义为政府及其官员的权力和统治。19世纪德国对官僚制的普遍使用得益于戈雷斯,他认为官僚制是君主制和民主制结合失败的结果,是一种与军队相似的文职机构,以纪律、集体荣誉和集权制为基础。19世纪的英国对官僚制充满了排斥,认为一成不变的准则和控制使得人民窒息,文官制度改革也进一步加深了对官僚制的批判,但是现实的发展是英国并未摆脱官僚制的影响。

20世纪初,马克斯·韦伯成为官僚制理论的集大成者。他从合法性视角对统治进行了界定,这种合法统治具有合理性质、传统性质和魅力性质三种类型,第一种就是"合法型的统治",也就是官僚制,这是一种理想形态,现实中的组织以此为依据。韦伯认为在历史发展过程中长期存在着官僚制,譬如在古代罗马、古代埃及和古代中国,但其实韦伯的官僚制模型是具有近代属性的,这与他从古代寻找官僚制渊源相悖。韦伯的"合法型的统治"是理想型的,这种采用集权主义的官僚制精确、稳定、有纪律且高效,是最合理的统治形式,为威尔逊时期的公共行政观念提供了组织形式和人事标准等实体性支持。到20世纪50年代的组织研究中,"学者们把各种组织共有的官

第一章　公共行政的自我建构：对他者的拒绝 ◆◇◆

僚制与'组织'一词连在一起，形成了'官僚制组织'这个概念"[1]，概念所指与韦伯的官僚制基本一致，是对现代组织的一种笼统称呼，官僚制组织也成为近代正统组织形式，但从设立开始就以封闭属性拒绝他者，也正是这种封闭性给予其彼时的有效性。

从严格意义上讲，韦伯并不是公共行政共同体成员，甚至其著名概念——法制型支配类型（官僚层级制）也不仅限于公共领域，但韦伯为古德诺的公共行政观念提供了组织形式和人事标准等实体性支持，他通过官僚制组织为一直寄生在传统政治学内的公共行政找到了一个新的生长点，为政治行政二分提供了实体性支持，官僚制组织也成为近代正统组织形式。韦伯所处的时代是社会逐渐组织化的时期，韦伯洞察到这一时期非个人秩序的社会结构转型并致力于提出实现对社会控制的手段——官僚制组织。同时伴随着个体（自我）意识的觉醒和异化（个人主义），人们之间的关系变得陌生、紧张和竞争，于是建构契约（表现为法律、规则制度等形式）缓解人与人之间的陌生甚至矛盾，个体之间陌生冰冷的关系就被"和平"地维系下来，契约为非人格化、等级化提供了支撑，这样的等级制度如同一个具有巨大吸附能力的巨型旋涡，将各种因素（诸如权力、信息、资源等）及其关系吸附在内部。因此官僚制组织模型是一种封闭型组织，也正是这种封闭性给予其当时的有效性。

官僚制组织封闭属性对他者的拒绝主要表现为组织内部个体之间的关系和组织与外部的关系两方面。第一，官僚制组织内部，个体与个体之间的关系是非人格化的、封闭的，自我与他人之间极度陌生，是一种形式同一化，因为官僚制组织本身就是保存社会中个体（自我）意识异化——个人主义——的容器。一般而言，人们将组织视为自我与他人之间关系的融洽场域，但其实在近代组织中，他人是自我获得认同的工具，人沦为工具，人与人之间的关系实质上不亚于"自然状态"中的斗争，所以竞争、控制、冷漠无处不在，"韦伯的研究

---

[1] 张康之：《走向合作制组织：组织模式的重构》，《中国社会科学》2020年第1期。

◆◇◆ 朝向他在性的公共行政建构

究其根本,并不能够被单纯地看作是一种管理理论或组织理论,而是一种以科学化、技术化面目出现的统治术,所探讨的是如何让统治获得合法性的技术"①。

在官僚制组织内部,自我与他人之间的关系之所以极度陌生和形式同一化,在于他人是作为自我的工具存在,并且二者之间是完全竞争关系,因而个体之间是异化的封闭性关系。自我与他人之间的竞争是近代社会的产物,并且受到社会机制的稳固,适者生存的竞争法则让自我与他者不得不成为对手,胜者为王、你死我活,在这样一个竞争环境中一切弱者和失败者都不值得同情——"失败者的失败是由他们自己造成的,受责备的也只能是自己,他们没有权利因他们的不幸而要求补偿,甚至同情"②。人们冷酷地战胜他人取得成功,纵使有协作也更多是为了自我利益,他人对于自我的利益和成功而言都是工具属性的,组织(结盟)成为少数人抱团获取成功的路径选择,这也就是鲍曼所说的"结盟只要有助于你的进步,就是好的。但是,一旦结盟不再被需要,它们就很快变成多余的或完全具有破坏性的"③。

竞争在官僚制组织中的地位大受褒奖,不同于斗争的竞争(斗争是一种传统方式,竞争是在近代社会出现的)在组织中无处不在——"一种在所有共同体的行使中十分经常出现的对经济的制约方式,是通过竞争经济的机会而创造的"④。官僚制组织内部存在不同表现形式的竞争,因为资源是有限的,人们为争取有限的资源和机会而相互竞争,当然这种竞争并非自由的,多半是在垄断特权者的圈子内才有竞争的可能。总体而言,人们通过组织仅仅是事务上的联系,这种联

---

① [德]马克思、恩格斯:《德意志意识形态:节选本》,中央编译局编译,人民出版社2003年版,第138页。
② [英]齐格蒙特·鲍曼:《被围困的社会》,郇建立译,江苏人民出版社2006年版,第44页。
③ [英]齐格蒙特·鲍曼:《被围困的社会》,郇建立译,江苏人民出版社2006年版,第46页。
④ [德]马克斯·韦伯:《经济与社会》(上卷),林荣达译,商务印书馆2006年版,第378—379页。

第一章 公共行政的自我建构：对他者的拒绝 ◆◇◆

系并非同质性而是形式化的，人们依据组织规则完成任务，并且因为资源的有限性而相互竞争相互陌生，从本质上看组织中人们的关系是封闭的，这是组织的第一层异化。[1] 所以虽然个体通过组织联系在一起，但在组织内部个体意义上的"自我"和"他人"因为竞争而陌生，只是在涉及相关事务时存在着联系，具有形式上的同一性，组织内部的个体仍旧是拒绝他者的，他人只是自我的工具。

为什么个体都呈现出非人格化特征？因为官僚制组织是一种基于协作的共同行动，协作的运行依赖于规则和结构。社会不同领域和发展阶段可能存在不同类型的共同行动，例如互助、协作和合作。因分工—协作要求而产生的现代工厂是官僚制组织的现代原型。在社会化程度不断增加的工业社会，人们在生产和生活领域都需要不断地与他人协作和竞争，组织依靠科学与技术、结构和规则有效地为人们协作和竞争提供场所。不同于农业社会这一同质性共同体，工业社会是不断陌生化的原子化社会，人们彼此陌生却因为出于自我利益的生产资料和生产活动而不得不交往，因此组织也是希望能够通过科学与技术的结构化方式实现每个人最大化的利益。但是这种基于利益而展开的协作和竞争，极大可能背信弃义，这在工业社会是常见的，官僚制组织中有一个显而易见却被熟视无睹的矛盾：个体在官僚制组织的等级化中非人格化地协作和竞争，每一个他人都成为自我实现利益的工具。

协作以法为基础，并且在此基础上形成近代等级化，"在'法律'的基础上，为司法经常性地创造执行一种概念上系统化了的和理性的法的基础"[2]。建构在法律基础上的规则和结构是得到人们敬畏的，规则给予了官僚制等级化以合法性。等级化能够在近代这个极大宣扬自由、民主的大环境中安然无事，甚至在异化的过程中——正如很多学者看到的——民主自由在近代社会走向了形式化。可见官僚制组织通过组织规则拉开组织成员以及组织部门之间的距离，将个体成员的行为有效调控

---

[1] 肖涵：《论官僚制组织研究的封闭性》，硕士学位论文，长安大学，2015年，第21页。
[2] [德] 马克斯·韦伯：《经济与社会》（上卷），林荣达译，商务印书馆2006年版，第376页。

到合理范畴内,从而更好地实现组织目标。但工业社会开始人们对规则的迷恋已经到了疯狂的程度,规则是非人格化的,压抑了人性,破坏着人的情感和心理因素,反而导致人与人之间的距离。

官僚制组织内部的封闭性还表现在信息垄断。信息在历史发展的任何阶段对于个体和社会而言都是意义重大的,如果能够拥有一项他人无法获得的信息,那就意味着掌握了上权力和主动权。得益于信息技术革命,超强的信息处理能力使得信息价值大大提升,加上金融和技术产业资本使得信息成为一种垄断资本,这种信息资本越垄断创造的价值就越高。组织成员之间之所以需要信息沟通,是因为他们基于此进行协调并完成工作,但信息的沟通并非那么畅通,身处官僚制组织中的个人或部门都具有强烈的垄断信息的偏好:在官僚制组织中高层通过对下层的信息垄断而获得权力;不仅如此,下层因其所在特殊部分而拥有的信息也是对上层封闭的,尤其是对个体或部门不利的信息;官僚制组织在处理对外关系时也擅于垄断信息,"在某种程度上,公共机构是通过选择信息的来源、决定忽略哪些内容以及注意哪些内容来创建自己的信息环境"①。

信息垄断对于个体和组织都将产生损害。就个体而言,"组织高层中的极少的几个人垄断了信息,而且凭借着权力实施了对组织各个方面的控制,通过信息垄断而将其他组织成员置于被动的服从位置上。这在表面上使得组织更具有整体性,能够以一个整体的形式出现。然而,这也使得组织对'中枢神经'形成高度依赖,并使得其他组织成员丧失了自主性"②。就组织而言,信息垄断必然造成组织的封闭性,官僚制组织好似一个没有出口的漩涡,具有巨大的吸附能力,将各种因素及其关系吸附在其内部。官僚制组织内有正式、半正式和个人三种信息沟通方式,后两种信息总量是较少的,而正式信息沟通与正式等级结构之间也是封闭的恶性循环。

---

① [美]多丽斯·A.格拉伯:《沟通的力量——公共组织信息管理》,张熹珂译,复旦大学出版社2007年版,第285页。
② 张康之:《论打破信息垄断的组织开放性》,《东南学术》2017年第4期。

第一章 公共行政的自我建构：对他者的拒绝 ◆◇◆

第二，官僚制组织与外部之间也是一种封闭的拒绝关系。他人变成了自我获得"承认"的工具，在组织问题上也同样，组织中有个核心概念就是成员资格，近代社会人们能够"团结"的基础是获得组织的成员资格，即获得组织的认同，否则"合作"无从谈起。官僚制组织的权力"取决于将人们排斥在组织的设计和管理之外。对于那些管理的人而言，组织变成了一个无与伦比的权力工具"[1]。由于这种认同异化，造成了组织本身的封闭，这就是为何近代组织系统理论、权变理论等一直强调"开放"的重要性却未能使组织摆脱"边界"概念，未能实现充分开放的原因。这种异化也就是组织内外部我和他的中心—边缘结构，也是组织之间我和他的中心—边缘结构。围绕组织认同的中心—边缘结构的生成，一切都在异化过程之中结构化，这种被结构化的异化的认同关系在组织中也存在竞争，或者说认同竟然与竞争"共在"，这其实又是一层异化。

首先，一开始组织与组织之间关系设置就是具有相互排斥性的，用韦伯的观点看就是，"这一部分"（即组织）相对于"那一部分"是自成一个共同体的，相互封闭，因为"这一部分"中人们的利益是相关的、权利是共享的，但"这一部分"与"那一部分"的特征不同，权利和利益也是不能共享的，即"在某种程度上对局外人〈封锁〉有关的机会"，并且这种事情反复出现。[2] 其次，官僚制组织对环境的考虑在逐渐提升，但环境一直只具有其获得合法性的工具性价值。在韦伯的官僚制组织模型中几乎看不到对外界环境的考虑，该模型似乎可以依靠非人格化的个体、严格的等级规则制度和薪酬等内部因素自给自足。因为外界的环境是极度简单的，没有对组织的运行生存构成威胁，所以官僚制是一种封闭性组织，这点我们通过竞争文化、等级结构、控制导向和信息垄断等方面都能明显感受到。

---

[1] ［美］拉尔夫·P. 赫梅尔：《官僚经验：后现代主义的挑战》（第五版），韩红译，中国人民大学出版社2012年版，第37页。

[2] 肖涵：《论官僚制组织研究的封闭性》，硕士学位论文，长安大学，2015年，第21页。

◆◇◆ 朝向他在性的公共行政建构

　　这种组织的封闭化我们不仅能在公共领域看到，同一时期的私人领域也积极倡导该属性组织类型，这点我们在法约尔处可以观察到。例如在管理的组织内涵中，法约尔认为要让组织的计划得到更好的制定和执行需要科学的组织结构，其中等级系列原则是组织功能的要点。法约尔严苛规定领导、工长和监工之间的等级系列，强调统一领导和指挥。为了保证组织行动迅速，法约尔提出要将等级系列与迅速行动结合起来，即同意同一级部门和人员直接联系，但必须上级同意和授权才能如此。无论是在劳动分工、纪律、统一指挥与领导、集中还是秩序原则中，我们都能看到彼时组织内外部因素较为简单的状况下，科学管理理论通过封闭手段实现效率的目标和过程。

　　但随着模型在现实中运行，且外界环境因素的复杂程度提升，给官僚制组织尤其是组织效率带来困扰，因此不得不逐渐面对环境因素，但大多数处理官僚制组织与环境关系的策略都是简单的，因果线性的。正如自我与他者在发展过程中的关系一样，他者给自我的发展造成了困扰，自我才不得不去应对他者，但后者多属于从属和工具价值地位。这种在理论研究过程中封闭的线性方案，一直换汤不换药，这种简化的、可预测的处理组织相关问题的思维司空见惯，官僚制组织理论不断"丰富"其职能和结构希望应对变化，但职能和结构等最终还是刚化了，久而久之则变为困兽之斗。

　　第一，在理性问题上，相比同一时代的组织思想，福莱特的动态组织理论是具有前瞻性的，但福莱特的思想在本质上是行为主义的，关于领导、权力等问题都是从个体主义出发去思考的，带有当时来说新学科——心理学的色彩。一般认为，组织研究中的行为主义取向发源于20世纪20年代的"霍桑实验"，并在巴纳德的《管理者的职能》中得到了系统化的总结，不可否认的是它提升了"人的因素"在组织研究中的地位，是对科学管理的否定。但是并不能改变它对工具理性的追求，只是在它看来关照个体价值才是真正的"科学"，那么从个体行为出发如何才能是"科学"的呢？行为主义

第一章 公共行政的自我建构：对他者的拒绝 ◆◇◆

求助了逻辑实证主义，即只有关于个体行为中事实因素的研究才是科学的。西蒙对工具理性进行了修正，不仅提出有限理性，还客观上影响了人们对价值要素的关注。西蒙所说的价值与事实二分强化了判断在决策过程中的地位，他认为"事实"包含了判断因素，这明显区别于价值中立的政治与行政二分原则。在巴纳德的组织系统论述中也对工具理性进行了反思，他将组织系统内成员主要划分为管理人员和非管理人员，二者的职能也是建立在分工基础上的，并非一方完全垄断另一方。那么，二者的区别在哪里呢？"管理者与非管理者的区别不在于他们是否决策，而在于他们决策的性质与内容……管理决策的着重点就是确定目的，非管理决策的着重点则是辨别环境与确定战略因素。"① 可见，问题的关键在于组织运行中无处不涉入价值因素。

第二，在等级结构问题上，汤·伯恩斯的研究探讨了两种类型的组织形态，一是机械式的组织，二是有机式的组织。前者适合相对稳定的环境，这与韦伯所说的"合理性官僚制"非常接近；后者适用于环境不稳定的状态，也就是我们所讲的"开放系统"，那么它是否为真的开放性系统呢？有机式组织包含了正式权威系统、职业系统和政治系统，其中正式权威系统和政治系统自然不用说，一定程度上都是沿用了传统组织框架，所谓职业系统，就是协作系统，"这种协作系统中的企业人员具有专业志向，他们之间形成了一定的职业结构，并为个人的提升而展开相互的竞争"。这样看来，"有机式的组织"的研究也并没有实现伯恩斯打破官僚制组织等级结构的初衷，依旧是刚性和封闭的。例如，塞尔兹尼克认为非正式组织有利于组织开放，"非正式的系统不仅增强了组织信息的流动性，而且制约了组织领导的政策垄断权"。巴纳德也探讨了非正式组织的问题：首先相对于原本单一存在的正式组织，拉入非正式组

---

① 张乾友：《社会科学的身份之争与公共行政研究的分化》，《甘肃行政学院学报》2012年第5期。

织的存在视野本身就是一种开放；其次非正式组织的存在是一种批判意义的存在，它的发展必然对正式组织具有不同程度的否定作用。不过可惜的是，巴纳德此时除了提出非正式组织的作用并没有过多开启它的批判意义，因为此时的非正式组织更多是作为正式组织的一种补充存在的，是一种依附性的，正式组织千方百计利用发挥非正式组织作用而助益自身的功能。

第三，在组织与环境问题上，韦伯之后的学者多将环境理解为不确定性因素，主要包括组织决定论和环境决定论。前者对环境的理解和判断更多依赖的是组织本身，也就是说研究工作的重点更多放在组织结构化工作上；后者虽然重视外界变化，但是认为组织在更多时候是无能为力的，只能被动去适应。所以组织决定论和环境决定论的共同点就是界限严明的划分出组织和环境二者，并强调区别，重点就是寻找二者的平衡点。例如唐斯认为官僚制组织与环境关系就是内外有别的理念，他认为官僚制组织存在各种"外部设定"，并且通过"内部维度"维持各种职能类型的运作，官僚制组织内部与外部设定之间靠着这些"维度"维系，组织在"内部建立专门化的部门……将负责与具体的环境部门里的诸种问题与趋势保持接触"。于是，一个分块的外部环境将结构化的封闭组织内部包裹着，二者中间通过一些因素对应联系着。塞尔兹尼克做了一份关于田纳西河流域管理局和基层管理的实地调研，他引入了一个"吸纳核心机制"，"一个将一些新的因素吸收到组织领导或决策结构中去的过程"。吸纳功能有助于组织处理与外部环境的关系，但这只在环境复杂性较低的情况下是可取的。在权变理论这里，环境的理论地位大大提升，汤普森"视组织为一个开放的系统"，他认为组织实质是一个联盟，联盟中"核心集团"内的"核心人物"承担着对组织进行控制管理的角色，而"核心人物"执行的是根据联盟"行政"决定、批准的行为。"行政"要考虑到组织面对外部环境时出现的几乎所有问题，这很明显属于理性

第一章 公共行政的自我建构：对他者的拒绝 ◆◇◆

主义思维。①

第二节 价值层面上对他者的拒绝

近代公共行政自我建构阶段在价值层面上对他者的拒绝表现为实践中的效率追求和在理论上的科学取向。在公共行政建构开始的时候，是为公共利益的实现设置的，也就是说具有公共性的初衷；在公共行政（理论与实践）过程展开的时候，因为受到政治等因素的干扰，只去关注采用科学化的手段来使政策执行效率最大化，不再出现行政活动代表什么集团利益的追问，因此这种行政才被称为公共行政。用如今的观点来看，这种公共性肯定是狭隘的，彼时的历史背景塑造了那般的公共行政，如果历史可以假设——公共行政不以这般形式展开自我建构，可能也就没有如今公共行政的发展。

一 实践中掀起效率的基本追求

"到19世纪末20世纪初，人们普遍认为，道德或许是合意的，但仅有道德是不够的。……政府机器不应该浪费时间、金钱和精力。对我们资源的挥霍使用必须得到矫治。如果我们的美好目标因无效率而无法实现——情形似乎就是这样——那么无效率就是首罪。"② 作为公共行政的实践起源，文官制度改革尽管本着道德初衷却走向了极致的效率追求。"在当时政治与行政尚未分化的条件下，文官制度改革的道德取向显得较为突出，在某种意义上，是公共舆论对公共行政提出的道德诉求促使文官制度改革进入了政治议程。不过，这一改革进

---

① 汤普森自己也发现了"行政"中的悖论，于是他提出："在短期内，行动活动试图消除或吸收不确定性以试图在技术理性的评估上得到好评；但是在长期内，行政活动会通过保持免于承诺的自由而争取灵活性，也即组织要保有宽余。""保有宽余"即保持组织灵活性，这是一个很好的观念，但汤普森的具体措施是借助于物质和技术，我们认为这并没有看到组织问题的根本。

② ［美］德怀特·沃尔多：《行政国家：美国公共行政的政治理论研究》，颜昌武译，中央编译出版社2017年版，第197页。

◆◇◆ 朝向他在性的公共行政建构

程甫一启动，就走上科学化的道路，功绩制就是一种建立在科学原则基础上的人事制度，至少反映了科学思维。所以，1883年的文官制度改革实际上是在科学取向中实现了功绩制的合理化设计。至于伦理取向，却在文官制度改革进入政治议程的同时而迷失了方向，即便是在舆论再起波澜的时候，也因为无法转化为制度安排而仅仅表现为一种话语，至多反映在一些作为个人的行为上。"[1]

英国1870年颁布的第二枢密院令和美国1883年的彭德尔顿法案被看作公共行政产生的标志性事件，严格来说，二者都是关于文官制度的法案，公共行政作为一种治理模式恰是由于文官制度的建立而开始自我建构的。功绩效率导向屏蔽了行政人员的价值属性，使他不偏颇地推进国家政策。早在1854年，英国《诺斯科特—屈维廉报告》规定了现代文官制度的原则：文官不能有政治偏向，不能有党派色彩；文官按工作性质分为智能类和体力类；文官的工作和服务实行统一的标准和规则；文官的遴选实行公开考试制度；文官的晋升依据工作实绩而非资历；高级文官从文官内部而非外部提拔任命。[2] 1855年英国内阁直接以枢密院名义颁发了文官制度改革法令——《关于录用王国政府文官的枢密院令》，成立文官制度委员会，审查被推荐到政府低职位文官的资格条件，进而参加考试，合格者分配到具体部门试用通过后正式任命。1870年，新内阁颁发文官制度改革的第二枢密院令，要求文官多数官职需要按照公开考试录用，文官委员会有权决定录用情况。

由于利益集团对政治生活的广泛介入，美国政党分肥制（胜选政党进行政治分赃）的弊端日益显现，利益集团对选举活动的渗透产生恶性党争，使政府不能够代表人民：依靠党派任命和罢免制度的政党政府是软弱和堕落的，因为为了党最蓬勃的生命力和最有益的影响，

---

[1] 张康之、张乾友等：《公共行政的概念》，中国社会科学出版社2013年版，第113—114页。

[2] Sir E. E Bridges, "The Reform of 1854 in Retrospect", Political Quarterly, Vol. 25, No. 4, 1954, pp. 316-323.

第一章 公共行政的自我建构：对他者的拒绝 ◆◇◆

多数人只需要选出自己意见的代表和政策执行者，少数有权领导国家事务、指导和执行其职责的高级官员，通过其行政工作使该政策得以实施；立法机构成员的任免权，起源于篡夺行政职能，增加了行政开支，其实对立法是灾难性的，往往损害政府的平衡和稳定。继伊顿（1879年）提出改革、加菲尔德总统遇刺后，国会通过伊顿的《彭德尔顿法案》，文官制度改革开始。1883年，美国在借鉴英国经验和结合自身情况的基础上确立了联邦政府人事制度原则，通过公开考试、职务常任和政治中立保证了人事制度不同以往的效率。[1]

具体而言，最高的职位要求就是候选人胜任任何职务所必需的能力、造诣和品格；通过奖惩制度，使政府工作和政党活动得到了更大的能力和更高品质的支持，更加纯洁和高效；为确定最适合担任公职的人士，可以进行考试（有关品格调查），而不是以任何其他方式，以公正和无党派的方式遴选公职人员；公开竞争是提供合适人选的最公正和切实可行的方法，结束了任免权，它不仅建立在平等权利和共同正义的基础上，而且被认为是反对党派压迫和官方偏袒的最可靠的保障，使政党和政府真正的职能不受损害，把政治操纵、阴谋和腐败减少到最小的程度，还奖励学习，更重视品格和原则，并使政治生活对所有有价值的公民更具吸引力；新制度提高了公职人员的抱负，提高了他们的自尊和公众的评价，同时也鼓励了通识教育，促进了公共事务中的节约、效率和忠诚；绩效系统提高了下属的性格和服务能力，考虑了个人价值和合理原则而非自我利益的人，也鼓舞国民爱国主义，提高政治才能的标准，使政治领导人看起来有更好的智力支持。[2]

文官制度改革赋予了行政官员选拔和职能的规范性，因此赋予了公共行政以效率。由参议院建议和同意，三人（同一政党信徒不超过两人）构成美国公务员委员会，专员不得在美国政府中担任任何其他

---

[1] *Civil Service (Pendleton) Act* (1883), Basic Documents of American Public Administration, 1776–1950, New York: Holmes & Meier Publishers, Inc, 1976, pp. 55–61.

[2] *Civil Service (Pendleton) Act* (1883), Basic Documents of American Public Administration, 1776–1950, New York: Holmes & Meier Publishers, Inc, 1976, pp. 55–61.

◆◇◆ 朝向他在性的公共行政建构

正式职务。第一，为测试现在或将来被列为公务员类别的申请人的适合程度而进行公开、竞争性考试。这类考试应具有实用性，并应尽可能公平测试被考查人员履行其职责的相对能力和适当性的事项。第二，所有如此安排或将以级别形式安排的办公室、场所和工作，都应按等级从竞争性考试成绩最高的人员中进行选择。第三，各部门的公共服务人员的任命应根据上次人口普查所确定的人口在几个州和地区和哥伦比亚特区之间进行分配。每次申请考试时，除其他事项外，须包括一份宣誓声明申请人在申请时的真实居所，以及在该等居所居住的时间。第四，在绝对任用或者聘用前，应当有试用期。第五，任何公职人员都没有义务为此向任何政治基金捐款或提供任何政治服务，也不会因拒绝这样做而被免职或受到其他方面的歧视。第六，任何当值人员都无权利用其官方权力或影响来胁迫任何个人或团体的政治行动，等等。当然，对美国公务员委员会本身也有严格的规范规定。[①]

19 世纪 70 年代开始农场主们组织的政治运动演变为平民主义运动，反映了工业化和城市化不仅造成农村衰落，也造成城市贫富分化，社会边缘人群积极为自身利益获得承认而斗争，要求实现整个社会的进步被提上日程，这就产生了 20 世纪初期的进步运动。但是要求社会公平和对弱者施以保护的道德呼吁无法阻止垄断组织和利益集团对美国社会的控制，因此效率追求为进步运动提供了合法性。进入 19 世纪末 20 世纪初的进步时代，文官制度还具有的道德初衷已经完全为效率让路，"当冲突性目的消失，有能力者主政的时候，效率问题变得重要起来"[②]，"要成其为一个国家，必须有一个行之有效的中央政府"[③] 无论人们对进步运动的主体、内容和价值做什么样的评

[①] Civil Service (Pendleton) Act (1883), *Basic Documents of American Public Administration, 1776-1950*, New York: Holmes & Meier Publishers, 1976, pp. 55-61.

[②] Samuel Haber ed., *Efficiency and Uplift: Scientific Management in the Progressive Era, 1890-1920*, Chicago: The University of Chicago Press, 1964, Midway Reprint, 1973, pp. 106-107.

[③] 钱满素：《美国自由主义的历史变迁》，生活·读书·新知三联书店 2006 年版，第 33 页。

第一章 公共行政的自我建构：对他者的拒绝 ◆◇◆

价,进步时代的美国一定是高举效率大旗的。例如,在联邦政府层面,扩张行政权力、增强行政首长权力、加强联邦政府社会和经济干预权力等来提高政府治理效果；州政府通过进行职能改革、州长与州议会关系变革来提高政府效率；地方政府层面,进步时期美国城市采取扩大自主权、改革市政体制等举措建立高效的政府。

进步时代的改革大致从19世纪90年代进行到20世纪20年代末,在经济垄断、政治腐败、食品药品安全和城市管理等方面实施了一系列举措,其中市政体制改革是比较突出的。工业化过程中美国城市的基础设施和服务层层出错。"对于举办学校、医疗机构、图书馆、公园、体育文化设施等影响生活品质的公共服务,许多城市政府有心无力。以芝加哥市为例,1888—1900年,其地域扩大了420%,人口增加了110%,税收收入却只增长了35%,地方财力日渐捉襟见肘。1879年,纽约市贫民窟住宅达到2.1万所,到1900年增加到了4.3万所,容纳居民高达150万人,约占当时纽约市总人口的40%。贫民窟的住房和市政服务条件极差,住房和街区的采光、通风、照明、排水、管道、消防等条件恶劣,环境卫生也惨不忍睹。"[①] 为了提高管理的效率,在市政体制改革中首先充分实现州与城市的自治,初步建立强市长型市长—议会制、城市委员会制和城市经理制,其中将行政权握在城市经理手中、立法权握在市议会手里。城市经理制在随后的发展中逐渐成为主流。可见为了实现效率,政治与行政分离的思想在这一时期已经悄悄萌芽。

进入20世纪,自纽约市政研究所建立以来,美国展开了一场效率运动。"进步主义的福利目标只有通过有效率的政府才能实现,否则为了消除社会弊病而进行的分散化努力都将无法实现。"[②] 1906年,旨在推动预算改革的纽约市政研究所成立；1908年,纽约市推出了美国历史上第一份现代预算,加强了政府内部的统一集中领导,提高

---

① 何艳玲:《公共行政学史》,中国人民大学出版社2018年版,第19页。
② Henry Bruere et al., "Efficiency in City Government", Annals of the American Academy of Political and Social Science, Vol. 41, No. 1, May 1912, pp. 3–22.

◆◇◆ 朝向他在性的公共行政建构

了效率。具体而言,纽约市政研究局的若干目标是:"(1)使市政运作更符合效率及经济原则;(2)将科学方法运用至市政运作;(3)将市政府的行政事务加以收集、分类、分析,找出相关性,进而公布事实。自塔福特总统成立塔福特委员会的举动以观,亦可看出联邦官员对行政效率的重视,该委员会倡议:联邦行政体系应发展一套完整的组织图,并改进行政程序与方法。"[1] 市政研究运动中,城市经理制的确立和发展契合了政治与行政二分的理念和科学管理运动的背景,城市经理在实践过程中是直接参与政策制定的,没有严格遵循科学化的中立原则,而是"负责发起和执行公共政策,不仅重组政府,而且处理城市所面临的社会问题"[2]。城市经理具备良好的、专业的行政管理素养,由市议会任命并对其负责,政策制定和政策执行的职责分属于议会和城市经理,使城市政府管理远离了党派与商业巨头沆瀣一气的状况。在1913年、1924年、1938年等城市宪章中都规定了城市经理的非政治化的中立角色:"除非城市经理像私营企业的业务经理一样,没有左右公司发展方向的权力,只是建议者,当他的意见与董事会不合也只管执行后者的决议,否则城市经理制不会得到发扬。……市议会是决定政策的,城市经理只需做好一个称职的行政管理者,他的职责是执行政策而非评论政策。"[3] 基于此,城市政府管理的效率得以迅速提升。

当然,以效率追求为目标的最典型实践还是科学管理运动,科学管理运动为公共行政效率的追求提供了具体操作支持,近代科学管理运动加速了社会科学中对科学技术的关注,泰勒将科学效率引用到管理学领域。当然泰勒、法约尔的科学管理是运用在私人部门的管理,怀特将其引用到了公共行政研究中。如前所述,要求社会公平和对弱

---

[1] [美] 全钟燮:《公共行政:设计与问题解决》,黄曙曜译,五南图书出版公司2001年版,第73页。

[2] Martin J. Schiesl ed., *The Politics of Efficiency*, Berkeley: University of California Press, 1977, p. 185.

[3] Woodruff Rogers Clinton ed., *Municipal Year book*, City Managers' Association, 1916, p. 14.

第一章　公共行政的自我建构：对他者的拒绝　◆◇◆

势者施以保护的道德呼吁无法阻止垄断组织和利益集团对美国社会的控制，如果对造成强弱对立的组织化这一根源问题无能为力，那么寻求统一似乎就是一个有效途径，科学管理运动就是这样的生成逻辑，这个统一路径就是效率。解决工人和雇主的矛盾关键不在分配而是增长，保证足够增长就能使二者各取所需，分配就没有意义，冲突也就不再。如何实现增长？即提高效率。在泰勒看来，造成社会诸多领域浪费和低效的原因是管理理念和方法的落后，因此他进行了大量的实证研究和量化实验来提高管理的效率，实现最佳管理。例如，传统的管理模式中资方运用各种刺激最大限度地调动工人积极性，但随着劳资双方的矛盾激增，泰罗在科学管理模式中提出了劳资协作，目的是提高劳动效率而不是出于人性化考虑。

　　在科学管理理论中我们随处可见对效率的追求。泰勒认为人的生产效率提高标志着文明国家和非文明国家的区别，是这一两百年内人类的巨大进步，科学管理的根本就在于此，并通过确定工作定额、挑选第一流工人、实行标准化原理和刺激性差别计件制等措施实现管理的效率。其中值得注意的是泰勒希望在企业中实现计划职能和执行职能的分离，计划职能属于企业管理当局，并设立专门的计划部门承担，工人和工长从事执行职能，按照计划部门制定的指示、方法和工具从事实际操作。这很容易让我们想象到这些职能引入公共领域与政治与行政二分原则相遇后的强化效应。

　　古利克也认为："效率是行政管理价值尺度的第一公理，行政科学的根本目的是用最少的人力、物力完成工作。……干扰效率的行为似乎并没有以任何方式消除效率作为建立行政科学的基本价值。它们是为了满足条件，使问题复杂化，而不是为了改变对行政管理价值的单一最终检验。学行政管理的学生必须考虑到特定的一群人聚集在一起从事某项工作的条件。这些条件不仅包括物质上的障碍，而且包括民主教条、法西斯主义结构、社会主义经济或战利品制度。但无论如何，行政管理专业的学生不仅将在所提供的框架内从效率的观点探讨各种关系，而且还

◆◇◆ 朝向他在性的公共行政建构

将在有机会的地方考虑该框架对效率本身的影响。"①

二 理论上确立科学的基本取向

如果说公共行政在实践价值上对效率的追求促进了自我建构,那么理论价值上的科学取向是公共行政自我建构的另一项重要内容——"高级法的律令总被设想为源于那种最具有效性、最具权威、最令尊崇之物。从历史上看,这通常指的是上帝。但在19世纪晚期20世纪早期的美国,它通常指的是科学"②。对1883年文官制度改革的理论思考集中在威尔逊的思想中,他提出了政治与行政二分原则,这也是公共行政开始获得理论自觉的标志。从威尔逊时期开始,人们就致力于行政科学的建构,在公共行政自我建构时期,公共行政理论应该是背离了文官制度改革的道德初衷(威尔逊指出"文官制度改革只不过为我们将要进行的工作做了道德准备"③)。从这一理论起源开始,公共行政在"科学"道路上越走越远。

威尔逊指出行政科学"是本世纪我们这一代的产物",彼时之所以需要行政科学,是因为政府活动方面的困难已经累积达到了顶点:到威尔逊时期,国会一权独大的局面业已成型,使当时美国的宪法体制被称为"国会政体",造成"责任不明""政府瘫痪"等问题——"在某种程度上说,全国必须盲目跟着国会跑;国会也是在对各委员会完全不了解的情况下唯命是从。各委员会又必须把它们的计划委托给官员们去执行,而官员们可以在很多情况下进行蒙骗"④。国会委员会独自操控政府,造成政府效率低下、责任混乱,行政与一般政治

---

① Luther Gulick, "Science, Values, and Public Administration", in Gulick Luther and Urwick L. eds., *Papers on the Science of Administration*, the Institute of Public Administration, Routledge Press, London and New York, 2003, pp. 199–204.

② [美]德怀特·沃尔多:《行政国家:美国公共行政的政治理论研究》,颜昌武译,中央编译出版社2017年版,第197页。

③ Woodrow Wilson, "The Study of Administration", *Political Science Quarterly*, Vol. 2, No. 2, 1887, pp. 197–222.

④ [美]威尔逊:《国会政体》,熊希龄、吕德本译,商务印书馆1989年版,第166页。

第一章 公共行政的自我建构：对他者的拒绝 ◆◇◆

（即一般意义上的政治，不对政治与法律进行严格区分）的问题对行政科学的需求呼之欲出。行政科学的落脚点在于如何执行一部宪法，"它力求使政府不走弯路，减少闲杂事务使其专心处理公务，加强和纯洁政府的组织机构，带来政府尽职尽责的美誉"[1]。除了克服国内问题，行政科学的建构也需要学习国外经验。

古利克认为行政科学是一种知识体系，在这种知识体系中，人们可以理解关系、预测结果，可以理解在任何情况下，如果人们为了共同的目的而组织在一起工作便会对结果产生影响。但物理学家，化学家和生物学家否认社会事务中有任何科学可言。古利克认为社会科学在许多方面是以物理科学为基础的，而公共行政必须利用人们发展的大多数专业和科学，科学和社会科学的基本区别被过分强调了，这种过分强调肯定会像其他任何因素一样阻碍社会科学的发展，在许多次要但基本的社会知识领域中，我们可以把价值和目的放在一边或者假设它们是常数。首先，在与人打交道时，我们遇到一种罕见的动态因素，它以未知的比例混合在一起，既有可预测的，也有不可预测的，既有理性的，也有感性的；其次，除了在最罕见的情况下，我们无法建立受控的实验或随心所欲地反复检验理论。因此我们需要做到以下几方面来实现科学：第一，对现象的分析，从中我们可以得到标准的命名法、可测量的元素和合理的概念；第二，大量基于这些分析的科学文献的发展；第三，鼓励对社会现象采取富有想象力的办法，出版和传播各种假设以便在现在和今后的几年中，其他人可以根据经验仔细审查这些假设。[2]

公共行政理论的科学取向主要表现之一是对行政原则的叙述，尽管这种行政原则对其他价值因素是排斥的，甚至希望成为普世价值，

---

[1] Woodrow Wilson, "The Study of Administration", *Political Science Quarterly*, Vol. 2, No. 2, 1887, pp. 197–222.

[2] Luther Gulick, "Science, Values, and Public Administration", in Gulick Luther and Urwick L. eds., *Papers on the Science of Administration*, the Institute of Public Administration, Routledge Press, London and New York, 2003, pp. 199–204.

◆◇◆ 朝向他在性的公共行政建构

但很多人将其称为"科学"。科学"将行政的经验方法转化成精确原则"①,人们主张"可以系统地制定一种适用于公共行政学的普遍规则。在试图建构类似于自然科学的公共行政科学过程中,人们从这些普遍规则或公认规则中剔除了规范性价值、个人心灵引起的畸变和文化环境的影响。这通常意味着具有普遍正确性的'公共行政学的原则'不仅独立于道德和政治目的,而且也独立于个人性和社会文化环境"②。也就是说,公共行政原则"可以在任何公共行政背景里'起作用',无论是什么文化、功能、环境、使命或制度框架都不例外,所以他们能够顺利地应用到任何地方"③。

早期很多人都在寻找普遍法则,而这些法则是祛除道德和政治等规范价值的,超然于个体人格和社会文化环境之上。在公共行政科学原则的叙述方面,泰勒给科学下的大概定义是经过分类和组织的知识,将这些知识概括为规律、守则和公式,科学管理原则具有四项新责任:第一,管理人员集中收集工人们长期实践积累的大量传统知识、技能和诀窍等这些经验,记录并绘制成表格,概括为守则或公式,然后在全厂工人中实行;第二,管理人员每年科学地选择与培训工人,一方面研究工人的性格、脾气和工作表现,找到他们的能力,另一方面发现工人发展潜力,系统地训练和指导每个工人,使工人在公司能够担任最有兴趣和最适合他能力的工作,提供上进的机会;第三,把科学与科学地选择、培训出来的工人结合在一起;第四,将一个机构中的实际工作在管理人员和工人之间平分,区别于旧式管理中将绝大多数工作分配给工人的形式,这样一天内管理人员与工人的工

---

① Leonard D. White ed., *Introduction to the Study of Public Administration*, New York: The Macmillan Company, 1935, p. 15.

② Dahl R. A., "The Science of Public Administration: Three problems", *Public Administration Review*, Vol. 7, No. 1, January 1947, pp. 1 – 11.

③ [美]尼古拉斯·亨利:《公共行政与公共事务》(第八版),张昕译,中国人民大学出版社2002年版,第51页。

第一章　公共行政的自我建构：对他者的拒绝　◆◇◆

作是衔接的，发生争端的概念就会降低。①

　　法约尔也指出，公共服务成功运作的基本条件是一个好的高级指挥，一个好的高级指挥需要一个好的工作人员和好的管理工具。具体而言，行政"不仅包括公共服务，而且包括各种规模、各种形式和各种目的的任务。所有的任务都需要计划、组织、指挥、协调和控制，为了正常运作，都必须遵守同样的一般原则。我们不再面对几门而是一门单独的科学，这门科学适用于公共事务和私人事务，其基本要素被我们概括为行政理论。……行政理论的基本原则是管理的重要性，而管理的重要性随着任务规模的增大而增加。没有良好的管理，任何任务都不可能成功，任何管理不善的任务都注定要失败。这一原则既适用于国家，也适用于私人企业"②。

　　古利克认为工作中的协作很重要，而协调需要原则：通过组织，也就是通过将工作的各个部分相互联系分配给处于权威结构中的人，这样工作就可以由上级对下级的命令协调，从任务的最高层到底层；在一起工作的人们的头脑和意志中形成一种理智的、单一的目标，使每一个工人都能以自己的意志和技巧、热情把自己的任务融入整体；统一指挥原则，一个服从于几个上级命令的工人会感到困惑、效率低下和不负责任，而一个服从上级命令的工人可能是有条理的，高效的，负责的；同质性原则，即从上到下，这个群体必须是统一的，必须共同努力。这种组织原则具有以下优势：第一，它保证最大限度地利用最新的技术技能，并通过将每一种技术衡量的大量工作集中在一个办公室，使在每一种情况下都有可能利用最有效的工作分工和专业化；第二，它也使最大限度地使用节省劳动力的机器和大规模生产成为可能；第三，组织过程鼓励协调所有的技术和熟练的任务工作，因

---

　　① [美] F. W. 泰罗：《科学管理原理》，胡隆昶等译，中国社会科学出版社1984年版，第245—247页。

　　② Henri Fayol, "The Administrative Theory in the State", in Gulick Luther and Urwick L. eds., *Papers on the Science of Administration*, the Institute of Public Administration, Routledge Press, London and New York, 2003, pp. 109 – 124.

为各个领域的工作汇集在相同的监督下,而不是分散在多个部门;第四,当预算、会计、采购和规划等服务按程序设立并作为一体化的工具时,就为发展中央协调和控制提供了一个极好的办法;第五,按流程组织最适合于职业服务的发展,以及对职业标准和自豪感的激励。[1]

厄威克也认为:"通过对人类组织经验的研究,可以归纳出一些原则,这些原则可以指导任何形式的人类组织的安排。这些原则可以作为一个技术问题来研究,而不论任务的目的、组成任务的人员或构成任务的任何宪法、政治或社会理论是什么。它们涉及对目标的细分和分配给个人的各种活动、职责和责任的方法,这些活动之间的相互关系以及对个人工作的持续控制会确保最经济和最有效地实现目标。"[2] 例如,在每一项任务中必须遵守标量原则,否则权威就会崩溃。所以威洛比才断言是什么:"尽管公共行政不足以被称为科学,像自然科学中的内涵那样,但这个领域中的研究早就确立一些与其他科学特征相似的、具有普遍性的基本原则了。"[3]

追求效率和科学的公共行政是人们的理性设置与建构,在理性世界里,"行政人员的价值与民选官员或立法者的价值并不是一回事。……在公共行政领域里,更重要的是依靠专家和技术人员来提高公共行政效率。……在公共实践中,是由建立在离散分析基础上的效率——技术理性或科技理性来决定利益取舍的"[4]。这样做的目的是使行政免受干扰,在行政开始创造自我世界时能更好地完成事务、实现目标。换句话说,如果不是追求理性、效率的指导,行政很可能就

---

[1] Luther Gulick, "*Notes on the Theory of Organization*", in Gulick Luther and Urwick L. eds., *Papers on the Science of Administration*, the Institute of Public Administration, Routledge Press, London and New York, 2003, pp. 1 – 49.

[2] L. Urwick, "Organization as a Technical Problem", in Gulick Luther and Urwick L. eds., *Papers on the Science of Administration*, the Institute of Public Administration, Routledge Press, London and New York, 2003, pp. 50 – 96.

[3] William F. Willoughby, "A Program for Research in Political Science", *The American Political Review*, Vol. 27, No. 1, February 1933, pp. 1 – 23.

[4] Yates, D. ed., *Bureaucratic Democracy: The Search for Democracy and Efficiency in American Government*, Cambridge, Mass: Harvard University Press, 1982, p. 200.

第一章　公共行政的自我建构：对他者的拒绝 ◆◇◆

被扼杀在摇篮里，这是有目共睹的。

近代文明以前，西方理性文化受到多种异质因素影响，甚至中世纪理性都沦为信仰等文化的他者，是一种从属地位。理性的中心地位是在启蒙运动中确立的，相对于神本主义，文艺复兴开始就主张个性解放，但随着建筑学、天文学等科学的发展，在最初意味着知识的客观性、经验有效性（思维对存在的统一性，经验主义）和绝对精确性（科学的预测功能，理性主义）的科学精神兴起。当然，在最开始科学精神与经验的关系是复杂矛盾的，一方面得到经验支持的科学精神才能更让人信服，另一方面预测未来功能的科学性并不能完全来源于已有的经验，因此追求绝对精确性的科学一开始主张真正的知识是天赋的（也就是不追问绝对精确性来源于哪里）。笛卡尔哲学是理性诞生的标志，他认为当人遵循理性时就不会犯错（当然，笛卡尔把这种普遍理性比喻为上帝），这种"我思"就是一种以理性而不是情感、意志和实践等为核心的自我意识。马勒伯朗士也以理性消除迷信、净化信仰，将理性与道德视为同一，这也是斯宾诺莎哲学的原则，他们都主张克服情感和感觉经验来达到普遍理性，使人达到至善。这一时期的理性与我们理解的技术理性和工具理性的内涵还是有差异的，它在伦理和认知方式之间徘徊，因此被康德批判为"二律背反"，是一种人文哲学而非"科学"。

只不过，人们在理性道路上越走越远，狭隘地将理性服务于工具性目标，尤其是从 19 世纪末开始，无论是生产活动还是管理活动，表现出趋向合理性追求的技术/工具理性话语，乃至整个治理体系都被要求根据这个标准来实践，它成为一种霸权，导致价值理性和经验理性的落寞。技术理性使用工具推理，在思维和行为上都遵循推理规则来达到既定目标，因此思维和行动都是理性的，它完全符合政治中立原则，在科学管理运动中大放光彩，官僚制组织正是基于这种工具性思维和行动的理念而构建的。工具/技术理性具有两张面孔，一张面孔呈现给我们的是积极的和进步的力量，另一张面孔展示给我们的则是不断地去摧毁人的道德价值甚至生存基础的邪恶力量。技术理性

◆◇◆ 朝向他在性的公共行政建构

过于信奉所谓普遍和客观的宏大历史叙事而不能为我们的生活提供意义，忽略那些非科学化的但对认知和行动同样合法的方式，无视仅仅依赖科学分析思路和科技带来的负面效应。有时理性以真理的名义强制打压他者，"倾向于对其他话语形式实施一种压制，充当控制权"①；有时候则"温柔"规训他者，"规训……是权力的个体化技巧。规训在我看来就是如何监视某人，如何控制他的举止、他的行为、他的态度，如何强化他的成绩、墙加他的能力，如何将他安置在他最有用之地"②。

---

① ［法］福柯：《话语的秩序》，法国 Gallimard 出版社 1971 年版，第 20 页。
② ［法］福柯：《言与文》第 4 卷，法国 Gallimard 出版社 1994 年版，第 191 页。

第二章 公共行政的他在性建构：
对他者的承认

　　第二次世界大战打破了公共行政正统，自此，公共行政以非正统的形式发展，这种非正统的批判形式包含了公共行政对他者的承认，战后公共行政抨击政治与行政二分等普遍化原则，公共行政逐渐成为政治过程中的重要部分，对民选官员和公众负责。人们越来越意识到行政并不能分离于政治与社会，进而不仅在实体层面上对它们进行了承认，行政判断、行政裁量、行政责任和宪法精神等价值层面的问题也得到了关注。在公共行政对他者承认的建构中发现，第一，通过对他者的拒绝实现公共行政自我建构一方面有违现实经验，在行政的实践运行中并不能独立于他者，公共行政追求的"科学"与效率很多时候也是虚假的；另一方面自我建构中对他者的拒绝给公共行政带来了恶果。因此，公共行政他在性建构中对他者的承认克服了拒绝他者带来的负作用，这种他性的要素有助于反思和解决单一和狭隘的理性因素所造成的恶果。第二，公共行政领域对他者的承认，尤其是对社会的承认，是其在发展过程中挖掘其本质属性的必然趋势，在对诸多政治与社会价值逐渐包容和吸收（即在他者的帮助）的过程中重拾公共性。原本的本质属性无须他者的帮助即能拥有，但公共行政的自我建构并没有保证它的公共性初衷，公共行政领域对他者的承认，一反最初打着"公共"行政旗号却在追求科学与效率中越走越远的建构路径，在对诸多政治与社会价值逐渐包容和吸收（即在他者的帮助）的过程中重拾公共性。

◆◇◆ 朝向他在性的公共行政建构

第一节 公共行政对政治的承认

正如人们对自我中心主义的否定，公共行政也逐渐发现自己并非自在之物，它的存在和完整性需要政治的证明。第一，在实体层面上，公共行政对政治的承认主要表现为第二次世界大战后逐渐涉及公共政策内容，不仅造成公共行政与政治的博弈现象，也形成了公共行政愈加丰满的形象。第二，在价值层面上，公共行政对政治的承认主要表现为一改公共行政自我建设中对效率和科学的绝对信仰，张开怀抱迎接行政判断、行政裁量权、行政伦理、行政责任和宪法精神等价值因素。

一 在实体层面上对政治的承认

"近年来，公共行政学已经变成研究一种特定过程的学问了。在这个过程中，公共行政参与法律的制定和解释工作：专门研究如何按照'正确''明智'而且'符合公共利益'的原则去制定和解释法律。"[1] 人们逐渐发现"政治（一般意义上的政治，包括法律和政策等）贯穿于行政始终，压力集团并非间接而是直接作用于公共行政的每个部门和分支"[2]，不仅如此，"在执行部门运行中，政策与行政是混合在一起的，因此行政本身就是一个政治过程"[3]。行政官员在帮助形成立法（多数全国立法）时，在起草和执行立法过程中与压力集团打交道时，在执行公共政策中与其他公共机构打交道时，都是政治性的。[4] "人们通常有一种一致的看法，尽管从一个行政机构的上层

---

[1] Waldo Dwight, "Public Administration", *The Journal of Politics*, Vol. 30, No. 2, May 1968, pp. 443-479.

[2] Marshall E. Dimock, "The Study of Administration", *The American Political Science Review*, Vol. 31, No. 1, 1937, pp. 197-222.

[3] Paul H. Appleby, "A Reappraisal of Federal Employment as a Career", *Public Administration Review*, Vol. 8, No. 2, 1948, pp. 85-90.

[4] Marshall Edward Dimock, Gladys Ogden Dimock, Louis W. Koenig, *Public Administration*, Revised Edition, New York: Rinehart & Company, Inc., 1958, p. 4.

第二章 公共行政的他在性建构：对他者的承认 ◆◇◆

移动到底层，或者深入到某一技术过程或职能部门时的政治现象和决策总量在逐渐减少，但它们依然表现出自身的重要程度；而在主要行政部门或上层管理部门这种级别中，由于那里集中体现了如此众多的利害关系，政治现象和决策的确是重要的事情。"[1]

从消极方面来看行政与政治的关系："大萧条"及其"新政"开始，政治氛围发生了变化，行政与政治的零和博弈导致政府整体出了问题。一方面，以总统这一民选官员为代表的政府政治部门扩大了权力，并对公共行政加强了控制。美国在经历了"新政"、肯尼迪政府"新边疆"和约翰逊"伟大社会"等改革后，严格来说是总统权力这一政府职能已经发生了改变。例如《1946年就业法》及其修正案就从立法上规定了总统及其经济顾问委员会对经济发展承担直接责任，赋予其总资本家的角色。与此同时，总统等政治部门对公共行政加强了控制，例如罗斯福时期，"'功绩制'遭到很大破坏，总统和国会、最高法院在控制联邦官僚方面存在很大矛盾，'政党分赃制'和'政治庇护制'在复兴"，罗斯福为扩大民主党政治利益，通过分肥求职者寻求自我支持，[2] 强化对联邦文官体系的控制，"布朗洛委员会报告"更是直接流露出总统掌控官僚的企图。[3] 这就造成例如越南战争和"水门事件"等总统权力扩张的后果。另一方面，公共行政的发展势力也不甘于仅作为政府政治部门的附属，而是渗入政治领域，在此过程中也造成了官僚政治等一系列问题，"大量的钱财在行政管理过程中耗掉了……官员们在那些使人民生活更加拮据的项目上花掉了数十亿美元"[4]，甚至"政府的权力已经膨胀到超出了被统治者所同意

---

[1] Waldo Dwight, "Public Administration", *The Journal of Politics*, Vol. 30, No. 2, May 1968, pp. 443-479.

[2] David A. Schultz, et al, *The Politics of Civil Service Reform*, New York: Peter Lang Publishing, Inc., 1998, p. 101.

[3] 彭和平、竹立家：《国外公共行政理论精选》，中共中央党校出版社1997年版，第83页。

[4] [美]罗纳德·里根：《里根自传：一个美国人的生活》，东方出版社1991年版，第19页。

的限度"①。加上20世纪70年代开始的石油危机引发的经济滞胀,经济低速发展、通货膨胀、失业增加,政府以往的行政干预和调节功能收效甚微。

从积极方面来看行政与政治的关系:行政在实体意义上成为政治的一部分,美国传统的民主观由于对权力分立和立法至上主义的承诺,在实质性政策问题上肯定了行政中立的伦理,本质上是指在坚持自由和责任之间的传统区别的基础上,行政人员可以而且应该对政策保持中立。政策应由选举产生的官员专门制定的信念可以追溯到这样一种假设,即他们是政治制度中唯一被选举的、由民主约束其责任的行动者,支持这种假设的观点是,民主基本上是多数人统治和少数者权利之间的平衡,前者是通过投票来执行的,后者是通过法院进行的。但是多数人统治和少数者权利只是民主制度中可能出现的两种特征而非其本质,实际上政府只有相对较少的活动由选举官员投票决定或受其监督,应当考虑到行政人员在政策制定方面的首要作用。批评者认为政治与行政两分法逃避了政府过程的现实,行政人员不可避免地参与政治活动,因此应该意识到其微妙之处。

其实,在市政研究运动时期所持的政治行政二分观念超出了文官制度改革对政党政治和行政的区分,包含了政策过程的政治与行政的区分,"这期间,对公共行政二分的看法从文官制度改革者与政党政治相对的行政的早期观念完全转向了一个更广泛的、包含了公共政策问题的政治观念"②。也就是说,行政的内涵从对政党政治的执行转到对政策执行——19世纪末20世纪初,人们认识到用决策和执行能更好地理解政府,再后来,决策被等同于政治,执行被等同于行政。③

---

① 李剑鸣、章彤主编:《美利坚合众国总统就职演说全集》,陈丽亚等译,天津人民出版社1996年版,第448页。

② Rosenbloom, "The Politics-Administration Dichotomy in U. S. Historical Context", *Public Administration Review*, 2008, pp. 57–60.

③ Waldo Dwight, "Politics and Administration: On Thinking about a Complex Relationship", in Ralph Clark Chandler, ed., *A Centennial History of the American Administrative State*, New York: The Free Press, 1987, pp. 89–112.

第二章 公共行政的他在性建构：对他者的承认 ◆◇◆

甚至在实际运行中，市政研究运动的城市层面上的公共行政没有严格遵循科学化的中立原则，而是直接参与政策制定的，"负责发起和执行公共政策，不仅重组政府，而且处理城市所面临的社会问题"。20世纪三四十年代，"新政"在"大萧条"中出现，改变了市政研究运动的方向，公共行政必须通过自身的变化去满足人们对它提出的新要求，打破公共行政建立在二分原则上的传统，战后最典型的公共行政切入政治的突破口就是渗入政策，在与政治系统的角力中打破政治与行政二分原则。行政专家进入政府后卷入政策过程中，证明公共行政是政治的一部分，即公共行政的政策角色发生了变化，从执行角色转变为参与政策过程的角色。例如，古利克关于公共行政性质的认识就不同于科学管理的看法，其分权理论认为政策的制定与执行已不再彼此分离了。①

行政在实体意义上成为政治过程的一部分可以从行政与政策的关系来看。全钟燮指出："行政官僚被政治力量所包围，因此，其能否生存或有所成就，皆须仰赖自我的政治技巧与长才。无论就其行为或其在政策发展中的角色而论，他们绝非仅在执行他者制定的政策。……行政人员于政策倡导过程中，扮演不可或缺的角色。他们与立法委员会直接互动；是特殊利益与服务对象力图影响的目标；并在日复一日的决策过程中，塑造了公共政策。此外，他们对公共利益及适当伦理行为的诠释，亦足以左右公共政策。各层级之公共官僚乃由诸如规划人员、系统分析师、经济学家、科学家等高级专业人员，及受过完备训练之行政人员充任，他们皆可将'有效政策'的知识，引进决策过程。甚且，制定技术性决策时，他们不啻在执行专业权力。"②

弗雷德里克认为："公共政策制定和执行的具体模式表明，政

---

① Gulick, "Politics, Administration, and the 'New Deal'", *Annals of the American Academy of Political and Social Science*, 1933, pp. 55 – 66.
② ［美］全钟燮：《公共行政：设计与问题解决》，黄曙曜译，五南图书出版公司2001年版，第71页。

◆◇◆ 朝向他在性的公共行政建构

治和行政并不是两个相互排斥的区间,或者有绝对的区别,而是同一个过程的彼此紧密联系的两个部分。"[1] 朗指出官僚是思考和表达政府政策的非常重要的一个部分。[2] 公共行政确实在实际操作中影响着政策,"职业文官在承诺执行政策官员的指示时都会在经过每一个层级时拖延措施"[3],"(战后)美国各方关于公共政策制定问题,一方面已经激发了人们重新审视党派、立法机关和行政首长及行政的关系,一方面要考虑民众参与政府治理的需要。……公共行政理论在我们这个时代也就意味着政治理论"[4]。因而古利克认为新的分权理论"不再关注分权制衡或政策与行政二分,而是对政策的否决和政策制定与执行的划分"[5]。芬纳提出:"美国行政部门需要一个处于部门顶端的职业官员体系,使得部门首长的政治领导和常任官员的行政责任融合、政策和行政联姻,部门顶端的文官被允许接触政策秘密,政治家依赖于文官的建议和帮助。"[6] 列维坦认为行政如果发现政治和社会争论"与民主哲学相违背,就不应该继续作为这些决定的执行工具",甚至应该"以辞职为代价来抗议其认为有害于公共利益的政策"。[7]

公共行政入侵政治政策,不仅会拖延政策官员的决策,还"在政

---

[1] Carl J. Friedrich, "Public Policy and the Nature of Administrative Responsibility", in Friedrich and E. S. Mason. Cambridge, eds. , *Public Policy*, Massachusetts: Harvard University Press, 1940, pp. 211 – 245.

[2] Norton E. Long, "Public Policy and Administration: The Goals of Rationality and Responsibility", *Public Administration Review*, 1954, pp. 22 – 31.

[3] Marshall E. Dimock, "Bureaucracy Self-Examined", *Public Administration Review*, Vol. 4, No. 3, 1944, pp. 197 – 207.

[4] John M. Gaus, "Trends in the Theory of Public Administration", *Public Administration Review*, 1950, pp. 161 – 168.

[5] Luther Gulick, "Politics, Administration, and the 'New Deal'", *The Annals of the American Academy of Political and Social Science*, 1933, pp. 55 – 66.

[6] Herman Finer, "The Hoover Commission Reports: Part Ⅱ", *Political Science Quarterly*, 1949, pp. 579 – 595.

[7] David M. Levitan, "Political Ends and Administrative Means", *Public Administration Review*, 1943, pp. 353 – 359.

第二章　公共行政的他在性建构：对他者的承认　◆◇◆

策制定上，官僚所表达的国家意志可能比选举机构的表达更完美"[1]，甚至在政治现实中公共行政领域拥有自决权，"官僚机构在很大程度上承担着公开宣传政策的责任，在使政策获得赖以生存和发展的政治基础方面担负着更大的责任"[2]。行政官员是社会规划者，制定明确的行动准则，为政府活动制定目标，如果立法标准被严重分割，行政官员还要调解压力集团之间的利益。[3] 这也就是登哈特所认为的：早期公共行政被视为政府行政机构的活动，仅仅涉及行政部门（政府行政部门及其活动是指国家、州和地方政府的行政部门，由国会和州立法部门设置的独立委员会、政府公司，以及具有特殊性质的某些其他机构的活动）的运行，大致到20世纪50年代以后，公共行政涉及政府所有部门的行政官员。[4]

二　在价值层面上对政治的承认

在公共行政领域，与效率相对的概念就是民主，以往民主是政治学领域的核心概念，但随着行政在实体层面不断卷入政治和社会领域，也就无法回避这个问题，尤其是当政治领域中民主遭到重创时。近代民主国家及其政府的对内职责就是维持社会的秩序和运行，但近代政治并没有很好地实现这个目标。由启蒙思想构想的社会—国家结构描述了以西欧甚至中欧为代表的集体生活变化，即从农业社会转型到工业社会，这一近代化的过程将原本相互封闭的共同体融为一个社会，在社会基础上建构了国家，"人们能够作为社会的成员而共享他

---

[1] Norton E. Long, "Power and Administration", *Public Administration Review*, Vol. 9, No. 4, 1949, pp. 257-264.

[2] Norton E. Long, "Power and Administration," *Public Administration Review*, Vol. 9, No. 4, 1949, pp. 257-264.

[3] Wayne A. R. Leys, "Ethics and Administrative Discretion", *Public Administration Review*, 1943, pp. 10-23.

[4] [美] 罗伯特·登哈特、珍妮特·登哈特：《公共行政：一门行动的学问》，谭功荣译，北京大学出版社2013年版，第6页。

◆◇◆ 朝向他在性的公共行政建构

们作为一个集体所创造出来的生活内容,并通过国家来保障这种共享"①。打破了一个个封闭共同体的社会给人们提供了公共空间,公共空间是一种共享性空间,促进原本可能不会彼此交往的个体之间的社交互动,促进平等和自由,这种具有共享性质的公共空间主要提供公共物品(public things)和服务,"公众可以平等地访问它们,使用它们时不需要任何显著的额外费用"②,而国家的责任就是通过民主方式维持这个空间的共享性。但直接民主在治理层面落实难度较大,西方政治就给予了委托代理式民主以充分的合理性,最基本的要求是精英们能凭借其专业和中立性实现公共利益。但例如政党精英就无法实现这一目标,政党与其他组织一样,代表的是一部分群体的利益和理念,改变着开放的社会—国家结构,并且在现实运转中,就政党联系部分群体并代表其利益的功能来看是失效的。美国以阶级为导向的主要政党逐渐脱离社会民众(他者),尤其是在20世纪中期以后,产生了精英政党与其普通党员较少联系并以资本密集为主要特征的卡特尔政党。委托代理制度依托竞争性选举的运行,赢者通吃的选举制度的高风险,以及越来越不公平的竞争环境,导致人们越来越缺乏民主的包容性,这种一味为了选举而不考虑长远和国家整体利益的民主会丧失理性。

在这一背景下,如何更好地实现民主使战后公共行政研究基本追求转变为政府理论,而不再是管理科学,③ 这意味着更多价值因素进入公共行政领域。于是战后多年人们对正统公共行政的"科学"内涵进行了进一步反思,拒绝了早期科学管理中的"科学"认知,也拒绝

---

① 张乾友：《"社会之死"与"通过社区的治理"的形成：对西方社区治理实践的反思性考察》,《南京社会科学》2019年第5期。

② See Glasze, Georg, "Some Reflections on the Economic and Political Organisation of Private Neighbourhoods", *Housing Studies*, Vol. 20, No. 2, 2005, pp. 221 – 233. Elena Vesselinov, Matthew Cazessus, William Falk, "Gated Communities and Spatial Inequality", *Journal of Urban Affairs*, Vol. 29, No. 2, 2007, pp. 109 – 127.

③ Wallace S. Sayre, "Premises of Public Administration: Past and Emerging", *Public Administration Review*, 1958, pp. 102 – 105.

第二章 公共行政的他在性建构：对他者的承认 ◆◇◆

了因事实与价值二分产生的"新科学"概念，而将行政视为重要的政治过程，并讨论行政判断、行政裁量、行政责任和问责问题以调和不断增长的行政权力与民主政府的关系。

达尔希望建构的公共行政科学综合了价值、人的行为和社会环境因素，一反传统，达尔认为这三个因素并不是公共行政科学的不可能因素，而是需要考虑进来的因素，所以如果建立公共行政科学，其一要明确目的，[①] 其二要考虑人的行为因素，"如果要有一门公共行政科学，我们必须理解公共行政领域中的人的行为"[②]，其三因为环境因素的不同，公共行政原则在不同国家的有效性是不同的。也就是说，不同于以往的"科学"内涵，达尔对公共行政科学的理解包含了价值因素。虽然西蒙最为明显的观点就是对效率的支持，但在与达尔的争论中，西蒙彰显了事实与价值二分的理论张力，提出价值要素和事实要素而不同于政治与行政二分的关系。他给"事实"下了个普遍的含义："一个关于可以观察到的事物的叙述，其真伪如果在原则上可以检验，那它就是事实陈述。也就是说，如果所说的事情发生了，我们就说那个陈述是真的；如果所发生的是其他事情，我们就说那个陈述是假的。"[③] 事实要素同样包含了判断因素，并不等同于政治与行政二分中的行政要素。这就是事实与价值二分的理论张力，放在政府的视角来看，政府职能并不能仅仅只有行政，而且受到政治价值要

---

① 颜昌武、马俊编译：《公共行政学百年争论》，中国人民大学出版社2010年版，第38—39页。

② 明确目的的需要："1. 确立一个基本的前提。非规范性的行政科学可能依赖于一个基本前提，即将伦理问题从这门科学所覆盖的领域中排除出去。在这个基本前提不起作用的地方，公共行政科学就可以起步了。……这一问题存在着巨大的、甚至是不可克服的困难；然而，这最初的一步迈不出，就不可能建立起公共行政科学。2. 如实地说明目的。……只要每一社会和国家在其目标方面各不相同，就永远不会有普适的公共行政科学。在所有公共行政问题与各种具体目的和目标有内在联系的情况下，所能运用的最好方法应是公开所有规范性的假设，不要让它们半隐半现地处在事实和推论的丛林中，以至粗心大意的人们陷入绝境。"（颜昌武、马俊编译：《公共行政学百年争论》，中国人民大学出版社2010年版，第42页。）

③ ［美］西蒙：《管理行为》，杨砾、韩春立、徐立译，北京经济学院出版社1988年版，第50页。

素影响。作为一个实体，政府应当是一个整体的、饱满的形象。

西蒙有所偏颇得从达尔的观点中解读出"纯粹科学"和"应用科学"概念："前者专注于发现和证明与人类知识相关的某个领域的正确的经验性命题，而后者则关心部分地（但不是完全地）在科学知识的基础上形成决策。"[1] 于是西蒙很自然地认为公共行政科学应当属于"纯粹科学"的范畴，这也是其著名的事实与价值二分思想的真实目的，似乎有继承政治与行政二分思想的征兆。但是不同于政治与行政二分的是，事实与价值二分有着不可磨灭的理论张力，即将判断因素引入进来，"实际决策所依据的'事实'，往往是对事实的估计或判断，并非确切无误的事实"[2]，这里的"事实"包含判断因素，区别于政治与行政二分中绝对中立、绝对价值无涉的内涵，行政中的活动变成了连贯一体的决策活动。

判断因素的发掘表明行政过程中价值因素的不可排斥性。这一时期更为重视行政价值因素："价值观的内涵从行政人员的局限性、机械地回应技术管理视角转向了更为广泛而深刻的人类合作行为观。"[3] 如果行政并非无涉政治价值，那么行政裁量问题的确存在探究的必要性：传统理论中行政权力来源于选举授权的总统及政治官员，但在政治现实中行政权力取决于各种力量的博弈，"就等于断言下级官员在某种程度上处于自己谋生的状况，……包含着行政自决权这一中心问题。……官僚机构在很大程度上承担着公开宣传政策的责任，在使政策获得赖以生存和发展的政治基础方面担负着更大的责任。"[4] 利思更细致地描述了现实运行中公共行政的自主性：如果立法机关采取了

---

[1] 颜昌武、马俊编译：《公共行政学百年争论》，中国人民大学出版社2010年版，第38—39页。

[2] [美]西蒙：《管理行为》，杨砾、韩春立、徐立译，北京经济学院出版社1988年版，第6页。

[3] Wallace S. Sayre, "Premises of Public Administration: Past and Emerging", *Public Administration Review*, 1958, pp. 102 – 105.

[4] Norton E. Long, "Public Policy and Administration: The Goals of Rationality and Responsibility", *Public Administration Review*, 1954, pp. 22 – 31.

第二章 公共行政的他在性建构：对他者的承认 ◆◇◆

一定标准，行政人员就扮演技术专家的角色，如果法律标准模糊，行政人员就被认可为社会规划者，制定明确的行动准则，为政府活动制定目标，如果立法标准被严重分割，行政人员就要调解压力集团之间的利益。① 如果行政具有行政裁量自主性，那么它必然要受到责任问题的审视。处于不断变动中的"行政性"政策制定会造成相互抵触和冲突，"谁将对此承担责任"？弗雷德里克强调行政道德等内部控制；② 芬纳强调立法机关等外部控制；③ 马斯和拉德威基于美国政治体制和现实发展，认为行政责任是对公众、利益集团、立法机关、法院、行政首脑、政党和专业的责任，当这些责任发生冲突时，行政机构需要寻求解决僵局的方案。④

在行政价值因素中，行政裁量权问题占有重要地位，在行政裁量权进入公共行政研究视野的早期，人们主要都是从政治与行政二分视角去分析的，随着行政权的扩大，尤其是行政国家的出现，人们对行政裁量权的进一步思考或控制也不断深入，而从控制行政裁量权的视角引申出对行政伦理和行政责任问题的关注。政治与行政之间关系的模糊性使行政责任问题更加突出，弗雷德里克和芬纳关于在承认行政人员拥有行政裁量权的基础上需要承担哪种责任的论述成为公共行政领域关注的问题。弗雷德里克以政策为基点引申出了责任问题，通过对行政责任的安排从而更利于行政裁量权的使用。他提出了行政责任的双重标准，即技术责任和政治责任，其中技术责任在弗雷德里克森这里是内部性的，而政治责任是外部性的，技术责任是他强调的重点。芬纳随后回应了弗雷德里克森的这一观点，他在自己理解的基础

---

① Wayne A. R. Leys, "Ethics and Administrative Discretion", *Public Administration Review*, 1943, pp. 10 – 23.

② Carl J. Friedirich, "Responsibl Govemment Service under the American Constitution", *Problems of American Public Service*, New York, 1935.

③ Herman Finer, "Administrative Responsibility in Democratic Government", *Public Administration Review*, Vol. 1, No. 4, Summer 1941, pp. 335 – 350.

④ Arthur A. Maass, Laurence I. Radway, "Gauging Administrative Responsibility", *Public Administration Review*, 1949, pp. 182 – 193.

◆◇◆ 朝向他在性的公共行政建构

上也将行政责任区分为内部的和外部的,芬纳在政治责任基础上提出了道德责任,认为弗氏的内部控制对象就是道德责任,误打误撞中使行政伦理问题浮出水面。

弗雷德里克和芬纳二人对行政责任的内部控制和外部控制的内容界定是不同的,弗雷德里克提出了技术责任(内部控制的对象,他的强调重点)和政治责任(外部控制的对象),芬纳无意于强调道德责任的作用,但在政治责任基础上客观上提出了道德责任(并认为弗氏的内部控制对象是它)。弗雷德里克和芬纳都提出了政治责任,即民主责任,民主责任是公共行政领域探讨的重要主题,也是行政责任的重要内容。列维坦认为行政是有灵魂的,民主国家需要民主行政,而仅将行政误解为手段,不仅对行政本身也对民主原则造成了严重打击。[1] 沃尔多认为,民主信念的重要性必须作为与科学专业活动有关的问题不断地摆在我们面前,它们具有重要意义,我们应该对这个问题保持敏感和理智;早期人们对共和党和民主党的理想有着坚定的信念,强调效率、科学和权威并不是以牺牲民主为代价的,希望有效实现目标的手段不会挫败民主理想;但这种理想在20世纪中叶遭到了严重侵蚀,使民主显得无关紧要,被更新和修订,或者受到了直接的挑战和反驳。[2] 具体而言,传统上解决民主问题的关键在于政治与行政的二分法,这被看作是民主(价值、政治、决策等)和效率(科学、原则、专业知识等)同时存在的一种方式,近20年来,我们不再相信政治与行政的分离,民主的意义就成为摆在我们面前的一个问题。

在行政自我建构中,效率是占据主导地位的,但战后行政环境的变化导致行政效率与行政责任的地位发生了改变,"民主政府中行政责任的重要性并不亚于行政效率;从长远来看,它甚至可以促

---

[1] David M. Levitan, "Political Ends and Administrative Means", *Public Administration Review*, 1943, pp. 353–359.

[2] Waldo Dwight, "Supplement: Developments in Public Administration", *The Annals of the American Academy of Political and Social Science*, 1972, pp. 217–245.

第二章 公共行政的他在性建构：对他者的承认 ◆◇◆

进行政效率"①。关于行政责任，一方面，芬纳指出"官员不能自行决定其公共行为，要对民选代表们负责，后者将决定哪怕是最细微技术层面上的官员行为"②；另一方面"职业标准、职责和技术效率都是利于行政良好运作的要素，但它们只是良好政策的一个组成部分，持续的激发因子是公众和政治的监督与指导"③。行政责任包含对行政自身拥有代表性的承认，也包含公民代表及其组织对行政过程的参与，也就是说，行政官员被确认了对民选官员甚至公众的民主责任，因此行政责任问题不仅涉及行政与政治的关系，也包含行政与社会的关系。

对于责任，尤其是行政责任，公共行政领域关于主观与客观责任、个体与组织责任的争论已不在少数，本书认为伦理责任也需要从自我与他者关系的视角去审视和建构，即责任的社会建构："责任的社会建构被认为是中观层次的途径：伦理判断始于个体对伦理情况的主观理解，并且发展至人际关系和群体关系。……它是建设性的和协商性的战略。它通过自己与他人之间的对话和话语方式而达成一个伦理决策。个体在与他人的关系中构建伦理生活，并扮演了积极的角色。……一个行政管理者的伦理责任置于其个体对自我和自我实现的理解和认识中，并且通过个体主动参与组织活动并与公民在公共领域的共同工作，建立起个体与其他人之间的联系。"④

除了行政判断、行政裁量等政治价值因素在 20 世纪中后期进入公共行政领域，人们对公共行政与法律（一般政治）的关系也有新的认识，尽管从威尔逊时期开始人们有意保持二者之间的距离来建构公

---

① Herman Finer, "Administrative Responsibility in Democratic Government", *Public Administration Review*, Vol. 1, No. 4, 1941, pp. 335–350.

② Herman Finer, "Administrative Responsibility in Democratic Government", *Public Administration Review*, Vol. 1, No. 4, 1941, pp. 335–350.

③ Herman Finer, "Administrative Responsibility in Democratic Government", *Public Administration Review*, Vol. 1, No. 4, 1941, pp. 335–350.

④ ［美］全钟燮：《公共行政的社会建构：解释与批判》，孙柏瑛、张钢、黎法等译，北京大学出版社 2008 年版，第 149—150 页。

◆◇◆ 朝向他在性的公共行政建构

共行政，但面对处于诸多社会和政治问题中的公共行政合法性危机，人们也向传统政治因素——宪法及其价值——求救。作为非民主机构的公共行政并没有与民主机构的政治部门争夺合法性资源的优势，所以市场神话中公共行政才落得任人处置的下场，早在卡特政府的文官制度改革中，行政官员治理中的回应性就被篡改为行政官员对政治官员（市场神话中政府的代名词）的回应性。[①] 但黑堡学派指出"对有效治理的需求与民选官员能够提供有效治理的能力之间的差距在不断扩大"[②]，因此罗尔诉诸美国政体价值（regime values），即主权在民的宪法原则。使公共行政直接成为宪法的而非根据宪法产生的民选官员的工具。[③]

第二节　公共行政对社会的承认

哈特指出"行政并不是为了自身存在并执行就足够了，它需要服务于一个更高的目的并因此得到证明"[④]，这个更高的目的就是服务于"政治共同体的公民"。早在第二次世界大战后，公共行政就开始将关注点转向政府与社会间的关系，例如罗斯福政府提出行政集权，他们怎样制衡反对集权的力量呢？就是推广公共关系，营造民意支持，以此策略来增强其行政的合法性。20世纪后期，行政与社会的关系更是成为公共行政领域首要关注的问题，例如行政处理与社会关系的一种典型方案公民主义（civism），即行政人员被给予与民选官员一样的合法性地位，明确其维护公民权利的基本责任，并将鼓励与保

[①] Patricia Wallace Ingraham, David H. Rosenbloom, Carol Edlund, "The New Public Personnel and the New Public Service", *Public Administration Review*, Vol. 49, No. 2, 1989.

[②] Gary L. Wamsley, Charles T. Goodsell, John A. Rohr, Orion F. White, Jim F. Wolf, "The Public Administration and the Governance Process: Refocusing the American Dialogue", *Dialogue*, Vol. 6, No. 2, 1984.

[③] John A. Rohr, "Professionalism, Legitimacy, and the Constitution", *Public Administration Quarterly*, Vol. 8, No. 4, 1985.

[④] Hart, D. K, "The Virtuous Citizen, the Honorable Bureaucrat, and 'Public' Administration", *Public Administration Review*, Vol. 44, No. 2, 1984, p. 112.

第二章　公共行政的他在性建构：对他者的承认 ◆◇◆

障公民参与作为其履行责任的基本方式；20世纪八九十年代以来的反新公共管理运动被定位为一场参与治理运动，在21世纪后又得到进一步发展，如全钟燮的社会建构理论。

一　在实体层面上对社会的承认

"一个行政管理者作为社会现实中的（或行政的）一个人（或一个存在），他需要与他人一起分享这个世界，这就使得行政管理者有可能要求助于其他的人。"① 20世纪后期，当政府的视野愿意甚至被迫从内部走向外界时，治理实体的思维日益坚固并要求政府与社会各要素进行平等交往，这虽违背了启蒙运动以来的民主精神，但客观上却给社会治理带来了契机。也就是说，公共行政自我建构中的实体性思维移植到了其与社会的关系上，而在启蒙思想的民主号召中，国家及其政府与社会及其公民并非平等的治理关系而是前者为后者的公仆，二者是不应当有平等关系的，社会及其公民是在国家及其政府之上的。但是20世纪中后期以来，社会尤其是市场及其组织明显呼吁其与政府平等的治理地位，客观上带来了社会治理发展的春天。

麦克斯怀特认为政府与社会之间的脱节在公共行政创立时期就存在，行政需要走上有关于社会的道路来弥补其出生就带有的合法性空白——"我们的联邦主义先辈们设计制度时，把方向定位在平衡和控制上。其所设计的政府结构能确保所有相互竞争的利益集团对政治问题持一种温和的、理性的态度……这一本源性的精英，第一个理性的人，想当然地把群众当做恐惧对象，认为他们会拒绝接受自由贸易中追求私利所产生的得失模式"②，"公共行政创立时期的行政模式在范式的层面上说，与这一观念（非民主）是完全一致的。唯一的问题就

---

① ［美］全钟燮：《公共行政的社会建构：解释与批判》，孙柏瑛、张钢、黎洁等译，北京大学出版社2008年版，第47页。
② ［美］麦克斯怀特：《公共行政的合法性：一种话语分析》，吴琼译，中国人民大学出版社2002年版，第71—72页。

◆◇◆ 朝向他在性的公共行政建构

是，该如何证明明显未获得民众批准的权力运用的合法性"①。当然，我们并不认为行政在一开始就受合法性问题的困扰，反而合理性（效率与科学）的追求使行政被称为公共行政，但这并不表明行政世界会一直没有合法性问题，这主要源于政府及其行政与社会的脱节。

公共行政建构的社会效果是其确立以来的使命要求，但社会对公共行政的建构一直受到后者的排斥，因为它认为这与其效率和"科学"精神等追求相悖。但是全钟燮指出"公共行政是一个正在进行中并存在于社会、制度、行政知识和个体之间的辩证发展过程"②，公共行政的建构不仅因应自身或政治的要求，也依据社会的要求来建构——社会建构。如果说在自我建构阶段，从国家中分离出来的政府实体让主流的公共行政（学）更多关注的是它内部的状况，20世纪中后期以来，人们的视野扩散到这个实体的外部，它的外部是什么呢？当公共行政被建构成一个实体后，它的外部就是社会了。行政生态学就关注行政现象与社会的关系，它受启发于生态学，生态学研究环境对动植物的影响，并逐渐形成一种思考方式和研究方法。高斯指出，两次世界大战和一次大萧条使人们对新的可能性、威胁和胁迫打开了眼界，也提出了建立和平与重建的问题，但很多解决问题的方案都失败了，如今环境变化越来越快，扩大和加深了公民承受压力的范围，不信任政府和政府负担加重的悖论暴露了政府与社会互动中一些尚未解决的内在矛盾。因此高斯认为，将政府职能与环境联系起来是必要的，环境的变化需要获得回应，审查政府行为可以使我们了解人类在社会中、在一般人际关系中所面临的更广泛和更深层次的问题。③

20世纪60年代最能体现行政与社会的关系，人们主张行政要"与我们的动荡时代相切合"，"与我们的问题相切合"。沃尔多指出

---

① [美]麦克斯怀特：《公共行政的合法性：一种话语分析》，吴琼译，中国人民大学出版社2002年版，第131—132页。

② [美]全钟燮：《公共行政的社会建构：解释与批判》，孙柏瑛、张钢、黎洁等译，北京大学出版社2008年版，第51页。

③ John M. G. ed., *Reflections on Public Administration*, Tuscaloosa: The University of Alabama Press, 1947, pp. 1 - 4.

第二章 公共行政的他在性建构：对他者的承认 ◆◇◆

明诺布鲁克会议中出现的"切题性"（relevance）这一关键词和相关表述，表明了其情感基调和特定兴趣。① 马里尼总结明诺布鲁克会议的主题为：切题性、反实证主义、个人品德、创新、顾客关注、反官僚主义哲学，从讨论公共行政的切题性、方法和哲学关注到我们社会的变化。② 他指出，在明诺布鲁克会议中"切题性"是一个非常受欢迎的词，可以被视为"明诺布鲁克观点"中的主题之一。③ 如何使我们的知识以一种可靠的方式与我们所面临的问题相切合？明诺布鲁克会议的大部分讨论都集中在快速变化的环境以及公共行政学科、公共组织和公共行政人员适应动荡环境的能力等问题上，讨论指出公共行政必须放弃其对早期基本稳定时期的程序和理论的控制，集中精力创造适用于动荡环境的理论和公共部门。④

与20世纪二三十年代相比，五六十年代的年轻人是在一个新世界中长大的，新环境的背后是大规模和日益迅速的社会变革，不稳定、不确定性和变革是一种生活方式。这些革命条件被称为"后工业化"——"在60年代，争取更大平等的运动非常有影响力，'伟大社会'成为口号。它们催生了新的项目，实际上是政府在社会经济变革方面的大胆尝试。它们为实验和分析提供了一个新的世界"⑤。沃尔多指出，20世纪中后期正处于变革时代，社会变革的速度正在加快，变革的广度和深度正在增加，从工业时代到后工业时代我们经历

---

① Dwight Waldo, "Foreword", in Marini F, ed., *Toward a New Public Administration: the Minnowbrook Perspective*, Scranton. PA: Chandler Publishing Company, 1971: xvi.

② Frank Marini, "Introduction: A New Public Administration", in Marini F, ed., *Toward a New Public Administration: the Minnowbrook Perspective*, Scranton. PA: Chandler Publishing Company, 1971: 15-16.

③ Frank Marini, *Toward a New Public Administration: the Minnowbrook Perspective*, Scranton. PA: Chandler Publishing Company, 1971: 17.

④ Frank Marini, "Introduction: A New Public Administration", in Marini F, ed., *Toward a New Public Administration: the Minnowbrook Perspective*, Scranton. PA: Chandler Publishing Company, 1971: 11.

⑤ Mary Timney Bailey and Richard T. Mayer, eds., *Public Management in an Interconnected World: Essays in the Minnowbrook Tradition*, New York Westport, Connecticut London Greenwood Press, 1992, pp. 203-211.

◆◇◆ 朝向他在性的公共行政建构

体制、心理和社会危机。① 与此同时，社会正在经历反叛运动、暴力革命、贫困问题、种族平等问题和城市问题等。20世纪60年代开始，美国深陷于经济停滞、战争、种族冲突等复杂社会环境中，人们走上街头要求解放和公平；② 到了20世纪七八十年代，针对社会问题进行的"伟大社会"改革计划造成了极大的财政负担，美国深陷"滞胀"，政治环境中充斥着反官僚、反政府风气，分属于不同党派的高级官僚随着政党交替被扫地出门，行政体系也成为一系列社会问题的替罪羊。③

人们逐渐认识到"政府不是抽象的存在，政府官僚机构的工作人员不是无名的机器人，而是受自身家庭爱护和关爱自己家庭的鲜活个体，他们加入公共机构是为了服务公众"④。这个认知契机就是新公共行政运动。弗雷德里克森指出"公共管理者和公民的关系就如同民选的代表和公民之间的关系那样密切"⑤，赋予了行政在处理与社会关系问题上的独立合法的地位。弗雷德里克森举了一个例子想揭示社会的地位和作用："我们完全可能有这样一所大学，其中，教员们有一种满意的工作环境，在这种工作环境中，教员和行政当局一起参与决策过程，这里的士气高昂，并且具有很高的生产率。尽管人类关系研究途径具有所有这些最佳元素，但是人们围绕着谁获得什么数量的工资报酬、谁获得什么头衔、谁应该获得终身教职等诸如此类的问题仍然会存在争吵。而且，人类关系研究途径可以以这样一种方式加以应用以至于略去一个关键变量——'服务的接

---

① Waldo Dwight, "Supplement: Developments in Public Administration", *The Annals of the American Academy of Political and Social Science*, 1972, pp. 217–245.
② [英] 塔里克·阿里、苏珊·沃特金斯：《1968年：反叛的年代》，范昌龙等译，山东画报出版社2003年版。
③ Karl, B. D, "The American Bureaucrat: A History of a Sheep in Wolves' Clothing", *Public Administration Review*, Vol. 47, No. 1, 1987, pp. 26–34.
④ [美] 谢里尔·西姆拉尔·金、卡米拉·斯蒂福斯主编：《民有政府：反政府时代的公共管理》，李学译，中央编译出版社2010年版，序言第2页。
⑤ [美] 弗雷德里克森：《公共行政的精神》，张成福等译，中国人民大学出版社2003版，第183页。

第二章 公共行政的他在性建构：对他者的承认 ◆◇◆

受者'。虽然这所大学可以将一些好的人类关系研究途径和技巧应用于其教员，但是它却不可能提供即便是接近学生需要的服务。而且，如果它是一所公立大学的话，便可能会出现公民或托管理事会需要什么这样一个根本问题。"[1]

当政府不得不处理与之相关的他者关系时，实体性的治理思维愈加坚固，并与所有他者平等交往与合作，这与启蒙思想赋予的正统民主观念是相违的，因为国家及其政府只是社会订立契约的结果并没有独立法人资格。但这种变化客观上给新境况中的社会带来了契机。公共选择理论代表性人物唐斯设置的模型是一个大型的政治"市场"，所有政治主体以赢得选举为目的在市场上争取效益最大化，政府不过是其中的一个"市场"主体。[2] 在深受公共选择理论影响的新公共管理运动中，国家及其政府能够与社会其他构成要素进行平等交往，可以签订合同形成具体的契约，政府成为一个"法人"，具有独立人格，政府作为一个实体形象走向了巅峰，甚至形成了一份实体思维，其独立性不仅相对于国家，也是相对于社会而言。从治理体系视角看，政府似乎名正言顺、正大光明地成为与其他要素平等的治理主体，这否定了启蒙运动通过强调主权唯一性赋予国家及其政府垄断性治理主体地位的观念，而强调在这个"市场"中主体之间是平等的。

具体而言，要"恢复政府的合法性，需要政府对公民的关切，对公民的需要作出回应。……如果公共行政希望变得有效率，那么实践者就必须更加熟悉代表性、直接性的民主、公民参与、正义原则和个人自由等问题"[3]。回应性、代表性问题逐渐浮出治理水面。深谙公共行政知识的人都清楚《改革政府》虽没有提到新公共管理，但"企业家政府"的主张与胡德新公共管理的概念是相一致的，顾客导向、回应性

---

[1] ［美］弗雷德里克森：《新公共行政》，丁煌等译，中国人民大学出版社2011年版，第42页。

[2] 参见［美］唐斯《民主的经济理论》，姚洋、邢予青、赖平耀译，上海人民出版社2005年版。

[3] Frederickson, H. G., "The Recovery of Civism in Public Administration", *Public Administration Review*, Vol. 42, No. 6, 1982, pp. 501–508.

◆◇◆ 朝向他在性的公共行政建构

就是"企业家政府"的核心内容之一。奥斯本等指出企业总在寻求使顾客满意的途径,但"大多数美国政府却都是顾客盲。……公共管理人要使其满意的顾客都是行政部门和立法机关……大多数人在同政府打交道的经验中,最大的刺激是官僚政治的傲慢"[1]。这样的批评是中肯的,这是以往政府治理过程中存在的重要问题,需要呼吁改变传统政府的姿态,尤其是在处理其与社会之间的关系时。

  自新公共管理等治理运动以来,治理主体多元化已成为不争的事实。20世纪八九十年代以来的参与治理运动都围绕着"公民主义",这是实践发展向我们呈现的整个公共领域突破政府作为垄断性治理主体传统的治理景象,并得到研究者的理论提炼。哈特最初提出的"公民主义"概念是指公共行政(政府)对公民负责以保证它的公共性,也就是说政府的性质是在其与社会的关系中得以体现和保障的,这不同于以往政府采取统治、命令方式进行治理的主体形象。[2] 弗雷德里克森进一步解释了"公民主义",他通过细分行政官员和民选官员,指出政府需要向前者开放,因为他与公民接触很多,可使政府的决策体现民意,从而对后者形成制衡。[3] 被给予了与民选官员一样合法性地位的行政人员是"代表性公民",应当促进"我们"的精神,它"强调公共管理者对社会公正的承诺","把他们从专业的管理者转变成公民的合作伙伴。……行政人员还需要加强过程管理和人际交往技能方面的训练,包括沟通、聆听、团队组建、增强合作以及自我学习等各项能力。……转向一种关怀现实的意图"。[4] 金等人更进一步地指出:"真正的参与应该是行政人员超越党派和个人利益,与公民一起共同合作,这项合作中,行政人员与公民二者都必须改变传统的参

---

[1] [美]奥斯本、盖布勒:《改革政府:企业家精神如何改革着公共部门》,周敦仁等译,上海译文出版社2006年版,第149—150页。

[2] David K. Hart, "The Virtuous Citizen, the Honorable Bureaucrat, and 'Public' Administration", *Public Administration Review*, Vol. 44, No. 2, 1984, pp. 110 - 120.

[3] H. George Frederickson, "The Recovery of Civism in Public Administration", *Public Administration Review*, Vol. 42, No. 6, 1982, pp. 501 - 508.

[4] 王巍、牛美丽编译:《公民参与》,中国人民大学出版社2009年版,第65页。

第二章 公共行政的他在性建构：对他者的承认 ◆◇◆

与形态，重新思考二者的基本角色和关系。"①

公共行政对社会的承认还是第一步，因为社会并非一成不变的，面对快速变迁发展的社会，全钟燮指出："直面后工业社会动荡的、不断演进的社会环境是每一个组织不可逃避的责任。环境、组织、信息技术和民众价值的复杂性迫切需要行政管理者通过与民众的互动、对话和信息分享，促成新的理解和思维方式，促成与民众的广泛合作。"② 当然，这场"公民主义"运动也是社会层面对新公共管理运动倡导的市场神话进行的反击，强调公民参与的重要性。到 20 世纪 90 年代、21 世纪，这场参与治理运动愈发声势浩大，治理活动似乎应成为全民运动，各个治理实体之间致力于充分的开放性，试图借此维系它们之间的关系。这是 20 世纪后期以来实践发展和理论研究中针对政府实体属性的一项应对方案，对于这一方案还需进一步分析和反思。

二 在价值层面上对社会的承认

早在 20 世纪 50 年代，美国在兴起的伦理守则运动中加强了对公共职责的重视，呼吁对社会的责任，"文官系统成员接受全心服务于美国人民的义务和机会，要相信我们负有这样的职责，尽我们所能去促进国家自由和民主制度；忠实地实现具有人民意志的法律；公正、谦虚、正直与体谅地服务公众"③。政治学的人文主义运动与20 世纪六七十年代的新公共行政运动相结合，为公共行政引入了一些更宽广的理念，如行政的适实性、行政的价值、社会公道、行政革新、以服务对象为中心、反实证论、分权化与参与、个人的成长、人际关系、组织的适应力等。"新政"后美国政治氛围发生改变，

---

① King C. S., Feltey, K. M. & Susel, B. O'N, "The Question of Participation: Toward Authentic Public Participation in Public Administration", *Public Administration Review*, Vol. 58, No. 4, 1998, pp. 317 - 326.

② [美] 全钟燮：《公共行政的社会建构：解释与批判》，孙柏瑛、张钢、黎洁等译，北京大学出版社 2008 年版，第 2—3 页。

③ O. Glenn Stahl, "Democracy and Public Employee Morality", *Annals of the American Academy of Political and Social Science*, 1955, pp. 90 - 97.

◆◇◆ 朝向他在性的公共行政建构

但社会依旧是以增长为主题，而20世纪60年代社会问题不断，社会主题从增长转到分配。基于战后得来的自主性，公共行政顺理成章地积极承担起应对60年代社会问题的任务，分权、社会公平、参与和代表性等社会价值因素进入公共行政领域，甚至对其本质属性——公共性——进行了关注和反思。20世纪中后期，尤其60年代以来的公共行政主题因为美国社会发展变化而不同。到70年代中期，当代公共行政已与传统公共行政概念相反："尽管，公共行政仍未能完全实现新公共行政的理想，然新公共行政学者的主张，确可扭转观念，使我们的思想重新定位……我们的任务即是重新设计层级关系与功能，俾使新行政环境更能切合服务对象与人民的需求，继者，更可协助个人学习如何管理自己的责任。"①

第一，行政分权实践兴起。"在新政（New Deal）哲学的指引下，罗斯福政府大举动投入健全国家经济及个人福利的活动，并将此种作为视为联邦政府的正当性行动。其结果是——从事人性服务的联邦雇员大幅增加，且无论就投入的深度或广度以观，联邦政府的行动皆呈现大规模成长。"②但是在此期间也有分权的案例，譬如有名的田纳西河流域管理问题，到尼克松政府期间，新联邦主义重组联邦官僚体系，将权力重新分配给地方，鼓励社区和市民参与。里根政府也坚持认为州及地方政府也如联邦政府一样具备相同的能力和担当，因而大幅削减州及地方政府对调整粮食的补给、辅助具有未成年子女的家庭和医疗补助。③ 全钟燮认为："社会建构的实践势必在分权化的组织

---

① ［美］全钟燮：《公共行政：设计与问题解决》，黄曙曜译，五南图书出版公司2001年版，第86—87页。
② ［美］全钟燮：《公共行政：设计与问题解决》，黄曙曜译，五南图书出版公司2001年版，第77页。
③ "事实上，诸如福利、保健等复杂的社会问题，州议会的议员同样无能解决。就如同华府的权力运作，常有利益团体居中谋利；州议员及行政人员，同样有可能沦为特殊利益操控的对象。再者，全国性的事务，较易引发大众的关注与批评，而地区性的事务则否。是故，尽管历任总统皆试图重建联邦、州及地方政府的关系，但我们可以肯定地指出：新政时期，人民对联邦政府的赞许与支持，早已不复见。"（［美］全钟燮：《公共行政：设计与问题解决》，黄曙曜译，五南图书出版公司2001年版，第81—82页。）

第二章 公共行政的他在性建构：对他者的承认 ◆◇◆

或地方政府中更加有效。……分权化的管理则通过开放式交往、对话和分享社会知识，将组织与民众联结起来，从而凸现建立非科层制的、合作治理形式的可能性。虽然人们对分权化和公民参与还有不少争议，指责它们内在的分隔化性质，但是，当前的社会走向和趋势已经为民主的社会建构方式赋予了一种潜质，这种潜质可以改进公共服务，并形成、发展成为更富回应性的公共行政。"[1]

权力下放被认为是澄清和加强官僚机构与公民之间联系的一种手段。但是在明诺布鲁克第一次会议时期，关于分权，人们有不同意见。例如，赫伯特·考夫曼认为，大型公共组织的权力下放不仅是对要求更具代表性的行政管理的回应，而且可能是对当选官员要求控制和问责公共官僚机构的回应。许多明诺布鲁克第一次会议中的论点都基于伟大社会的权力下放活动，寻求公民参与以及加强公民对服务提供组织的控制。公民接近行政是行政回应新策略的基石，它明确地重新定义行政问责从民选官员到公民团体的问责。[2] 无论如何分权思想使人们愈加关注行政的社会价值。

第二，社会公平与参与问题涌入。弗雷德里克森对明诺布鲁克第一次会议进行了总结，他指出新公共行政的新内容是将社会公平加入到传统公共行政的目标和原理之中，社会公平就是在多元政府制度优待稳定官僚制和特权者的情况下，关注缺乏政治和经济资源的少数人。支持社会公平的新公共行政从根本上否认公共行政的中立性，强调公共行政者对责任的承担，将出色的管理和社会公平作为基本原理；支持社会公平的新公共行政从根本上进行变革，改变制度上阻碍社会公平的政策和结构；支持社会公平也意味着发现灵活的或使变革成为常规的组织形式和政治形势，对传统官僚制进行了批判；支持社

---

[1] [美] 全钟燮：《公共行政的社会建构：解释与批判》，孙柏瑛、张钢、黎洁等译，北京大学出版社 2008 年版，第 10 页。

[2] Patricia Wallace Ingraham, David H. Rosenbloom and Carol Edlund, "The New Public Personnel and the New Public Service", *Public Administration Review*, Vol. 49, No. 2, Special Issue: Minnowbrook II. Changing Epochs of Public Administration (Mar. – Apr. 1989), pp. 116 – 126.

◆◇◆ 朝向他在性的公共行政建构

会公平意味着一种强有力的执行性政府，不仅有效地经济地执行法律命令，也能改进政策本身。弗雷德里克森指出新公共行政之所以为新，是相对于接受了西蒙的逻辑实证主义和以经验为主的组织理论主张的研究者而言的"第二代行为主义"，不太偏重于"一般的"而重于"公共的"，不太偏重于"描述的"而重于"顾客影响导向的"，不太偏重"中立的"而重于"规范的"。①

在此之前人们认为"为穷人提供的公共资源是充足的、可利用的，贫穷是因为穷人没有足够的动力学习利用这些资源，或者对公共和志愿服务冷漠以至于得不到庇护。所以贫穷是因为穷人本身的不足，而不是社会行为导致的"②。但是经历20世纪60年代的大量社会犯罪和骚乱后，这一认识已经发生了改变，人们"显然已经相信，政治、经济和社会制度甚至没有给予他们起码的公平来分享社会取得的成果和福利，他们认为不能通过现有的制度获取他们应有的成果份额"③。哈蒙指出，一个庞大、复杂和高度工业化的社会对政府提出的要求使一个真正的民主政府站不住脚，因此行政人员具有至高无上的制定政策角色，行政人员作出决定不仅是简单地反映民众的意愿，或者是为了对社会变革保持开放，更是作为一个政治家，在一个支离破碎的政治体系中拥有实现组织目标的技能，同时改变那些受他决定影响的人的特性，并部分地决定公众参与政治的性质和方向。④

当社会公平确实存在问题而社会不满增加时，政府试图采取参与

---

① H. George Frederickson, "Toward a New Public Administration", in Marini F, ed., Toward a New Public Administration: the Minnowbrook Perspective, Scranton. PA: Chandler Publishing Company, 1971: 309 – 331.

② S. M. Miller, Martin Rein, "Participation, Poverty, and Administration", *Public Administration Review*, 1969, pp. 15 – 25.

③ Herbert Kaufman, "Administrative Decentralization and Political Power", *Public Administration Review*, 1969, pp. 3 – 15.

④ Michael M. Harmon, "Normative Theory and Public Administration: Some Suggestions for a Redefinition of Administrative Responsibility", in Marini F, ed., *Toward a New Public Administration: the Minnowbrook Perspective*, Scranton. PA: Chandler Publishing Company, 1971, pp. 172 – 185.

第二章　公共行政的他在性建构：对他者的承认　◆◇◆

的方式解决这一社会问题，20世纪60年代甚至被看作争取参与权利的十年。[1] 60年代末和70年代初的一个突出的主题和运动就是参与。参与运动在公共行政方面有两个方面的表现：（1）在内部使更多的人参与影响就业条件的决定和使普通民众参与有关机构方案的决定；（2）在外部促进社区或客户更大程度参与机构方案的决策及其执行。权力下放在某种程度上与参与运动有关，但在某些方面却截然不同，这是一场旨在使公共项目更受各州和地方政府管辖的运动。这两种运动的公开目标是将权力交还给人民，或者至少是阻止权力进一步集中于联邦政府。[2] 政府制定"最大可能性参与"项目鼓励人们通过参与解决贫困等社会公平问题，"提出问题的是被忽视和歧视的社会群体"[3]。梅勒等人指出参与可以通过四个方面影响公共行政：第一，人员，通过重新评估入职和晋升标准创造新的人力资源；第二，专业的裁量权，通过有效利用审查机制限制裁量权，或者通过创造新的机制为受损或被忽视的服务对象提供补救；第三，政策发展，作为对部门与行政人员相互作用的重新评估，服务对象也参与到政策制定和关键官僚雇用过程中来；第四，新的问责机制，探寻权力下放和社区控制等直接公民问责机制。[4]

"20世纪60年代末以来，美国公共行政界已经充分认识到公民参与在实施联邦政府资助项目上的价值。那些掌控着项目的政府机构被假定，它们承担着教育民众如何参与政策过程以影响那些决定他们生活质量的众多政府决策，并促进各级政府效率提升的责任。"[5] 当

---

[1] Charles V. Hamilton, "Blacks and the Crisis of Political Participation", *The Public Interest*, 1974, pp. 188–210.

[2] Waldo Dwight, "Supplement: Developments in Public Administration", *The Annals of the American Academy of Political and Social Science*, 1972, pp. 217–245.

[3] S. M. Miller, Martin Rein, "Participation, Poverty, and Administration", *Public Administration Review*, 1969, pp. 15–25.

[4] S. M. Miller, Martin Rein, "Participation, Poverty, and Administration", *Public Administration Review*, 1969, pp. 15–25.

[5] ［美］全钟燮：《公共行政的社会建构：解释与批判》，孙柏瑛、张钢、黎洁等译，北京大学出版社2008年版，第6页。

然，由于黑人缺乏代表性等一系列问题，最终个人自助运动（解决贫穷问题）转变成了一场政治运动（主要是黑人夺权运动）而阻止了参与项目的执行，但是"最大可能性参与"项目产生了融合参与和责任的新行政手段，因此参与的理念受到了公共行政领域的关注。

第三，对行政代表性的思考。第二次世界大战后人们逐渐意识到社会治理的代表性不足问题，在此之前代表性都是出现在政治领域的观念，而没有行政代表性这回事，因此在社会发展过程中，公共领域呼吁行政代表性。邓纳德总结到，公共行政不能通过增强执政首长和立法机构的强权政治来体现其宪法责任，并且宪法合法性"能给予公共行政权威，但如果没有制约公共行政者裁量权的民主身份，（倡导公共行政宪法合法性的）黑堡宣言就容易被认为是一种关于政府权力的主张"[1]。这种民主身份就是公共行政意识到与公民之间紧密的但多于政策命令的联系，这种互动关系会使公共行政消耗更少、生产更多。

社会问题促使了公共行政研究对代表性的思考，"现有的代表性机关只能向行政机构提供一般性任务而没有顾及公民直接接触的、负责日常决策和行动的基层官员。……社会中组织规模越来越大，似乎只有通过大型组织才能产生重要影响。这足以让个体在这些巨大的、非人格化的并且对他们的个性和人性漠不关心的组织面前感到十分无助"[2]。因而传统的代表模型显得不适用，需要发挥行政的代表性，在考夫曼看来，"由于缺乏代表性，动乱最广泛地表现为对行政权力下放的极大需求，并伴随着地方对权力下放机构的统治"[3]。当然权力下放也会产生消极后果，但是考夫曼认为这只是改革循环中的一步，在这循环中改革提倡的价值得以继承。

---

[1] Linda F. Dennard, "The Maturation of Public Administration: the Search for a Democratic Identity", in Gary L. Wamsley, James F. Wolf, eds., *Refounding Democratic Public Administration: Modern Paradoxes, Postmodern Challenges*, Thousand Oaks: Sage Publications, 1996, pp. 323.

[2] Herbert Kaufman, "Administrative Decentralization and Political Power", *Public Administration Review*, 1969, pp. 3–15.

[3] Herbert Kaufman, "Administrative Decentralization and Political Power", *Public Administration Review*, 1969, pp. 3–15.

第二章 公共行政的他在性建构：对他者的承认 ◆◇◆

第四，对公共利益的关注及公共性的扩散。首先，人们开始对公共行政追求公共利益这件事给予了关注。"以前被称为'共同善'（the common good）的在如今被称为'公共利益'（the public interest）；以前被称为'本分'（duty）的在如今被称为'责任'（responsibility）。"① 战后，政府在职责方面选择"public service"的概念而取代了之前的"civil service"，人们也根据公共利益重新界定政府的公共职责，"公共职责应当高于任何个人利益或个人伦理行为守则。我们通常从'公共利益'和'私人利益'的关系入手探讨这个问题，后者通常以前者为代价"②。"公务员的最终行为标准是与集团和私人利益相对的公共利益。"③

随着人们对公共利益的关注，面对价值层面上公共行政对传统政治价值（宪法精神）的承认（主要是黑堡宣言）和实体层面上对社会的承认，有学者并不完全赞同，主要从对社会的价值承认层面上对公共利益进行了解读。从溯源上来看，如果说黑堡宣言是一种从一般政治这一他者诉求公共行政合法性的，黑堡学派中另一拨人是从社会这一他者那里诉求合法性的，强调公共行政与民众的联系，他们认为这种民主身份就是公共行政与公民之间紧密的、多于政策命令的联系，这种互动关系会使公共行政消耗更少、产生更多。瓦姆斯利直言："民主和宪法共和国的合法性（legitimacy）不是合宪法性（legality）。……随着政治体制问题的增多，合法性问题也在变化……在寻求治理和公共利益中重建公共行政及其民主角色。"④ 约翰·利特认

---

① Herbert J. Storing, "Review: The Crucial Link: Public Administration, Responsibility, and the Public Interest", *Public Administration Review*, Vol. 24, No. 1, 1964, pp. 39–46.

② Geoffrey Y. Cognog, "Developments in Public Administration", *Public Administration Review*, Vol. 22, No. 2, 1962, pp. 98–105.

③ O. Glenn Stahl, "Democracy and Public Employee Morality", *Annals of the American Academy of Political and Social Science*, 1955, pp. 90–97.

④ Gary L. Wamsley, James F. Wolf, "Introduction: Can a High-Modern Project Find Happiness in a Postmodern Era", in Gary L. Wamsley and James F. Wolf, eds., *Refounding Democratic Public Administration: Modern Paradoxes, Postmodern Challenges*, Thousand Oaks: Sage Publications, 1996, p. 1.

◆◇◆ 朝向他在性的公共行政建构

为"黑堡宣言"开启了公共行政在治理体系中的合法化角色,但只是看到了表层的问题。更进一步看,公共行政是具有治理绩效、可以自我运行的机构,从逻辑上区别于(虽然从宪法层面隶属于)国会、总统和法院,所以它并不仅仅是执行政治政策,而是与外界互动来直接促进治理,而公共行政治理的目的和参与者就是公民(公共利益),这也就是公共行政的合法性所在。[①]

其次,这种对公共利益的追求很快被扩散。经历了20世纪中期政府的扩张发展(国家主义)之后,政府及其公共行政在治理中问题不断,在以市场为研究对象的领域看来也就是政府失灵(government failure)。70年代开始,随着"滞胀"的发生和国内外政治经济环境发生变化,人们质疑政府及其行政,美国政治环境中充斥着反官僚、反政府的风气,政府及其行政陷入危机之中,市场及其组织产生了对政府重塑的愿望和行动。除了上述从实体层面上对市场的承认,从价值层面而言当然认为可以首先提高治理效率,甚至从客观意义上来讲,新公共管理运动这一他者的复权带来了公共性的扩散。传统中通过主体唯一性赋予政府垄断社会治理的合法性,政府是公共性的,社会中的组织与个人是私人性的,甚至社会被视为与政府(自我)相对立的他者;新公共管理运动以后,一些原本由国家及其政府所承担的治理功能也就被转移到了社会之中,那么社会必然获得了一定的公共性,这使得治理主体多元化,打破了政府的治理垄断地位,有利于更好实现民主。

但斯蒂福斯也指出市场神话是以效率为名放任市场中的组织及其企业家独断统治,民主的行政治理应当以积极公民(active citizenship)的参与为前提,因为即使是追溯到洛克派的自由主义都是倡导公民在治理中的重要角色,而不是20世纪70年代以后的新自由主义

[①] John H. Little, "Thinking Government: Bring Democratic Awareness to Public Administration", in Gary L. Wamsley, James F. Wolf, eds., *Refounding Democratic Public Administration: Modern Paradoxes, Postmodern Challenges*, Thousand Oaks: Sage Publications, 1996, pp. 327–348.

第二章　公共行政的他在性建构：对他者的承认　◆◇◆

(Neo-liberalism)用市场中的组织及其企业家取代公民治理角色的做法。积极公民的视角强调公共行政的责任是对公民的责任，公共行政需要培育积极公民，不是传统等级官僚制中的责任内涵，也非市场神话中提供服务后的顾客满意。斯蒂福斯指出积极公民通过促进对话而有助于公共利益的形成，可以对行政权力可能出现的膨胀和自利化问题进行制约。[①]

第三节　公共行政他在性建构的价值

第一，通过对他者的拒绝实现公共行政自我建构，一方面有违现实经验，在行政的实践运行中并不能独立于他者，公共行政追求的"科学"与效率很多时候也是虚假的；另一方面自我建构中对他者的拒绝给公共行政带来了恶果。因此公共行政他在性建构中对他者的承认克服了拒绝他者带来的负作用，这种他性的要素有助于反思和解决单一和狭隘的理性因素所造成的恶果。第二，公共行政领域对他者的承认，尤其是对社会的承认，是其在发展过程中挖掘其本质属性的必然趋势，在对诸多政治与社会价值逐渐包容和吸收（即在他者的帮助）的过程中重拾公共性。但公共行政的自我建构并没有保证它的公共性初衷。公共行政领域对他者的承认，尤其是对社会的承认，一反最初打着"公共"行政旗号却在追求科学与效率中越走越远的建构路径。

一　克服自我建构拒绝他者的负作用

如果说公共行政现代主义建构在官僚制组织这一实体的基础上追求"科学"和效率而取得了丰硕的成果，那么这一建构是通过对他者的拒绝实现的，这种拒绝给公共行政带来了自足（自我建构），也带

[①] Camilla Stivers, "Refusing to Get it Right: Citizenship, Difference, and the Refounding Project", in Gary L. Wamsley, James F. Wolf, eds., *Refounding Democratic Public Administration: Modern Paradoxes, Postmodern Challenges*, Thousand Oaks: Sage Publications, 1996, pp. 260–278.

◆◇◆ 朝向他在性的公共行政建构

来了恶果。19世纪末,公共行政被确立为一个独立部门和领域时采取的途径就是拒绝他者,把所有视为他者的东西从这一部门和领域排除出去来证明自我存在。例如,被公认为公共行政理论起源的《行政之研究》就是通过对政治这一他者的拒绝找到了自我,[①] 开启了公共行政的自我建构历史。这段自我建构历史可以从浅层意义(实体层面)和深层意义(价值层面)上考察行政对政治的拒绝。从浅层意义(实体层面)上行政对政治这一他者的拒绝是对具有政治属性的国家机构的排斥,是建构封闭性的组织实体,从而为自我建构划定了一个行动实体的范围和活动空间;从深层意义(价值层面)上行政对政治的拒绝是对政治过程中包含的价值的排斥。因而公共行政的自我建构是通过对政治的拒绝实现了以效率和科学追求为核心的理性实践的自我形象。

19世纪后期和20世纪初开始,公共行政被一系列的信念所定义从而确立了它的正统,最主要的是政治和行政(决定和执行)是政府过程的两个基本方面,这两者分开,政治不应干涉行政管理,行政的目标是以科学和效率执行政治进程中达成的决定,应该是"科学"和有效的:"一项决议一经权威当局制定,以及一个法律一经通过之后,其他的价值标准与技术就变成最适用的东西,这些东西就属于'行政'的领域。经济和效率是这个领域最主要的两个目标,而科学则是实现这两个目标的恰当手段。"[②] 公共行政正统也就是它的现代主义建构,本质上是自我中心主义的,"基于人与组织的理性化和主体的中心化,是基于笛卡尔主义的心灵模式"[③],"官僚机构挥舞着这把工

[①] 威尔逊指出:"行政领域是一个事务领域(a field of business)。它被从政治混乱和争吵中解脱出来;大多数情况下甚至置身于宪法研究辩论之外。……行政处于'政治'的特有范围之外。行政问题不是政治问题。尽管政治设定了行政任务,却不应自寻烦恼去操控行政机构。"(Woodrow Wilson, "The Study of Administration", *Political Science Quarterly*, Vol. 2, No. 2, 1887, pp. 197 – 222.)

[②] Waldo Dwight, "Public Administration", *The Journal of Politics*, Vol. 30, No. 2, May 1968, pp. 443 – 479.

[③] [美]法默尔:《公共行政的语言:官僚制、现代性和后现代性》,吴琼译,中国人民大学出版社2005年版,译者前言3。

第二章 公共行政的他在性建构：对他者的承认 ◆◇◆

具——一只手挥舞着理性，另一只手挥舞着科学——粗暴地践踏着经验、情感、信仰、信念、目标、意义、感觉、判断、思考和反抗"[①]，甚至"官僚机构取代了人格。认知与判断的心理功能一度为个人所拥有，而现在却被组织的组成部分取代。感觉与情感遭到流浪"[②]。

当公共行政发觉其建构的过程中不仅不能独立于他者，而且需要他者来证明自我的存在和完整性时，公共行政逐渐承认并向政治和社会开放，走上了朝向他在性的建构。在现实发展中，尤其是"新政"以来，罗斯福政府保持开放姿态，当专家进入政府后卷入政策过程的博弈中，表现出参与政治的积极性，证明了公共行政是政治的一部分，不囿于管理视角，而是考虑诸多政治问题。于是公共行政开始了承认政治这一他者的历史进程，这一进程不仅是在浅层意义（实体层面）上行政对具有政治属性的国家机构和政策的接触和接受，也从深层意义（价值层面）上对政治过程中包含的价值（尤其是责任）的吸收。20世纪中期，社会这一他者也进入了公共行政领域，在公共行政建构中扮演着越来越重要的角色，自此打开了行政迎接社会这一他者的大门。从浅层意义上来讲是对社会及其所包含的实体和领域张开怀抱，从深层意义上讲是对代表性、公共性、参与、分权等民主价值的迎接。[③]

为何公共行政发觉自身的建构过程不仅不能独立于他者，而且需要他者来证明自我的存在和完整性？一方面，这有违现实经验，在行政的实践运行中并不能独立于他者。例如，美国行政一直想与政党政治保持距离，甚至与之二分保持中立，但现实发展中却与之相互影响

[①] [美]拉尔夫·P. 赫梅尔：《官僚经验：后现代主义的挑战》，韩红译，中国人民大学出版社2012年第5版，第11页。

[②] [美]拉尔夫·P. 赫梅尔：《官僚经验：后现代主义的挑战》，韩红译，中国人民大学出版社2012年第5版，第67页。

[③] 例如，罗斯福政府提出行政集权，他们怎样制衡反对集权的力量呢？就是推广公共关系，营造民意支持；高斯率先提出公共行政研究的生态学路径，表明公共行政研究需要从其对象扩展到围绕对象的环境上。参见丁煌、肖涵《行政与社会：变革中的公共行政建构逻辑》，《公共行政评论》2017年第2期。

◆◇◆ 朝向他在性的公共行政建构

牵制。美国的党派竞争从来都不仅仅是关于国家规模的争斗，而是一场控制国家行政权力的竞赛，因此政党在行政方面的立场与意识形态也是逐渐分化、相互阻碍的。在行政人事任命上，美国历史上共有168次总统人事任命被"阻挠"，其中奥巴马时期的人事任命被阻挠就有82次；在特朗普执政期间，参议院共和党举行了314次耗时的唱名投票，以打破阻挠议事程序。① 奥巴马总统提名的地区法院法官和上诉法院法官中，等候任命超过百天的比例分别是42%和78%，该数据在布什执政时期只有8%和15%。② 2016年2月，为了占据最高法院大法官的席位，共和党一直搁置奥巴马提名的温和派大法官梅里克·加兰德的任命直至总统选举结束，共和党声称要将该人事任命留给下任总统决定。在外交政策方面政党也在不断干预。当奥巴马政府在2015年与伊朗就阻止其发展核武器进行谈判时，47名共和党参议员发表了一封致伊朗领导人的公开信，警告称任何协议都可能被下一任总统废除。③ 可见行政在现实运行中深受政治的影响。

同时，公共行政追求的科学与效率很多时候也是虚假的，公共行政领域中很多"科学"追求是经不起推敲的。其实"若把少数几个受过某种工程技术训练的学者排除在外，学者们似乎都没有接受过既有科学的方法论培训。此外，从参考书目来看，鲜有行政学者熟悉科学方法的文献，包括历史的、解释的、批判的和比较的文献等。要言之，虽然行政学者总是援引科学之名，但若只是宣称'这是科学的'或'那是科学的'，并不能使得它事实上就是科学的"④。沃尔多指出

---

① Politico, "The Senate's Record – Breaking Gridlock Under Trump", June 8, 2020, Available at: https://www.politico.com/news/2020/06/08/senate – record – breaking – gridlock-trump – 303811.

② 金灿荣、汤祯滢：《从"参议院综合症"透视美国政党极化的成因》，《美国研究》2019年第2期。

③ Amnon Cavari, "Religious Beliefs, Elite Polarization, and Public Opinion on Foreign Policy: the Partisan Gap in American Public Opinion Toward Israel", International Journal of Public Opinion Research, Vol. 25, No. 1, 2013, pp. 1 – 22.

④ [美]德怀特·沃尔多：《行政国家：美国公共行政的政治理论研究》，颜昌武译，中央编译出版社2017年版，第218页。

第二章　公共行政的他在性建构：对他者的承认　◆◇◆

科学和技术也创造了一个冰冷的、人造的、非人性化的甚至是可怕的世界，这是一场对机器和机器制造一切的革命，反对科学技术的革命被积极地看作代表个人反对侵犯隐私和争取个人权利的革命。[1] 反科技情绪强调了科技革命的危险：一是由于技术的迅速发展，掌握技术的人越来越倾向于将其用于社会控制能力，而不是从根本上应付日益增长的社会需求；二是依赖复杂技术的复杂社会系统越来越多地允许这种技术的逻辑来定义社会和政治选项；三是放弃责任，从而增加犯错概率，特别是组织的技术所产生的错误，随着专业化程度的提高和合规预期的降低，行政行为的碎片化程度都在增加，有了先进的组织技术，就完全有可能让普通的、体面的管理人员仅仅执行他们被分配到的任务，成为不知情的恶意分子；在技术上，一个不可识别负责人的社会，没有人可以被要求对公共政策的最终的、完整的行为作出解释。[2]

兰布莱特认为科学界以其自豪和超然的态度做了许多事疏远了支持它的社会。第二次世界大战后政府与科学关系的旧基础正在改变，新的政治环境指责科学以进步的名义给人类带来危害，并怀疑科学在解决当今国家面临的许多社会和环境问题方面的效用，政府与科学的伙伴关系陷入了困境，双方都不得不适应新的环境。在经济快速增长和公众广泛支持的时期，科学态度和官僚程序将不再有效，政府和科学界必须更加自觉地致力于改善人类的状况。然而，公共行政领域中关心人类状况的地方并不令人满意，20世纪六七十年代人们越来越发现科学不是万灵药，科学及其技术与人类状况的关系是极其复杂的，在大多数情况下，科学可以提供帮助，但它不能解决植根于人类及其机构的问题，与公共行政部门的其他工具一样，它必须被谨慎地

---

[1] Dwight Waldo, "Public Administration in a Time of Revolutions", *Public Administration Review*, Vol. 28, No. 4, 1968, pp. 362 – 368.

[2] Peter Savage, "Contemporary Public Administration: The Changing Environment and Agenda", in Marini F, ed., *Toward a new Public Administration: the Minnowbrook Perspective*, Scranton. PA: Chandler Publishing Company, 1971: 17 – 48.

使用，并充分注意其后果。①

全钟燮也指出"科学"理念对于解决复杂的公共问题的作用微乎其微，并且保持中立并非易事。"首先，行政人员也是人，发生在其部门内的种种政治事件，皆不断对其造成影响。其次，与其为'行政中立'的正当性做辩护，倒不如审慎考量保持'中立'的利弊得失。或许公众期望行政人员大力倡导由专家建议并依据经验判定为'适当'的政策方案。但他们亦可能希望一种较开放的对谈中，获取有关公共议题的资讯。在此种开放式的对谈中，行政人员能与大众直接沟通，不再如往常，只被限定在会议室或立法议会中发言。即便是'举发'，或许亦比以往所认为的，更具公共利益。在知识爆炸、瞬息万变的现代社会中，忠诚的行政人员，盲目地执行经立法人员、利益团体与服务对象同意的政策，不啻为一种落伍的想法。公共官僚身为专业管理人员，为了公共利益，势必得跨越传统的中立观念。虽然，行政人员应尽可能地远离政争，但较诸情况，在公共政策对谈与倡议政策方面，他们仍应扮演较明确、主动的角色。"②

另一方面，这种拒绝他者的自我建构是存在严重问题的。20 世纪，整个社会科学都在追求科学，这影响着公共行政领域，但近代行政在追求效率和科学的道路上走得太远——"虽然公共行政领域历来建立在一对紧张关系之上，即以科学为基础追求效率和以本质上存在争议为标志的公共生活这两者之间，如今这个概念舞台被公共管理（追求科学与效率）的信徒占据"③。这种追求效率和科学的理性公共行政的产生是现代性的使然，它相信科学技术可以解放一切限制人类的自然和社会因素，它在我们的社会几乎无孔不入。"现代性的知识源泉可以追溯至

---

① W. Henry Lambright, "Public Administration and Science: A Changing and Problematic Relationship", in Dwight Waldo, ed., *Public Administration in a Time of Turbulence*, Scranton. PA: Chandler Publishing Company, 1971: 113 – 133.

② [美] 全钟燮：《公共行政：设计与问题解决》，黄曙曜译，五南图书出版公司2001年版，第68页。

③ Camilla Stivers, "Resisting the Ascendancy of Public Management: Normative Theory and Public Administration", *Administrative Theory & Praxis*, 2000, pp. 10 – 23.

第二章 公共行政的他在性建构：对他者的承认 ◆◇◆

16世纪和17世纪，但用来描绘我们自己文化特点的现代性在20世纪才融入。现代性描述了一个社会的、政治的和经济的世界，'世俗化，对工具理性的普遍呼唤，现世生活各个领域的分化，经济、政治和军事实践的官僚化，以及价值的日益货币化'逐渐成为其显著特征。"① 在这样的环境中，"科学、道德、法律、艺术和宗教都被制度化了，从我们的生活经验中分离出去，置于技术专家的控制之下。……技术理性入侵到我们的私人生活，引导我们无视任何历史及结果、意义而就政治、家庭、教育甚至是闲暇活动做出决策"②。

　　追求效率和科学的理性在社会发展过程中造成了公共行政的合法性问题。麦克斯怀特提出公共行政的创立时期因为政治（联邦制）对精英理性的追求而缺乏合法性（民主）而使得公共行政合法性问题没有被解决，并且在接下来的演进过程中这一问题也没有甚至无法解决，包括西蒙的现代主义公共行政（"新的理性主义"）、新公共行政、里根时代和20世纪90年代的公共行政，都是无法脱去理性外套的公共行政演进过程。对效率和科学的理性追求也造成了一系列恶果。正如亨利所言："一门'科学'应该具有'不可攻破的原则'。倘若古利克和他的同僚们执行了这个实际策略，那么他们一方面保护了公共行政专业，另一方面也把公共行政学科领域建立在一个最终站不住脚的范式上。"③ 并且，"在追求建构行政科学的过程中，其他的考虑被日益忽视了。……'那些研究公共行政的政治学家过度偏离了传统观念即好政府就是有道德的人的政府，以至于到达了另一个极端，即政府与道德毫不相关'"④。

---

　　① ［美］杰伊·D. 怀特、盖·B. 亚当斯：《公共行政研究：对理论与实践的反思》，刘亚平、高洁译，清华大学出版社2005年版，第20页。
　　② ［美］杰伊·D. 怀特、盖·B. 亚当斯：《公共行政研究：对理论与实践的反思》，刘亚平、高洁译，清华大学出版社2005年版，第2页。
　　③ ［美］尼古拉斯·亨利：《公共行政与公共事务》，张昕译，中国人民大学出版社2002年，第56页。
　　④ ［美］登哈特：《公共组织理论》，扶松茂、丁力译，中国人民大学出版社2011年，第46页。

◆◇◆ **朝向他在性的公共行政建构**

"早期学者追求的新的行政效率科学……没有解除我们的道义责任,而是把这一责任掩盖了起来。"[①] 斯蒂福斯认为理性的设置泯灭了人性的关怀,也就是丧失了差异性。例如,理性的代议制"在我们缺乏有效参与的条件下,他们努力使我们能够对立法机构和政府机构产生影响。但是,无论这种努力如何完善,事实上,我们都难以直接参与。我们名义上可以被代表。……通则性的分类范畴和工具理性忽视了普通公众多样的生活形式:难以兼顾共性与个性的差别。政府管理已日益异化为一个致力于实施管理规则与履行程序的奇异行为,难以顾及现实生活需要解决的问题。理性,特别是工具理性,扼杀了人性的关怀"[②]。斯蒂福斯等人认为,美国建国之初的理性是对公民的不信任,将希望寄托在"理性的"领导者身上,但是正如康德所言,知识是理性与有序感性的结合,首先得通过感知获得内容(经验),而作为理性设置的代议制"由于难以植根于他人的直接经验,立法者难以获得人民的直接生活经验,进行立法活动。立法者认为人民不懂立法事宜。法律的制定只有以人民的直接经验为抽象基础时,人民才能识别出其中的自身经验基础。而建立在代议制知识基础之上的法律,人民非但难以识别出其中的自身经验,而且在理性权威而非生活经验的主导之下,法律难免沦为空洞的概念。……法律愈理性('没有内容的思想'),就愈贫瘠,愈远离人民的生活"[③]。

沃尔多指出其实科学不同于常识,"科学的物质'成果',如无线电、飞机、光电眼,等等,都与常识相冲突。理论科学所呈现的世界的图景——亚微观的、微观的、望远镜式的图景,等等——不只是

[①] [美]登哈特:《公共组织理论》,扶松茂、丁力译,中国人民大学出版社2011年,第46页。

[②] [美]谢里尔·西姆拉尔·金、卡米拉·斯蒂福斯主编:《民有政府:反政府时代的公共管理》,李学译,中央编译出版社2010年版,第35—36页。

[③] [美]谢里尔·西姆拉尔·金、卡米拉·斯蒂福斯主编:《民有政府:反政府时代的公共管理》,李学译,中央编译出版社2010年版,第44页。

第二章　公共行政的他在性建构：对他者的承认　◆◇◆

违背了常识，还滥用了有教养的想象力"①。科学不同于经验主义，因为科学中还包含了非经验主义和非实验主义的东西。科学不是事实的累积，"不存在与所有概念和理论相分离的'纯粹事实'"，而公共行政领域的事实途径缺乏科学性，还没有认识到理论在一门科学的初级阶段所发挥的作用。公共行政是包含价值、文化等因素的问题，"这些价值问题不宜以科学的方式来处理。'如果能产生一门关于因果关系的科学，就可能告诉政府应该做什么和应该何时做出回应'——这一观点在我们看来，根本就是错误的。如果在人类事务领域中获得了机械的因果关系，那么就不需要任何人告诉政府要做什么；政府的任务将是预定的、确定的和不可变更的。只是因为人类事务领域存在着自由意志，才有必要或有可能'说政府应该做什么或应该何时做出回应'"②。

在公共行政的自我建构阶段，"公共行政失去了其潜在有效性，公共行政还没有进行足够的研究；研究工作的刺激力度不足；研究成果落后于需求；研究工作的规划和指导不足，至关重要的领域被忽视；该领域内沟通不足，很少知道其他人正在做什么，研究产出不足；与社会科学相关领域之间的沟通不足，他们之间的合作、互动不足"③。而公共行政在他在性建构中对政治和社会的承认有助于克服追求效率与科学的公共行政自我建构阶段的负作用，一来克服了拒绝他者时对现实和经验的违背情况，二来政治和社会中包含的实体性因素和价值因素使得公共行政更加丰富，这种他性的要素有助于反思和解决单一和狭隘的理性因素所造成的恶果。

---

① ［美］德怀特·沃尔多：《行政国家：美国公共行政的政治理论研究》，颜昌武译，中央编译出版社 2017 年版，第 218 页。
② ［美］德怀特·沃尔多：《行政国家：美国公共行政的政治理论研究》，颜昌武译，中央编译出版社 2017 年版，第 225 页。
③ Frederick C. Mosher, "Research in Public Administration: Some Notes and Suggestions", *Public Administration Review*, 1956, pp. 169–178.

◆◇◆ 朝向他在性的公共行政建构

二 重视公共行政他在性建构的支点

希菲指出:"美国公共行政以关于私营企业的规章制度为中心,将资本主义和私营企业视为核心价值,私营企业制度是美国经济的基础,那么公共行政的公共性必然受到影响。"① 确实如此,这一本质属性应该无须他者的帮助即能拥有,但公共行政的自我建构并没有保证它的公共性初衷。公共行政领域对他者的承认,尤其是对社会的承认,不仅是克服它在自我建设过程中对他者拒绝的负作用,也是其在发展过程中挖掘其本质属性的必然趋势,一反最初打着"公共"行政旗号却在追求科学与效率中越走越远的建构路径,在对诸多政治与社会价值逐渐包容和吸收(即在他者的帮助)的过程中重拾公共性。

针对公共行政支点的性质和价值,有学者指出:"按照公共行政学的看法,传统政府理论曾将政府规范从关心公共美德转向强调权力和秩序,体现了功利主义和自由主义对现代性进程的操纵,割裂了合法性与公共性的承续关系。实际上,拯救政府合法性危机的途径应该从反思其公共性缺失的思路进行,合法性涉及的是政府统治基础问题,而公共性更主要是在治理模式中体现。"② 因此,"在全球化和后现代转向的当今社会……合法性也并不是获得善治的充分必要条件。权衡之下,公共性反而成为了再造政府、评价政府绩效的基准规范和价值"③。

在政治学领域,17 世纪,公共利益(public interest)概念开始出现,④ 启蒙思想时期将公共与国家(人民主权)关联,公共是国家所

---

① James J. Heaphey, "Four Pillars of Public Administration: Challenge and Response", in Dwight Waldo, ed., *Public Administration in a Time of Turbulence*, Scranton. PA: Chandler Publishing Company, 1971: 74 - 94.
② 孔繁斌:《公共性的再生产:多中心治理的合作机制建构》,江苏人民出版社 2008 年版,第 228 页。
③ 孔繁斌:《公共性的再生产:多中心治理的合作机制建构》,江苏人民出版社 2008 年版,第 226 页。
④ Bruce Douglass, "The Common Good and the Public Interest", *Political Theory*, 1980, pp. 103 - 117.

第二章 公共行政的他在性建构：对他者的承认 ◆◇◆

有物、任何私人无法主张公共，[①] 所以公共利益更多是一种抽象概念。卢梭提出了一种公众舆论，即选民的投票表达的意见汇聚在一起形成的舆论，但这些意见都是不同和充满分歧的；黑格尔发现了公共舆论，即公众之间普遍存在的必然的联系，也就是公共性。当人们从公众中发现公共舆论，国家的治理也就有了公共性。在公共行政领域，发展要稍微晚一些：行政是一个具有泛历史主义特征的概念，即人类历史过程中都需要通过行政活动来实现治理，但公共行政是不同于行政的概念，根本不同在于人们定义的公共性。

虽然行政是一个泛历史主义概念，但我们将近代行政（从公共行政的自我建构以来）称为公共行政，也就是说公共行政是不同于行政的概念，例如1861年，密尔在《代议制政府》中使用了公共行政的概念，形成了具有现代性的公共行政观念；托克维尔在《论美国的民主》中使用的公共行政，含义比较模糊，有时是指政府，有时是指政府活动，但更多的时候是指政府的公共服务；斯坦因《行政学》中的行政是指政府在具体层面上与社会紧密联系的部分；自1870年以来，由于利益集团对政治生活的广泛介入，政党分肥制（胜选政党进行政治分赃）的弊端日益显现，利益集团对选举活动的渗透产生恶性党争，使政府不能够代表人民，于是继伊顿提出改革、加菲尔德总统遇刺后，国会通过伊顿的《彭德尔顿法案》，文官制度改革开始。因此，我们可以从公共行政发生的起点看到它的公共性初衷，公共行政与行政的本质区别在于"公共"。

具体而言，近代行政建构的背景是多党制政治，实质就是利益集团们抢占政治资源的场域，漠视了公共利益造成了不满，此时政府及其行政必须保持中立，不偏袒任一团体利益，追求公共利益，那么行政也就被称为公共行政了。具体来说，作为近代行政实践自觉的标志，1883年美国文官制度改革"通过建立受到公众信任的公共机关

[①] Thomas Hobbes, *Leviathan*, Cambridge: Cambridge University Press, 1904, pp. 263.

◆◇◆ 朝向他在性的公共行政建构

尊严使官场生活中的道德气氛得到澄清,通过非党派服务开展行政业务"①。文官制度的功绩导向寄希望于他们不偏不倚地推进政策,在行政过程中不再代表什么党派群体利益,为公共利益的实现服务。初试牛刀的改革为近代行政搭建了一个道德目标——公共性,在此意义上我们可以将它称为公共行政了。好景不长,威尔逊把当时的"文官制度改革看作只不过是接下来更充分的行政改革的序幕"②,也就是说文官制度改革的道德目标并不能满足威尔逊提出的行政改革进一步发展的要求。什么能满足威尔逊的行政的"进一步发展"呢,是理性("科学"与效率)追求。

公共性应该是公共行政自我建构的基础,但在自我建构阶段,公共性或者公共利益从来不是公共行政领域关注的重点,甚至在对科学和效率的偏狭追求中对公共利益置之不理,公共被束之高楼。斯蒂福斯认为公共行政知识可大致包含公共行政和公共管理(管理科学),就后者(管理科学)而言,"似乎源于公共行政未能对战后行为革命的挑战作出充分的回应,实际上是未对西蒙《行政行为》(1945)和开创性论文《行政格言》(1997/1946)中的控诉进行回应。……除了以科学严谨为目标,公共管理视角越来越多地采用市场导向,并关注行为激励的逻辑,其中包括私有化、业绩评价、战略规划和管理主义支配等因素"③。斯蒂福斯认为公共管理带来的是公共生活的消失,而"公共生活的公共性是不可或缺的差异性,我们必须找到一种共同生活的方式。对公共问题的切实可行的解答是从日常生活经验和互相关心的情境中,而不是从先验原则和检验假设中产生"④。因而需要

---

① Woodrow Wilson, "The Study of Administration", *Political Science Quarterly*, Vol. 2, No. 2, 1887, pp. 197 – 222.
② Woodrow Wilson, "The Study of Administration", *Political Science Quarterly*, Vol. 2, No. 2, 1887, pp. 197 – 222.
③ Camilla Stivers, "Resisting the Ascendancy of Public Management: Normative Theory and Public Administration", *Administrative Theory & Praxis*, 2000, pp. 10 – 23.
④ Camilla Stivers, "Resisting the Ascendancy of Public Management: Normative Theory and Public Administration", *Administrative Theory & Praxis*, 2000, pp. 10 – 23.

第二章 公共行政的他在性建构：对他者的承认 ◆◇◆

拒绝公共管理对公共行政的支配，成为"有意识的流浪者"，拒绝管理科学对公共行政公共性造成的威胁，这是公共行政应该做的。

随着公共行政在实体和价值层面对政治和社会的承认，公共性浮出水面，也就是说他者帮助公共行政逐渐意识到其本质属性及其重要性。例如，公共行政在实体层面上对政策的渗入，有关政策问题的由来和制定必然要关注受众（公民）的诉求，在价值层面上出现的行政判断、行政裁量权和行政责任问题都与公共性相关，更不用说在实体和价值层面对社会的承认。又如，迪莫克认为行政官员必须具备一种政治感，这种政治感不同于代表特定利益集团的政治官员代表的敏感，行政官员的政治感是对公共利益的敏感；[1] 政府要用一种公共的政治属性去调整利益集团。[2] 沃尔多指出："近年来，公共行政学已经变成研究一种特定过程的学问了。在这个过程中，公共行政参与法律的制定和解释工作：专门研究如何按照'正确''明智'而且'符合公共利益'的原则去制定和解释法律。"[3] 随着对政治和社会因素的关注，阿普尔比将公共行政的重点放在公平问题而不是传统的对效率和"科学"的追求上。[4]

---

[1] Dimork, Louis W. Koening, *Public Administration*, Revised Edition, New York: Rinehart & Company, Inc., 1958.

[2] John M. Gaus, "Trends in the Theory of Public Administration", *Public Administration Review*, 1950, pp. 161–168.

[3] Waldo Dwight, "Public Administration", *The Journal of Politics*, Vol. 30, No. 2, May 1968, pp. 443–479.

[4] Paul H. Appleby, "Toward Better Public Administration", *Public Administration Review*, 1947, pp. 93–99.

第三章　公共行政他在性建构中的障碍

　　公共行政在进一步迎接他者，进行他在性建构的过程中出现了障碍。20世纪后期以来，社会中存在一种"疏离文化"，即"在这种文化中，我们缺乏感情联系，对于我们自身和他者关系存在潜在关联的事情缺乏关心"[1]，这种自我与他者之间的疏离现象在公共行政领域表现为当代公共行政的内在紧张，即公共行政理论与实践在迎接他者的过程中遇到了障碍。第一，公共行政的他在性建构处于自我与他者相互依赖却又分裂冲突的当代环境中，包括因不能放手去处理与他者有关的问题而面临的自我分裂，也包括在场的他者突破传统时空限制带来的新问题；第二，公共行政他在性建构中遇到了狭隘的现实性问题，20世纪后期，官僚制不能自视为他者，且愈加控制和排斥他者，甚至破坏社会性（社会回答了"我是谁"及我与他者关系的问题），市场希望实现他者的复权却未以恰当形式在场；第三，面对公共行政他在性建构中狭隘的现实性，公共行政领域急切作出回应，但在处理与他者的关系过程中又出现了进一步的问题，表现为公共行政对他者的承认和责任问题。

---

[1] ［美］谢里尔·西姆拉尔·金、卡米拉·斯蒂福斯主编：《民有政府：反政府时代的公共管理》，李学译，中央编译出版社2010年版，第4页。

第三章 公共行政他在性建构中的障碍

第一节 公共行政他在性建构面临的复杂环境

20世纪后期以来,两种看似矛盾的趋势随之而来,也就是互联性和碎片化并存,"互相依赖的程度——人们的命运相互联系——前所未有……社会群体越来越分裂化且捉摸不定"。公共行政领域迎接他者的过程也处于这样的当代环境中,第一,因不能放手去处理有关他者的问题而面临自我分裂问题,经历了20世纪中期以来学术共同体的分化(规范研究与实证研究难以弥合)和20世纪后期公共行政规范研究因无支点而碎片化,虽然途中有理论整合的努力但最终在后现代主义思潮中显得徒劳;第二,自我与他者的相互依赖关系逐渐突破了传统的时空范畴限制而在场于公共领域中,这也是当代他者在场的新形式,但人们面对更新了的在场形式依旧具有治理难题。

一 公共行政研究中自我的分裂问题

公共行政在迎接他者的过程中面临自我碎片化问题,包括20世纪中期以来学术共同体的分化(即公共行政规范研究与实证研究难以弥合)和20世纪后期公共行政规范研究碎片化,主要是因为未处理好与他者的关系导致自我出现了问题。第一,公共行政拒绝他者失败,政治与行政二分破产,但公共行政学者在迎接他者(主要是政治)的过程中并不能放手去研究有关这一他者的问题,导致政治科学领域的实证主义来袭时,公共行政学者中的一部分人去做政策科学研究,一部分人去做比较行政研究,另一部分人去做组织分析,反而造成战后初步建成的公共行政学术共同体的分化,从本质上来看是公共行政规范研究与实证研究的分化,且这种分化至今无法愈合。第二,更进一步来看,面临共同体分化导致公共行政身份危机,原本为解决20世纪中后期学术共同体分化的理论努力再次面对分裂,尤其是在放手迎接他者的后现代主义环境中,公共行政研究的支点——公共利益——身陷碎片化,从而使研

◆◇◆ 朝向他在性的公共行政建构

究缺乏理论解释力,更无法指导实践。①

第一,在公共行政迎接他者的过程中并不能放手去处理有关他者的问题,尤其是在政治这一他者领域中的实证主义入侵时显得措手不及,政策分析、组织理论②和比较行政受此影响,纷纷从公共行政共同体中分离。亨利指出,20世纪中期以来"公共行政学者有'不舒服'的'二等'公民感觉。……在20世纪70年代末,美国政治科学联合会主席称公共行政是一个'知识的荒地'。在20世纪60年代,'公共行政类群',正如政治科学教职员工经常这样称呼,多半在美国政治学系里混日子"③。1967年,"赫尼报告"指出公共行政高等教育已经沦为预算、政策科学等的附庸,政府和大学都面临挑战。④为何会有这样的状态?这与公共行政学术共同体的分化不无关系,当政治科学以实证主义为主流,并无实证传统且脱落了政策、组织和比较研究内容的公共行政应该如何度日?

具体而言,政策分析和组织理论都包含着一种抛弃公共行政概念的倾向,从而使公共行政学成为了二等公民。在政策问题上,虽然张开怀抱迎接了政策却没有处理与其相关的具体问题,公共行政研究仍停留在职能层面,对具体的政策过程和要素研究显得无能为力,因而

---

① See. H. George Frederickson, "The Lineage of New Public Administration", *Administration & Society*, Vol. 8, No. 2, August 1976, pp. 149 – 174. Gary S. Marshall, Orion F. White, JR, "The Blacksburg Manifesto and the Postmodern Debate: Public Administration in a Time Without a Name", *The American Review of Public Administration*, Nol. 20, No. 2, June 1990, pp. 61 – 76. Gary S. Marshall, Enamul Choudhury, "Public Administration and the Public Interest: Re-Presenting a Lost Concept", *American Behavioral Scientist*, Vol. 41, No. 1, September 1997, pp. 119 – 131.

② 拉伯特指出"组织理论"(organization theories)是数学物理的延伸,如控制论、关系数学,以及某些形式的决策理论,这些理论在将来可能会应用于人类组织,这些逻辑构建的模型和理论需要更多的细化,以便在成功移植之前能较少与社会理论和研究进行耦合。(Todd R. La Porte, "The Recovery of Relevance in the Study of Public Organization", in Marini F, eds., *Toward a new Public Administration: the Minnowbrook perspective*, Scranton. PA: Chandler Publishing Company, 1971, pp. 17 – 48.)

③ [美]尼古拉斯·亨利:《公共行政与公共事务》(第八版),张昕译,中国人民大学出版社2002年版,第63页。

④ Honey, "A Report: Higher Education for Public Service", *Public Administration Review*, Nol. 27, No. 4, 1967, pp. 294 – 321.

第三章 公共行政他在性建构中的障碍 ◆◇◆

使政策分析移步于政治学。[1] 20世纪50年代开始流行的"组织理论"是行为主义革命的一个重要组织部分,与科学管理一样,持有一般性的视角,淡化公共组织与私人组织之间的差异,随着行为主义革命发生,公共行政开始重新向组织理论回归,将组织行为中的事实因素作为自己的研究对象,丧失了对公共问题的关注,战后人们关于公共行政公共性的挖掘受到"组织理论"的否定,失去了对公共问题的独特关注。[2] 比较行政运动确认了价值问题之于公共行政的重要性,却没有对更为重要的"价值多样性"问题予以重视,它以发展(development)为主题,倾向于对那些发展滞后的发展中国家的本土价值加以贬低,表现出一种排他性。[3]

首先,从公共行政与政策分析的关系来看,到20世纪中后期二者的关系已经与"新政"时期开始建立的包含政策制定内容的公共行政大不相同。第二次世界大战后,公共行政承认了政治这一他者,行政决策行为增多,决策行为应该遵循什么指导原则呢?西蒙认为首要原则是效率,通过对决策中事实要素(判断)与价值要素(判断)的区分,西蒙使事实与价值二分原则复活,希望建构行政科学。事实与价值二分的确取代了政治与行政二分,但在这一理论建构原点上建构起来的是政策科学而不是行政科学,即在进一步发展过程中,公共行政学的政策视角旁落,转移给了新兴的政策科学。为什么?战后公共政策成为主要的治理工具,实践者对公共政策研究的需求意味着需要被告知如何制定、执行、分析甚至评估公共政策,但原本第二次世

---

[1] See Widavsky, "The Once and Future School of Public Policy", *The Public Interest*, Nol. 79, April 1985, pp. 25 – 41. Lepawsky, "Graduate Education in Public Policy", *Policy Science*, Vol. 1, No. 4, December 1970, pp. 443 – 457. Honey, "A Report: Higher Education for Public Service", *Public Administration Review*, Vol. 27, No. 4, November 1967, pp. 294 – 321.

[2] See Waldo Dwight, "The Administrative State Revisited", *Public Administration Review*, Vol. 25, No. 1, 1965, pp. 5 – 30. Waldo Dwight, "Public Administration", *The Journal of Politics*, Vol. 30, No. 2, May 1968, pp. 443 – 479. Waldo Dwight, "Organization Theory: An Elephantine Problem", *Public Administration Review*, October 1961, pp. 210 – 225.

[3] United Nations Technical Assistance Programme, *A Handbook of Public Administration*, New York: United Nations, 1961, pp. 11 – 12.

◆◇◆ 朝向他在性的公共行政建构

界大战后并不排斥政策过程的公共行政由于长期与政策过程分离而没有政策分析工具，并且再次醉心于科学效率追求，公共行政无法向实践者提供他们需要的具体的政策过程和要素研究，针对这项政策职能的政策科学就顺势诞生了，专门研究公共政策过程。公共行政"虽然明显地关注政策问题，但采用的是宽泛的概念——公共事务。……在当前所有途径中，最具包容性的是包含了社会—政治科学及其多种分支学科的政策科学这一超学科"[1]。

彼时政策科学是主动将自己与公共行政相区别的。针对政治科学的需要，各大学成立了公共政策学院，它们的"一个关键变革重心是从'公共行政'转向'公共政策'。……传统公共行政学院致力于培养可胜任的、中立的管理者，公共政策学院则造就一位具有特殊品质的优秀分析师"[2]。公共政策学院"反对既有的公共行政、区域研究及所有从事单一学科工作的学院。无论这些学院表现好坏，名声都很差"[3]。也就是说，这些政策研究院在活动内容上将自己与公共行政研究区分开来，希望培养出能够实际参与政策制定与实施的政府工作人员，那么随着一批以公共政策或公共事务为名的研究生学院[4]的建立，公共行政的概念被边缘化也就成为了现实。为了区别于公共行政学上的执行概念"administration""execution"，政策科学还用了"implementation"表示政策执行。[5] 1967年，"赫尼报告"指出公共行政高等教育已经沦为预

---

[1] Lepawsky, "Graduate Education in Public Policy", *Policy Sciences*, Nol. 1, No. 4, 1970, pp. 443 – 457.

[2] H. George Frederickson, "Public Administration in the 1970s: Developments and Directions", *Public Administration Review*, Nol. 36, No. 5, September 1976, pp. 564 – 576.

[3] Wildavsky, "The Once and Future School of Public Policy", *The Public Interest*, April 1985, pp. 25 – 41.

[4] "1967—1971年，在研究生层次建立的公共政策硕士或博士项目包括：密歇根大学的公共政策研究所；哈佛肯尼迪学院；加州大学伯克利分校的公共政策研究生院；卡内基—梅隆大学的城市与公共事务学院；兰德公司的研究生院；宾夕法尼亚大学的公共政策与管理系；明尼苏达大学的公共事务学院；德州大学的约翰逊学院；杜克大学的政策科学与公共事务研究所。"（Allison, "Emergence of Schools of Public Policy: Reflections by a Founding Dean", in Michael Moran, Martin Rein and Robert E. Goodin, eds., *The Oxford Handbook of Public Policy*, Oxford University Press, 2006, p. 64.）

[5] 张康之、张乾友等：《公共行政的概念》，中国社会科学出版社2013年版，第215页。

第三章　公共行政他在性建构中的障碍 ◆◇◆

算、政策科学等附庸，政府和大学都面临挑战。[1]

1970年，公共行政研究生教育委员会被重新命名为"全国公共政策与行政学院协会"，不久公共政策硕士从公共行政硕士中独立出来，政策研究有了学术身份、教学科研人员（专业团队）、课程设置、专业学位，那么作为一门独立学科就建立了。到20世纪70年代中期，福特基金会准备资助几所新的公共政策分析学校的建立，大多数在大学里，例如哈佛大学、加州大学伯克利分校、芝加哥大学和密歇根大学，这些大学以前在公共行政方面都有可行的研究生项目。这些变革的倡导者提出公共行政学术不再与当今的真正问题相关，当今大多数问题与政策有关，而不是行政。这场运动的主要人物之一格雷厄姆·艾利森认为，把公共政策研究和公共政策分析技能从社会科学的手中解放出来是很重要的。公共行政与政策的关系由此可见一斑。

其次，从公共行政与组织理论的关系来看，后者异军突起对前者的本质属性（公共性）进行否定，那么公共行政在他在性建设中反而背离了自我。近代主导的组织类型是官僚制组织，韦伯通过官僚制组织理论为徘徊在传统政治学框架内的公共行政研究找到了一个新的实体生长点，为政治行政二分和科学管理运动提供了实体性支持，满足了公共行政的效率要求。虽然20世纪30年代以来基于科学追求的公共行政被批判，走上了追求公共价值的道路，但随着行为主义革命发生，公共行政开始重新向组织理论回归，将组织行为中的事实因素作为自己的研究对象，丧失了对公共问题的关注。沃尔多就指责主流公共行政研究已经向组织理论缴械投降，不顾公共部门与私人部门的界限，在组织和管理意义上寻求一般性，呼吁重视公共行政的独特性。[2]

---

[1] Honey J. C. , "A Report: Higher Education for Public Service", *Public Administration Review*, Vol. 27, No. 4, 1967, pp. 294–321.

[2] See. Waldo Dwight, "Public Administration in a Time of Revolution", *Public Administration Review*, Vol. 28, No. 4, 1968, pp. 362–368. Waldo Dwight, "Public Administration", *The Journal of Politics*, Vol. 30, No. 2, 1968, pp. 443–479. Waldo Dwight, "Public Administration and Change: Terra Paene Incognita", *Administration and Society*, Vol. 1, No. 1, May 1969, pp. 94–113.

◆◇◆ 朝向他在性的公共行政建构

第二次世界大战后人们关于公共行政公共性的挖掘受到"组织理论"的否定,失去了对公共问题的独特关注。组织研究的行为主义发源于20世纪20年代的霍桑实验,在巴纳德这里得到系统化总结,它是对科学管理的否定,对受到科学管理运动影响的公共行政的反对,认为科学管理排除个体的做法不科学,确认关于个体行为中的事实因素研究是科学的。[①]

再次,从公共行政与比较行政的关系来看,比较行政确认了价值因素的重要性,丰富了公共行政自我建构,但对发展中国家本土价值的排斥也成为公共行政他在性建构中的障碍。20世纪40年代以来是公共行政比较研究的系统和持续发展时期,第二次世界大战后美国向发展中国家推广行政模式,加上中东革命、非洲非殖民化运动和亚洲战争中的外国援助机构的建立,都激发了对不同国家行政的比较研究。1952年,公共行政机构在普林斯顿举办了一场关于比较行政的会议,成立了一个持续的旨在发展"切题性标准"和外国实地研究设计的委员会,会议联系了美国政治科学协会,该协会批准在华莱士的公共行政管理委员会下成立一个比较行政小组委员会,兴趣并不仅限于美国的政治科学机构。1953年,国际政治科学协会赞助了一个由查尔斯·阿斯彻主持的比较公共行政小组,在布鲁塞尔的国际行政科学研究所主持下,对欧洲各国的比较经验进行了研究。1960年,美国公共行政学会在福特基金会支持下成立了比较行政小组(CAG),致力于把具有美国经验的行政技术运用到发展中国家。自此比较公共行政的研究人员、研究资金、学术关注、课程和研讨会不断增加,相关的书籍和论文不断发表,学术活动常态化、研究队伍不断壮大。

20世纪60年代,比较行政研究是公共行政学科内规模最大的学术活动领域。"在第二次世界大战以及在战后的军事职业中,数以百

---

① See. Waldo Dwight, "The Administrative State Revisited", *Public Administration Review*, Vol. 25, No. 1, 1965, pp. 5 – 30. Waldo Dwight, "Public Administration", *The Journal of Politics*, Vol. 30, No. 2, 1968, pp. 443 – 479. Waldo Dwight, "Organization Theory: An Elephantine Problem", *Public Administration Review*, October 1961, pp. 210 – 225.

第三章 公共行政他在性建构中的障碍 ◆◇◆

计的美国公共行政学的学生和教师们，在美国政府、联合国以及私人基金会这三者的许多技术资助计划和促进之下，在国外从事着专业性的工作。这种面临外国的并且通常是非西方的政府制度和文化的境况，刺激产生了一种'进行一般性比较'的想法，特别是对于下述做法产生了怀疑，即把他们所熟悉的行政方法向当地传播，或者把曾经认为是良好和合乎科学的行政原理在当地加以实施，究竟是否适宜或者是否完全行得通呢？"[1] 然而，比较行政研究运动的特征在于"参加研究的人相对年轻，他们一致同意使研究的观点与行为主义取得一致，努力使研究的兴趣与技术具有跨学科性，以及努力得出真正具有普遍性、起桥梁作用并且包括全部文化在内的概念、公式和理论"[2]。正如西芬所分析的，这一时期的比较行政呈现的特征是工具/技术性和结构倾向性，前者是指工具的运用实际上可以从其服务的政府政策本体中分离，后者认为组织决策应该置于理性之上。

这一时期发展行政逐渐成为比较行政研究的关键主题。发展行政主要关注发展中国家与发达国家之间的发展差异，原本发展行政力求了解行政发展的规律和趋势，从而有助于政治秩序和社会的稳定，但是实际发展中，发展行政带有狭隘性，实质上它是作为发达国家渗透欠发达国家行政体系的工具，对于被渗透国家的具体境况是不被发达国家考虑的，正如里格斯所言，行政发展只是发展中和欠发达国家的事。也就是说，在比较行政运动以发展为主题的时期，本质上没有对存在于各国的"价值多样性"予以重视，倾向于对发展中国家的本土价值加以贬低，表现出一种排他性，所以才由发达国家这一中心向欠发达国家这一边缘渗透意识形态和价值。

第二，20世纪中期以来公共行政学术共同体的分化实质是实证主义对传统公共行政领域的入侵导致的，自此开始的难以弥合的公共

---

[1] ［美］R. J. 斯蒂尔曼：《公共行政学：观点和案例》（上册），李方等译，中国社会科学出版社1988年版，第27页。
[2] ［美］R. J. 斯蒂尔曼：《公共行政学：观点和案例》（上册），李方等译，中国社会科学出版社1988年版，第27页。

◆◇◆ 朝向他在性的公共行政建构

行政规范研究与实证研究成为公共行政身份危机的主要内容之一。面临共同体分化导致的公共行政身份危机,人们进行了一些回应和整合的学术努力,但20世纪后期的公共行政规范研究在积极迎接一切他者的过程中丧失了研究支点,即原本为解决20世纪中后期学术共同体分化的理论努力再次面对分裂,尤其是在后现代主义语境中,公共行政规范研究的支点身陷碎片化威胁,从而使研究缺乏理论解释力,更无法指导实践。[1]

尽管20世纪50年代以来实证研究越来越成为社会科学的主流,但规范理论仍然在公共行政领域发挥着重要影响,在面临政策科学、组织理论的脱离以及比较行政依据技术理性对多元价值进行排斥时,尤其是在批判实证主义方向上,规范理论积极作出弥补共同体分化的努力。为回应身份危机和社会动荡,公共行政学界经历了达尔—西蒙、沃尔多—西蒙争论后,沃尔多恪守于政治哲学领域,试图建立规范研究,其领导的新公共行政运动总体上也使一种关于公共行政概念的规范性理解深入到了公共行政学者们的心中,地位显著。[2] 弗雷德里克森指出现代公共行政最有趣的发展不是经验主义的,而是哲学的、规范的和思辨的,最有效的和最节约的政府仍然可能使贫穷、机会不平等和不公正永久化,现代公共行政将从理论和规范两方面探索

---

[1] H. George Frederickson, "The Lineage of New Public Administration", *Administration & Society*, Vol. 8, No. 2, August 1976, pp. 149 – 174. Gary S. Marshall, Orion F. White, JR, "The Blacksburg Manifesto and the Postmodern Debate: Public Administration in a Time Without a Name", *The American Review of Public Administration*, Vol. 20, No. 2, June 1990, pp. 61 – 76. Gary S. Marshall, Enamul Choudhury, "Public Administration and the Public Interest: Re-Presenting a Lost Concept", *American Behavioral Scientist*, Vol. 41, No. 9, September 1997, pp. 119 – 131.

[2] "在谷歌和维基百科上可以搜索到明诺布鲁克会议,这足以表明其在公共行政领域的地位。最初的明诺布鲁克会议是一个有文献和记录的客观主题。更重要的是,在公共行政学上明诺布鲁克是一个永恒的传奇,一个神秘而又具有神话色彩的叙事。每隔20年(1968年、1988年和2008年)在阿迪朗达克山脉锡拉丘兹大学明诺布鲁克中心举行的明诺布鲁克会议,就如公共行政学的蝉——每20年出现一次,造出一阵声势,然后再隐藏到土壤中休息,准备下一次的出现。每一代的公共行政学者们都是如此,他们都有自己的明诺布鲁克。"([美]H. 乔治·弗雷德里克森:《明诺布鲁克:反思与观察》,《行政论坛》2010年第1期。)

第三章　公共行政他在性建构中的障碍 ◆◇◆

民主行政。[1] 在规范意义上，新公共行政运动取得了一定共识，因此"虽然许多领域和学科在20世纪60年代发生了变化，但这些变化似乎没有对公共行政的变化产生持久的影响，明诺布鲁克会议是持久影响公共行政的一个重要原因。在1968年这一关键时刻，人们思想的汇集达成了一些协议，并在传播和进一步发展这些思想的研究方面建立了一些秩序和制度"[2]。

在规范理论研究的基础上，新公共行政运动取得了较一致的思想成果，无论是对抗那些试图削弱政府的社会治理功能的做法，还是在赋予公共行政以价值内涵上，甚至是在组织理论、政策科学和新公共管理等概念的冲击下，新公共行政运动对使公共行政作为一门学科作出了重要贡献，新公共行政运动"使今天的学者们继续坚持从公共行政的角度去审视政府的社会治理活动"[3]。我们具体可以从政策分析、组织理论和比较研究的新趋势来看。

首先，在政策方面，第二次世界大战后批评者认为政治与行政两分法逃避了政府过程的现实，行政人员不可避免地参与政策过程，虽然这一点已基本得到承认，但行政人员在制定公共政策方面的领导仍然勉强被认为是一种务实的需要，而不是这一进程的积极和不可分割的一部分，尤其是经历了20世纪五六十年代政策科学的发展，公共行政的政策研究内容已经旁落。新公共行政运动中人们对此进行了回应，沃尔多指出，如果政治和行政之间的严格划分不成立，那么接下来会发生什么？如果行政人员制定政策，这意味着什么？[4] 明诺布鲁克会议上讨论了缺乏政策承诺的问题，有些人

---

[1] H. George Frederickson, "The Lineage of New Public Administration", *Administration & Society*, Vol. 8, No. 2, August 1976, pp. 149 – 174.

[2] H. George Frederickson, Special Issue: "Minnowbrook II: Changing Epochs of Public Administration", *Public administration review*, Vol. 49, No. 2, March 1989, pp. 95 – 100.

[3] 张康之、张乾友：《解读"新公共行政运动"的公共行政观》，《公共管理与政策评论》2013年第1期。

[4] Waldo Dwight, "Foreword", in Marini F, eds., *Toward a New Public Administration: the Minnowbrook Perspective*, Scranton. PA: Chandler Publishing Company, 1971, pp. xvii.

◆◇◆ 朝向他在性的公共行政建构

认为在公共行政方面受过培训的人应该能够在公共政策问题上发挥催化作用。① 比勒指出，当下人们都在致力于公共组织的实证研究，极度缺乏对以价值问题为核心并急需解决的公共政策议题的研究，受过明确教育的政策行动者和变革催化剂的比例应该增加，行动和政策研究的比例有望增加，实习经历应该从轮岗组织实习转变为增加公共问题、公共政策或组织发展经验。②

怀特认为政治学领域给予政策的理解视角存在问题，公共行政不仅是执行公共政策的工具，而且是公众看待世界，特别是政治世界及其自身地位的决定因素之一。他认为，政治理论家（最著名的是麦迪逊）关于人性存在着不那么乐观的观念，从经济方面来看，它在个人层面关注私利，在政治层面关注派系，这使得他们的理论产生了严重的分歧，从而导致了我们的政府体制结构：人被证明缺乏利他主义，只能通过一种结构来实现广泛的公共政策。例如，目前对美国政治多元化模式的批判，多元政治模式不能通过民主治理技术寻求真正的价值和目标："政策集群"形成的多元化政策体系实际上相当于精英统治，因为绝大多数组织不能在任何意义上参与，特别是在政策选择的形成方面。在多元论者的观点中，代表至少是通过共情或政策集群中公众与代表间的共同态度来提供政策建议的，但批评者认为多元子系统根本不是复数而是单一的，在特定的政策领域只代表有限的观点。③ 拉姆布莱特认为公共行政就是公共政策制定，包括政治和管理，运用了大量的学科和专业视角，并构成了一个专业的职业；作为一个概念，公共行政将那些实践者和教授和

---

① Marini, "Introduction", in Marini F, eds., *Toward a New Public Administration: the Minnowbrook Perspective*, Scranton. PA: Chandler Publishing Company, 1971, pp. 8 – 9.

② Robert P. Biller, "Some Implications of Adaptation Capacity for Organizational and Political Development", in Marini F, eds., *Toward a New Public Administration: the Minnowbrook Perspective*, Scranton. PA: Chandler Publishing Company, 1971, pp. 108 – 120.

③ F. White, Jr, "Social Change and Administrative Adaptation", in Marini F, eds. *Toward a New Public Administration: the Minnowbrook Perspective*, Scranton. PA: Chandler Publishing Company, 1971, pp. 59 – 82.

第三章　公共行政他在性建构中的障碍 ◆◇◆

公共政策研究者联合起来。因此公共行政要在大学、职业教育、培训和政治价值与技巧上重视公共政策能力。[1] 沙堪斯基更是分析了规划编制预算PPB[2]，为公共行政领域提供政策能力，PPB是一项预算改革的努力，实践者希望用更综合的理性决策替代渐进主义的惯例，它的特征包括：（1）为各个服务机构确定主要产出；（2）确定每项服务生产的输入的一种系统分析；（3）确定输入的可选组合的成本，以及每一组合可能产生的输出值；（4）计算各输入和输出组合的成本—收益比。[3]

其次，在组织理论方面，新公共行政运动其实是反对蕴含在"组织理论"中的逻辑实证主义，致力于清除公共行政概念中包含

---

[1] W. Henry Lambright, "The Minnowbrook Perspective and the Future of Public Affairs: Public Administration Is Public-Policy Making", in Marini F, eds., "Toward a New Public Administration: the Minnowbrook Perspective", Scranton. PA: Chandler Publishing Company, 1971, pp. 332–345.

[2] 关于PPB的争议有很多：一些观察表明，PPB可能不能成功地取代更成熟的渐进主义。渐进主义的一个优点是它极大地限制了必须计算的政治成本，当渐进主义者认为先前支出的基础是合法的，他们有理由不去回顾所有的传统、习惯和先前的承诺。对PPB的主要批评集中在它无法向预算人员提供与他们支持某些项目有关的"政治"成本和收益评估。阿伦·威尔达夫斯基认为PPB未能提供关于三种政治成本的信息：（1）交易成本——请求帮助的代价，以及威胁的代价，以便让其他者支持一项政策；（2）声誉成本——失去选民的支持，失去对其他官员的尊重和效力，随之除了目前正在考虑的项目，失去了保护项目的能力；（3）权力重新分配的成本——这些不利因素是由于个人、组织或社会团体力量的增加而产生的，他们可能对自己产生敌对情绪。PPB对每个主要项目的替代方案进行了理性分析，这可能会使争议（以及预算制定者的不安）持续下去。另一个针对PPB的指控是，系统分析关注的是项目输入和输出的成分，因为这很容易调查，分析本身通常只处理一些输入和输出，似乎是基于分析的便利而选择的，因此PPB的实践者把他们的建议建立在一个没有比增量预算更全面的常规上。在许多情况下，PPB目标受到激烈的争议，不同的立法者和利益集团同意支持特定的活动，如果他们必须就项目的长期成就达成一致意见，将会发生激烈的冲突；即使对于那些目标相对没有争议的机构来说，PPB的价值也受到项目成本和收益的衡量程度的限制，例如美国士兵生命的价值，外国农民生命的价值，或研究和发展项目的回报，它们很难让自己接受简单或无可争议的定价。PPB还鼓励集中决策（由官员评估与目标、资源和预期绩效相关的信息），然而美国政府的一个显著特征是分权决策，不同政府部门或利益集团的发言人相互讨价还价。

[3] Ira Sharkansky, "Constraints on Innovation in Policy Making: Economic Development and Political Routines", in Marini F, eds., *Toward a New Public Administration: the Minnowbrook Perspective*, Scranton. PA: Chandler Publishing Company, 1971, pp. 262–278.

的价值中立,从而赋予公共行政价值内涵。① 因此,新公共行政运动激烈批评了当时占主导地位的"组织理论",提出我们需要一种新的公共组织观念:公共行政之所以陷入规范性贫乏境地是占主导地位的组织理论造成的,组织理论假定能够促进效率和理性决策的组织是有益的,采取决策中的中立态度,但公共组织应该是在更广阔的视野中界定,不仅是产出和内部维持的价值,需要重构主流的组织理论。②

拉伯特进一步指出,规范性前提可作为问题的基础,指导我们选择和整合适用于公共组织的理论,成为评估公共行政理论效用的基础。但是评估任何组织理论或行动的规范性基础就进入了政治哲学的范畴,不幸的是,政治哲学家对此类问题表示批判或对复杂组织持全盘拒绝的态度,这种立场无益于说明作为评估基础的价值。很少有人试图说明什么是最好的或可能的社会组织安排,几乎没有什么创造性的政治哲学对未来组织的发展有所启发,大多数政治哲学和理论的学者都没有对自己了解社会生活主要媒介的义务作出反应,从某种意义上说,他们一直不愿意为那些不太具有哲学素养的行政管理学者提供替代的规范指南。③

弗雷德里克森认为,新公共行政主张第二代行为主义,它对组织对其顾客的影响更感兴趣,虽然它不是反实证主义的,也不是反"科学"的,但它没有把行为主义作为描述公共组织活动的基本原理。④

---

① Waldo Dwight, "The Administrative State Revisited", *Public Administration Review*, Vol. 25, No. 1, 1965, pp. 5 – 30.

② LaPorte T R, "The Recovery of Relevance in the Study of Public Organization", in Marini F, eds., *Toward a New Public Administration: the Minnowbrook Perspective*, Scranton. PA: Chandler Publishing Company, 1971.

③ Todd R. LaPorte, "The Recovery of Relevance in the Study of Public Organization", in Marini F, eds., *Toward a New Public Administration: the Minnowbrook Perspective*, Scranton. PA: Chandler Publishing Company, 1971, pp. 17 – 48.

④ H. George Frederickson, "Toward a New Public Administration", in Marini F, eds. *Toward a New Public Administration: the Minnowbrook Perspective*, Scranton. PA: Chandler Publishing Company, 1971, pp. 309 – 331.

第三章 公共行政他在性建构中的障碍 ◆◇◆

克罗伦贝格更是认为，组织行为学实证研究忽视了公共部门的组织，尽管对组织行为的一些最重要的研究是公共组织，但大部分的文献都集中在商业组织上。如果我们要扩大对公共领域的了解，就需要对组织行为进行研究，在现代治理的基础上，分散的政党组织、立法机构、监管机构、法院、各司法管辖区首席执行官的工作组织、各委员会、专责小组和各式各样的临时结构都适合现代组织分析。另外，公共组织实证研究在文化、价值、民族的意义上缺乏比较。当我们谈到组织行为学时，我们实质谈论的是美国的文献，当然也有一些外国学者的重要贡献，但数量有限，并没有促进比较的种类以加强测试在美国背景下产生的命题的努力。我们还没有解决试图控制不同文化对社会行为影响的问题。[1]

再次，在比较行政方面，20世纪50年代在兴起的比较行政运动中，某个国家存在的公共行政最佳途径移植到其他不同文化背景下的社会中时就会出现水土不服，这从侧面证明公共行政不是一种事实积累。里格斯在20世纪60年代早期的论文为"比较"研究奠定了理论基础，他指出了"公共行政比较研究"的三个趋势：一是从规范走向经验主义，二是从通则式的方法到具体方法，三是从非生态到生态的思维模式。新公共行政运动中，亨德森认为在里格斯的观点中，公共行政的广泛领域和"比较研究"的子领域逐渐形成了对经验主义和规范性工作的区别认识，并开始越来越多地强调经验主义，这可能导致比较研究未来逐渐变得暗淡，或者成为比较政治的附属。因此美国有自己的发展领域的同时需要对第三世界的发展领域给予同样的关注；比较公共行政的探究和批判精神会被带入美国公共行政，在不放弃跨文化或跨国家研究的情况下，可以利用CAG（比较行政小组）成员的工具和技能进行内部比较分析，从而

---

[1] Philip S. Kronenberg, "The Scientific and Moral Authority of Empirical Theory of Public Administration", in Marini F, eds., *Toward a New Public Administration: the Minnowbrook Perspective*, Scranton. PA: Chandler Publishing Company, 1971, pp. 209 – 220.

◆◇◆ 朝向他在性的公共行政建构

重新强调比较、公开和行政的重要性。①

亨德森指出，大多数与 CAG 相关的学者对实践不感兴趣，在这方面，公共行政的年轻学者比在第二次世界大战期间获得实践经验的资深同事更严重，新一代是纯粹的学者，不受政府的影响，由于年龄和缺乏政府经验，他们很难与政府官员联系。② 因此乔伊特认为，比较公共行政是不切题的，增加比较公共行政与现实世界的切合性，至少需要两件事：接受最近美国境内发展的教训；接受互补性的概念。首先，如今发生在美国国内的危机能够让我们清楚地看到与"美国经验"有关的政治和意识形态方面的问题，许多被认为是不发达或落后国家的现象，在"后工业化""意识形态终结"的美国都是可见的。其次，关于互补性概念，要加强比较公共行政对美国国内问题的重新概念化，认识到这些问题的关键性质，理论界和实践界都必须提高认识，对理论和实践更有效的定义及二者之间更相关的整合并不是让实践者成为理论者，或者理论家试图成为政治家，相反需要更有效的、相辅相成的分工。③

然而到了 20 世纪后期，即使是在批判实证主义的方向上，类似新公共行政运动这样整合与刷新规范理论的学术努力也被分裂和同化。弗雷德里克森在 1976 年《新公共行政的谱系》一文中指出新公共行政的文献、新观点、新论点似乎在学术界已经司空见惯，甚至在官僚机构中也能听到，并将官僚制、新官僚制、公共选择等追认为新公共行政的理论来源，但"当新公共行政糅合了官僚制、新官僚制、制度主义、公共选择与人际关系等各种要素之后，也就不再是什么

---

① Keith M. Henderson, "A New Comparative Public Administration", in Marini F, eds., *Toward a New Public Administration: the Minnowbrook Perspective*, Scranton. PA: Chandler Publishing Company, 1971, pp. 234 – 250.

② Keith M. Henderson, "A New Comparative Public Administration", in Marini F, eds., *Toward a New Public Administration: the Minnowbrook Perspective*, Scranton. PA: Chandler Publishing Company, 1971, pp. 234 – 250.

③ Kenneth Jowitt, "Comment: The Relevance of Comparative Public Administration", in Marini F, eds., *Toward a New Public Administration: the Minnowbrook Perspective*, Scranton. PA: Chandler Publishing Company, 1971, pp. 250 – 260.

第三章 公共行政他在性建构中的障碍 ◆◇◆

'新'公共行政了。因此,可以说,这篇文章标志了新公共行政运动的衰落"[1]。自此,新公共行政运动再无新意可言。公共行政理论网络的代表性人物哈蒙也指出:"明诺布鲁克论文所代表的理论取向的多样性很难称得上是团结一致的标志。其中整整一半的论文代表了该领域主流知识分子的传统,而另一半对这些传统的批评则大相径庭。"[2]

正是因为实证主义对公共行政规范价值的冲击才迎来20世纪后期后者的反击,只不过新公共行政运动的反击暂告失败,后现代主义接踵而来,因此有人认为后现代公共行政绝非公共行政被动受到后现代主义入侵的产物,而是规范理论对抗实证研究的一场谋划。后现代主义,顾名思义是不满于现代主义的标签,但没有较统一的理论主张,观点之间甚至有冲突;在公共行政领域也一样,相对于现代主义,这些没有支点的后现代公共行政研究统归于一种他在性。面对强势的实证主义,斯蒂福斯指出:"理论家(一直是少数人)对于他们的经验主义同仁是否认识到这个领域的身份规范问题的重要性一直紧张不安。从被美国公共行政学会年度会议缓慢但确定地排除在外,到形成一个拥有自己会议与期刊的自治公共行政理论网络,似乎标志着该领域中规范性理论模棱两可的地位,并且给许多理论家产生了某种边缘化的感觉。直到最近,存在于正确的答案和争议性问题之间的更多的是一系列小冲突,而不是一场关于该领域身份问题的全面战争。现在我相信这样一场战斗即将打响。"[3] 这里提到的公共行政理论网络(Public Administration Theory Network,简称 PAT – Net)是规范理

---

[1] 张乾友:《求解公共行政身份危机的三种理论途径》,《甘肃行政学院学报》2011年第5期。

[2] Michael Harmon, "PAT – Net Turns Twenty-Five: A Short History of the Public Administration Theory Network", *Administrative Theory & Praxis*, Vol. 25, No. 2, May 2003, pp. 157 – 172.

[3] Camilla Stivers, "Resisting the Ascendancy of Public Management: Normative Theory and Public Administration", *Administrative Theory & Praxis*, Vol. 22, No. 1, March 2000, pp. 10 – 23.

◆◇◆ 朝向他在性的公共行政建构

论研究，尤其是后现代公共行政的大本营。第二届明诺布鲁克会议举办同一年的 5 月，被主流学术界（美国公共行政学会，ASPA）排斥（无法获得理论小组的申请，或者说 ASPA 并不需要他们而需要与实践和实证主义相关的论文）的年轻人（作为公共行政学界的老人，沃尔多也是其初始成员）成立了 PAT-Net，出版非正式学术刊物《对话》（Dialogue），1993 年在主编全钟燮的领导下改版为《行政理论与实践》（Administrative Theory & Praxis）。

PAT-Net 主要受到雪城大学麦克斯韦尔学院和南加州大学公共管理学院的学术理论影响，前者主要涉及新公共行政运动，它对该学科与当今重要问题的切题性的不满，以及对以具有社会影响的方式改变公共行政研究和实践的可能性感到乐观的情绪都影响了 PAT-Net。后者主要可追溯到从 1966 年开始受到深谙现象学的巴西难民拉莫斯影响的公共管理学院，他是很多博士生的学术教父，例如明诺布鲁克参与者科克哈特、《行政理论与实践》第一任编辑全钟燮和费米尔，以及哈蒙。当然对 PAT-Net 具有重要影响的还有尼利·加德纳、弗雷德里克森、拉伯特等。PAT-Net 于 1978 年开始出版非正式学术刊物《对话》，尽管人们对亚当斯担任主编期间出版的文章有不同看法，但 1984 年的"黑堡宣言"还是引发了热议和重要影响。PAT-Net 于 1988 年 4 月在俄勒冈州波特兰市举办了首届全国公共行政理论研讨会，也在那里举行了全国公共行政理论会议，为公共行政寻找一种新的身份。1993 年在全钟燮的领导下改版为《行政理论与实践》，尽管随后它的影响走向了全球但于 2003 年第 25 卷《行政理论与实践》告以结束。在哈蒙看来，PAT-Net 的影响是使对话（无论是书面的还是口头的）不再是主流之外的东西，但是它的受众面确实是不大的。

总体而言，PAT-Net 与主流的分裂可以看成公共行政规范研究的抗议，主要是对实证主义和政治学传统的反抗。"主流公共行政极力想把行政人员看作是专家，急于抓住在领域的'错误建立'中创造

第三章 公共行政他在性建构中的障碍 ◆◇◆

的已经临死的身份"①，这个临死的身份一来是实证研究，主流的公共行政学是以实证主义、经验主义和理性逻辑为基础的。二来是将公共行政作为政治学的子领域，从20世纪20年代开始，不论是政治科学的内部还是外部习惯把公共行政看作政治科学的一个子领域，政治科学涉及国家、政府和公共领域，公共行政从定义上看也似乎是政治科学的一部分，大多数公共行政学教授都认为自己首先是政治学家。但其实政治和行政是有本质差异的，"就特定的个体或群体在某个领域中获得或失去权力与控制而言，这就是政治；就官员以公共利益的名义行动或提议行动而言，这就是行政"②，因此沃尔多指出，主流（传统）如果没有提供必要的帮助和指导，公共行政就必须单干或到别处寻求帮助，因为当今政治科学的许多领域与公共行政没有明显的联系，有些部门对公共的利益漠不关心，有些部门甚至还怀有敌意。③所以 PAT – Net 想挣脱。

PAT – Net 被视为一个小型的公共行政规范理论共同体，后现代公共行政很多代表性人物皆为公共行政理论网络成员，例如斯蒂福斯、万斯莱（黑堡学派），以及麦克斯怀特、福克斯和米勒、法默尔等，甚至可以说后现代主义是 PAT – Net 的产物。原本为解决20世纪中后期学术共同体分化的规范理论努力面对分裂，而20世纪后期的公共行政规范研究积极迎接一切他者的过程中又找不到研究支点，尤其是在后现代主义语境中，公共行政规范研究的支点——公共利益——身陷碎片化。

后现代主义是他性的，公共利益是公共行政的本质属性，这种他性对公共利益有何要求呢？如果说现代主义注重主体、一元、权威，忽视边缘，以效率和科学为导向的庞大官僚制组织治理着整个社会；

---

① [美] 麦克斯怀特：《公共行政的合法性：一种话语分析》，吴琼译，中国人民大学出版社2002年版，第197页。
② 颜昌武、马骏编译：《公共行政学百年争论》，中国人民大学出版社2009年版，第8页。
③ Waldo Dwight, "The Administrative State Revisited", *Public Administration Review*, Vol. 25, No. 1, 1965, pp. 5 – 30.

◆◇◆ **朝向他在性的公共行政建构**

后现代主义是注重他在性、多元和边缘的,零星话语、微观叙事和差异文本等因素成为后现代主义的主要内容。如果说公共行政的逻辑起点和落脚点在于公共利益,现代主义的公共利益是先验的、主体中心化的、宏大叙事的,甚至成为政府及其行政维护其控制和统治的工具而根本忽视边缘个体和群体的利益需求;后现代主义的公共利益是他性的,以现代主义为批判对象,希望打破权威、一元化和自我中心主义,在多元化基础上注重边缘和少数个体与群体的利益诉求。但在多元化、碎片化中,公共利益是否有走向相对主义或虚无主义的风险?或者是否像马歇尔与乔杜里质疑的,在后现代挑战中还能存在一种集体的公共利益表达吗?

在庞杂的后现代思潮中,麦克斯怀特落脚于公共利益,为思考这个领域的合法性问题提供了一种方式,这也是很多学者对后现代主义寄予希望的原因——赋予公共利益以现实性,但后现代主义思潮同样冲击着公共利益,因而人们态度各异。麦克斯怀特指出,历史上,公共利益受到很多抨击而公共行政人员无力回应,公共利益思想流派中竟有人劝说应该放弃这种毫无希望的空洞想法(公共利益),转而致力于培育那些对科学研究政治责任有用的工具的概念。到了大萧条和新政时期,人们又对公共利益产生了期待,但很快参战过程中的高度组织化和战后经济的快速发展产生了一种新的、更加理性的氛围,公共利益又变得"毫无用处"。公共利益作为一种正当性象征的力量,作为采取行动的正当理由,到后现代已被证明是一种弱点。[1]

麦克斯怀特指出,人们对明确、可控的价值追求还在继续,矛盾的是,在后现代主义环境中不可能找到陈述这种明确价值的方式。现化主义具有一种强大的保守力量,提供了一种稳定、中立和合理的制度结构,在这种结构中可以发生不造成严重破坏的社会动态,道德规范仲裁者解决道德准则在应用中产生的冲突;然而,一旦社会开始拒绝继续与

---

[1] O. C. McSwite. Postmodern, "Public Administration, and the Public Interest", in Gary L. Wamsley, James F. Wolf, ed., *Refounding Democratic Public Administration: Modern Paradoxes, Postmodern Challenges*, Thousand Oaks: Sage Publications, 1996, pp. 225 – 259.

第三章 公共行政他在性建构中的障碍 ◆◇◆

这种力量作斗争,那么认为可以通过公平仲裁解决冲突的幻想就会消失,这种拒绝就是后现代主义。也就是说,支持接受这种保守力量的基本社会条件发生了变化,尤其是以先进资本主义为基础、以自由福利愿望为形式的现代主义(拥有固定的科学真理和具有矛盾的道德价值)正在逐渐消逝。在当前的后现代条件下,公共利益观念在受到威胁的同时也有可能得到更新,因为尽管多元化、碎片化的后现代状况对公共利益造成了影响,但"我们能够与他者一起融入共同体,并发现公共利益的指导与支持。公共利益也可以回答治理制度合法性问题"[1]。但是遗憾的是,麦克斯怀特只是在后现代主义境况中将公共利益作为合法化(合法性是现代属性,第四章将详细论述)的一项策略,因此公共利益仅仅实现了它的工具性价值,并没有实现其真正价值,更没有探讨在后现代主义环境中如何实现公共利益的问题。

马歇尔与乔杜里并不赞同麦克斯怀特把公共利益当作公共行政合法化策略这一具有现代主义属性的做法,但是处于碎片化的后现代时代的公共利益(集体诉求)可以存在吗?即"在进步、理性和意义等主题受到强烈挑战的时代,公共利益这一集体表达是否合理?"[2] 马歇尔与乔杜里指出,现代主义的前景越来越受到质疑,我们社会生活的复杂性类似于布朗对分散在流体介质中的小颗粒的描述,这些小颗粒在与流体分子碰撞时以恒定的、随机的"之"字形运动,这就是后现代主义的状态。这种复杂性、多元化甚至碎片化也造成公共行政失去了"公共利益的独特意义。……公共利益含义的泛化已经导致了一种身份危机,也导致了公共部门制度框架中的表达危机"[3]。也就是说,马歇尔和乔杜里质疑后现代主义中是否存在公共利益的生存空间。

---

[1] O. C. McSwite. Postmodern, "Public Administration, and the Public Interest", in Gary L. Wamsley, James F. Wolf, ed., *Refounding Democratic Public Administration: Modern Paradoxes, Postmodern Challenges*, Thousand Oaks: Sage Publications, 1996, pp. 225 – 259.

[2] Gary S. Marshall, "Public Administration and the Public Interest", *American Behavioral Scientist*, Vol. 41. No. 1, September 1997, pp. 119 – 131.

[3] Gary S. Marshall, "Public Administration and the Public Interest", *American Behavioral Scientist*, Vol. 41. No. 1, September 1997, pp. 119 – 131.

二 公共行政实践中他者的在场问题

在公共行政他在性建构中,我们一直在讲实体层面和价值层面对他者承认的建构内容,实体性思维是一种在场形式,但这种在场形式是受时空限制的,甚至说传统上人们对价值因素的倡导也会受到实体性思维的限制。社会的发展已经逐渐显示这种实体性治理理念的问题,因为它依托的传统时空概念已被现实打破,因此在场的内涵在新的社会条件下已经更新。例如,只有美国公民才具有美国总统选举与被选举权,尤其是特朗普对待移民和难民的政策与态度更能体现成员资格(包括公民身份,具有时空性)对治理或者说正义的限制;又如,不同民族或地域的生活习惯和习俗等文化价值方面也是不尽相同的,不同年代和时代的人也是存在观念差异的。也就是说,从实体或传统价值层面去谈公共行政的他在性建构,可能是有局限性的,因为从这些层面看到的一是共同体内部(无论是否具有成员资格)人员(自我)对外部人员(他者)的排斥,二是共同体内部的成员(自我)对内部的非成员(他者)的排斥,或者说厚此薄彼的结构关系。这两者内涵是不同的,第一种情况比较常见,如地方主义、贸易壁垒等;第二种情况的例子有,比如拥有"绿卡"但没有入籍美国的中国人不具有美国选举权,在上海工作但没有上海户口的子女无法就读当地的小学和初高中。

社会的发展已经逐渐显示这种实体性治理理念所存在的问题,因为它依托的传统时空概念已被现实打破。时空二维并不能简单地拆分开来,尤其是在社会科学的诸多问题分析上,不能偏废其一,从这个角度我们才能理解领域融合,理解发生("发生"这个概念不仅仅是时间概念,也是一个空间概念,时空二重往往是统一在事物/事务中的)在全球化运动中的领域融合,我们先举几个例子来理解时空的这种统一性。比如学术共鸣,是你所思考的东西会在不同时代或者同一时代的作者思想成果中看到,有时这种共鸣的相似度是惊人的,如果从创新的角度看,尤其对于处在同一时代作者的思想成果,有人会想

第三章 公共行政他在性建构中的障碍 ◆◇◆

到"先下手为强"的策略，也就是将创新理解为时间维度的问题，但是有了"先下手"，我们就可以解决这类问题吗？当然不是，因为我们每个人的阅历和知识结构是不同的，也就说是创新不仅仅是一个时间维度的问题，也是一个空间维度的问题。又如，在社会科学的研究中我们经常使用"农业社会、工业社会和后工业社会"这一理论框架，人们通常只从时间维度去理解这几个概念，就会用严格阶段论去阐述。如果把每个国家视为一个封闭发展的共同体，可能严格的阶段论是有"成效"的，但这不符合事实，同在一个空间（全球）的各个国家虽处在不同发展时间却也不断沟通，也就是说不能仅从时间维度去理解概念，否则发展就不存在多样性。总之，时空维度应该是统一的，但以往我们更多采用单一维度去言说和行动。

不仅如此，如今我们的时空观念也在发生着变化。譬如，在当今社会我们会看到中国每个城市存在的进城务工人员现象，他们当然拥有公民身份，拥有公民各项权利，但因为农村户籍，因而在城市面临各种权益限制。户籍也是成员资格的一种表现形式，那么进城务工人员所面临的问题就是成员资格间的冲突，什么导致了冲突的发生？当然是进城务工人员的流动，但这是否说明要采取控制流动的方案，答案显然是不能。问题在于公民身份这一成员资格的实体设定已经不能完全适应社会治理需要，这个新的发展就是20世纪后期很多思想家发现的：异于历史上任何发展阶段的快速流动现象和趋势，传统的时空概念已经被突破。例如，处于美国与中国的两人通过网络社交工具进行直接交流，无论美国与中国的白天黑夜具体时间或者二者的实际距离是什么，两人的对话是实质进行的，传统概念上的时间和空间（距离）失去了意义。

可见，得益于全球化、虚拟化及其相关技术，时空二维极大化地统一互融，你可以说距离遥远的二者共时，也可以说不同时间的二处共在，因为当今的理念和技术是支持的，这也就是在场概念的更新，空间上实体性在场、"遥在"，时间上的同时和不同时，如今都能称为且实现在场。如此看来，在场对于公共行政他在性建构的影响是什

◆◇◆ 朝向他在性的公共行政建构

么呢？在场是一个哲学概念，在发展过程中发生着变化，我们运用哲学思维理解它的同时，也需要把握它对于他在性建构的功能，即他者的在场才是治理的依据，在场不受成员资格限制（在场即为成员），也不受时空限制（"遥在"也是一种在场形式，我心灵感受到的他者在场也是一种在场），在场的他者可以是有形的也可以是无形的。

如今更新了的在场概念会给公共行政带来问题。面对这样快速流动的社会，传统时空观念的突破表示空间已不是传统概念上的地区、地域，是不同时间拉平到一个空间上，或者说同一时间上有着不同空间分布，并且它们发生着交流甚至碰撞；这里的时间已经不需要用纽约时间去统一定义了，不同地区的时间可以发生在同一情境中。在此情境中，流动中的实体和价值都在发生关联或竞争，甚至是结构性异化。例如，公民身份和其他成员资格的设置都是为了实现不同共同体的良性治理，尤其是在近代社会的组织化过程中，形形色色的组织产生，组织（共同体）当然就区别了成员与非成员，这种区分是实体性的区分。作为具有一定普遍性成员资格的实体性设定——公民身份——显然不能应付这种境况，一来公民身份与其他成员资格冲突的发生频率和影响程度就会逐渐增加、扩大；二来公民身份背后的不平等会越拉越大。总之，在简单的治理环境中成员（自我）与非成员（他者）之间的区分是明显的、对管理而言也是可行的，但当流动性增强，谁是成员、谁具有该共同体的身份这一问题已变得没有意义。因为首先，具不具备该共同体的成员资格（身份）已经失去了以往的划分基础——稳定性，那么建立在此基础上的治理也就难以实现；其次，个体的诸多成员资格（身份）因为流动性而在个体身上发生着冲突，从国家这一共同体范围视角来看就是公民身份的这一实体性治理思维的失效，而从全球范围来看，更明显的是流动背后的结构性异化——中心—边缘结构。

鲍曼提出"流动的现代社会"概念来揭示当今社会及其中的人们的特征：社会"以身份循环的奔忙替代关于永恒的担忧"，似乎"只要快速向前，不要止步回望，计较得失，那么，就可以向有限的生命

第三章 公共行政他在性建构中的障碍 ◆◇◆

跨度中塞入更多生命；……'身份'（正如古代的转世或者复活）是关于'再次出生'的可能性的——是关于弃旧貌、换新颜的可能性的"。① 人们的角色随着流动性增强也在不停流动和相遇，然而人们在流动中的处境是不同的，"获胜最大的机会，掌握在活跃于全球金字塔塔顶周围的那些人手里，……他们轻松活泼，反复无常，就像日趋全球化与跨地域的贸易与金融一样——正是这类贸易与金融，导致了他们这些人的出现，并维持了他们游牧式的生存。……他们都精通并实践'流动的生活'的艺术"②。也就是说，流动中一些人是主导的（中心），另一些人是从属的（边缘），"其他的游戏参加者——尤其是那些硬被拖进游戏的人，那些不'喜欢'或玩不起'变动'的人——就少有机会了。对他们来说，参加游戏不是一种现实的选择——但是，他们也没有不尝试的选择。……在底层，问题是紧紧抓牢唯一可以获得的身份，把其部件牢牢地捆紧在一起，同时，还要抵制腐蚀的力量与破坏的压力，修理不断倒塌的墙壁，把壕沟越挖越深"③。

在流动性中要怎样思考治理呢？我们需要借助在场这一概念。实体性思维对流动有着禁锢，而流动性和现代科技显然已经创造了对在场概念更新的现实性，但如今突破了实体性思维的在场观念也依旧面临着问题，政府面临的冲突和矛盾与日俱增。其实，实体性治理思维的失效，甚至说如今更新的在场观念的失效都是他在性建构的障碍，因为无论是共同体内部（无论是否具有成员资格）人员（自我）对外部人员（他者）的排斥，还是共同体内部的成员（自我）对内部的非成员（他者）的排斥，或者说厚此薄彼的结构关系，都是自我对他者的排斥和否定，那么在公共行政他在性建构中如何思考和解决这个问题呢？我们将在下一章中回复。

---

① ［英］齐格蒙特·鲍曼：《流动的生活》，徐朝友译，江苏人民出版社2012年版，第9页。

② ［英］齐格蒙特·鲍曼：《流动的生活》，徐朝友译，江苏人民出版社2012年版，第3—4页。

③ ［英］齐格蒙特·鲍曼：《流动的生活》，徐朝友译，江苏人民出版社2012年版，第5—7页。

第二节 公共行政他在性建构中的狭隘现实性

他在性代表的是一种实现公共行政未来建构的可能性，它也面临着现实中的一些狭隘性，可能性如何超越现实性中的狭隘，同时又不陷入纯粹的乌托邦，是当代公共行政的一种内在紧张。首先，20世纪后期以来，社会这一他者已经成为理论家们首要关注的问题，社会的存在与要求成为公共行政建构的主要原则，即公共行政的社会建构。但是理论家们发现仅仅主张张开怀抱迎接社会是不够的，真正的朝向他者是需要公共行政将自身也视为他者，但直至20世纪后期，官僚制仍旧做不到，甚至破坏着社会性，权威控制无处不在变本加厉，具有排他性的技术理性和行政傲慢更是作出高居中心地位的姿态。其次，自包含私人化和市场化的新公共管理运动以来，作为他者复权的市场观念的流行打破了政府（官僚制组织）作为唯一治理主体的传统，甚至想从质上取代政府及其行政的治理角色，但其所包含的诸多因素和内容也导致公共行政及其官员的责任旁落。总之，官僚制组织和市场都没有体现他在性内涵。

一 公共行政他在性建构中官僚制的狭隘性

如果说官僚制组织确立时期因主张效率和科学而为公共行政提供了实体性支持，那么其在20世纪中后期以来的公共行政朝向他在性建构过程中，显然已经无法满足需求，甚至造成严重问题。一方面，官僚制组织严格支配与控制着社会，对一切他者因素采取拒绝姿态，主流强调理性与技术，顺便狭隘地解读伦理、政治和社会这些他者，"当这种时代潮流遇到官僚与组织时，其结果就是人们无意识地倾向于服从权威，推崇技术进步以致使其超越人类价值与尊严"[①]。另一

---

① ［美］艾赅博、百里枫：《揭开行政之恶》，白锐译，中央编译出版社2009年版，第7—8页。

第三章 公共行政他在性建构中的障碍 ◆◇◆

方面,社会对官僚制组织排斥属性的不满与日俱增,20世纪末发现"在过往大概10年的岁月中,我们可以观察到公民对他们的政府进行了诸多的嘲讽。……公民如此激烈地嘲讽政府的原因之一,在于长期以来他们未能参与到议程中来,他们的利益未能受到关注"[1]。

赫梅尔认为官僚制破坏着社会性,所谓社会性,即在社会中"我们如何看待别人、别人如何看待我们,界定着我们。这样的行为不仅界定我们是谁(婴儿、父亲、教授),而且界定了我们的存在"[2]。社会回答了"我是谁"及我与他者关系的问题,但官僚制破坏了这种社会性。"我们在现代工厂或官僚机构里的关系是指派给我们的。问题已经不是我们(相对他人)是谁,而是我们(相对工作)是什么。……组织选择和控制我们在工作中与谁相遇、结交谁、依靠谁。工厂或办公室的工作关系取代了我们的社会关系中的朋友和所有的亲属关系。官僚机构作为现代组织的基本类型取代了社会。……我们是谁、在工作当中遇到谁,这取决于坐在办公桌后面、行使着办公室权力的某位不知姓名的人,这就是官僚机构:bureau-cracy。……作为人,我们能够建立和维护自己的社会关系。这些关系现在失去了其重要性。相对于工厂或办公室,社会本身失去了重要性"[3]。总之,社会身份本是在我与他人之间形成的互利关系,但在官僚制构造的社会中具有双重身份,一方面,社会身份界定着我的社会存在(我的权利)的范围,另一方面,我的组织身份则由组织设计者界定着我能够行动的范围,即我的笼子的大小。通常社会身份是服从于组织身份的,甚至社会角色通常被组织角色取代,那么社会的开放性就受到了阻碍,存在于社会中的他在性也将被蒙蔽。"他者的消失触发了另外一个全然不同的毁灭过程,即自我毁灭。……同质化的恐怖席卷当今

---

[1] [美]谢里尔·西姆拉尔·金、卡米拉·斯蒂福斯:《民有政府:反政府时代的公共管理》,李学译,中央编译出版社2010年版,第3页。
[2] [美]拉尔夫·P.赫梅尔:《官僚经验:后现代主义的挑战》(第五版),韩红译,中国人民大学出版社2012年版,第14页。
[3] [美]拉尔夫·P.赫梅尔:《官僚经验:后现代主义的挑战》(第五版),韩红译,中国人民大学出版社2012年版,第15页。

◆◇◆ 朝向他在性的公共行政建构

社会各个生活领域。人们踏遍千山，却未总结任何经验。人们纵览万物，却未形成任何洞见。人们堆积信息和数据，却未获得任何知识。人们渴望冒险、渴望兴奋，而在这冒险与兴奋之中，人们自己却一成不变。人们积累着朋友和粉丝，却连一个他者都未曾遭遇。社交媒体呈现的恰恰是最低级别的社交。"①

原本，社会及其组织都具有容纳功能，但发展到20世纪中后期的官僚制组织是没有容纳功能的，正在对一切他者造成伤害，为什么官僚制组织没有容纳功能，造成行政之恶？所谓容纳，也就是社会群体及其个体之间能够和谐相处的能力，人们设身处地得为他人着想，重视他人的经验，限制具有破坏性和侵略性的行为。但艾赅博和百里枫在20世纪后期揭开了行政之恶，也就是说发展至今，官僚制组织并没有组织的容纳功能，行政之恶的普遍特征就是普通人因行政角色（服从命令）而卷入邪恶的行动中且不自知，同时携带"技术理性文化"的公共组织复制了这种行政之恶——"数千人受行政之恶的支配，参与到剥夺人性尊严的实验、拘留营及其他由公共机构所执行的毁灭性行为中，这一切通常都以科学或国家利益之名来执行"②。例如典型的纳粹行动就是在具有现代性的公共机构中顺利获得通过的，除了这一极端例子，这种行政之恶影响的范围也非常广泛，程度不一，"组织内外都可能发生有关行政之恶的事情。从组织内部而言，这样的活动有可能影响其成员；从外部而言，顾客、客户或者公民都有可能在不同情境下成为牺牲者。当然，组织也可能卷入既影响内部也影响外部人群的过错或邪恶行为当中"③。

这种行政之恶的发生是公共行政朝向他在性建构的明显障碍，可以从几个方面来分析和理解：其一，公共组织（官僚制组织）携带的

---

① ［韩］韩炳哲：《他者的消失》，吴琼译，中信出版社2019年版，第4—5页。
② ［美］艾赅博、百里枫：《揭开行政之恶》，白锐译，中央编译出版社2009年版，第7—8页。
③ ［美］艾赅博、百里枫：《揭开行政之恶》，白锐译，中央编译出版社2009年版，第117页。

第三章 公共行政他在性建构中的障碍

行政之恶包含了"技术理性的文化",它对其他因素和价值是绝对排斥的,这是一种典型的自我中心主义,切断一切协商和合作的可能与渠道甚至否定他者。公共组织的技术理性是借鉴物理科学的研究路径,所以在解释人类行为时是不需要历史和文化视角的,只需要通过独立于时间和空间的一般模型和法则即能解释人类行为,也是通过非时间性的因果关系即可发展确定性知识和实践。技术理性"第一,相信科学和技术能够将我们从自然和社会对我们发展的限制中解放出来;无视仅仅依赖科学分析思路和科技带来的负面效应。第二,……遵循所谓'科学的'程序。第三,忽略那些非科学化的,但对认知和行动同样合法的方式"[①]。可见,技术理性过于信奉所谓普遍和客观的宏大历史叙事而不能为我们的生活提供意义,忽略那些非科学化的但对认知和行动同样合法的方式,无视仅仅依赖科学分析思路和科技带来的负面效应。

行政之恶通常是被掩盖的,加上技术理性对伦理道德的排斥,因而我们总意识不到伦理道德问题。当然,这种祛除和排斥有时是隐性的,例如现代组织中常常出现的文化策略,它并非是对价值因素的接纳和包容,而是一项隐性拒绝。"组织研究中文化的应用方式在很大程度上与技术理性是一致的。也就是说,并非把文化当作一种广阔的意义背景而组织只是位于这一背景之中,而是将关注点迅速地具体化到个体组织,似乎每个个体组织都重新演变出自身独有的'文化'。很快,组织'文化'成为经理人工具箱中的又一法宝,许多公司和机构都开始重塑其企业'文化',就好像他们启动一项战略计划那样"[②]。依旧是无法跳出现代性的禁锢。

官僚制组织与这样的文化氛围是相互助长的关系,道德和伦理原则被行政角色与结构吞噬殆尽,无论是生产活动还是管理活动,表现

---

① [美]杰伊·D. 怀特、盖·B. 亚当斯:《公共行政研究:对理论与实践的反思》,刘亚平、高洁译,清华大学出版社2005年版,第2页。
② [美]杰伊·D. 怀特、盖·B. 亚当斯:《公共行政研究:对理论与实践的反思》,刘亚平、高洁译,清华大学出版社2005年版,第31—32页。

◆◇◆ 朝向他在性的公共行政建构

出趋向合理性追求的技术理性话语,乃至整个治理体系都被要求根据这个标准来实践,成为一种霸权,导致其他价值因素的落寞,一切由技术、专业化和组织权威说了算。在这样具有排他性的文化环境中,一个"好"的行政专业人员可能是犯过行政之恶的人,因为行政官员只能屈从于权威结构,后者凭着"客观""中立"控制着前者,因此才会发生官僚制体系政策和思路所导致的大屠杀,讽刺的是这些政策和思路并没有违反任何法律,所有事情都是依照法律执行、依照行政审批程序去做的。

其二,官僚制组织中科学理性与专业主义带来的行政傲慢也是自我中心主义的典型表现。因为"官僚机构的思维(自上而下,笔者注)不能反映事物的自然秩序,因此只有通过强力或者强力的威胁才能有效。强力的使用恰恰显示了思想的贫乏。官僚自己不去享受在他看来奢侈或堕落的想象,只承认理性的逻辑,他必须压抑普通人所有的小小的想象,普通人在面对项目或政策时可以把情况想象得完全不同"①。所以自带强力的行政傲慢不可避免。所谓行政傲慢就是政府本位,政府掌握了大部分社会资源甚至可以型塑(支配)个体或社会。政府本位得以实现源于政府自以为是的理性与专业——"在公共服务中,职业专家获得权力的途径显然是由于他们所受的专业化培训和拥有的知识。依靠这种权力,职业专家就具有了他们领域中的专业化语言和信息,他们自然而然地想控制决策过程,创造出他们所代表的公共行政的政策。……公共行政服务中大多数专家狭隘的视野,伴随着对现实政治世界和公共利益的漠视与麻木,塑造了一种紧张和冲突的组织气候,这很难与公共机构更高的公共服务道德目标和民主政府伦理相一致"②。

艾赅博和百里枫指出行政表现出僭慢,"僭慢是一个非常古老的词汇,意即膨胀的骄傲心火自傲感——这个现象通常是与……'肮脏

---

① [美]拉尔夫·P.赫梅尔:《官僚经验:后现代主义的挑战》(第五版),韩红译,中国人民大学出版社2012年版,第135页。
② [美]全钟燮:《公共行政的社会建构:解释与批判》,孙柏瑛、张钢、黎洁等译,北京大学出版社2008年版,第4页。

第三章　公共行政他在性建构中的障碍　◆◇◆

的手'相联系的。……僭慢可以是一种个人的性格特征，也可以是一种社会和政治特色"①，行政傲慢具有危害，正是因为官僚制组织及其人员常常觉得自己有资格和能力控制一切事物（务）而造成了一些恶果。马基雅维利讲述了政治领域中的"肮脏之手"，国家为了"大善"而为"小恶"，即国家的理由，但是在行政领域我们常常并未发现"大善"而是"大恶"，"这种强制式的管理要求常常使人们产生一种错误印象，去人性化的组织控制和秩序是正当的。……在今天这个充满变数的环境中，这些因素往往制约着人类的行动，影响着民众参与、横向关系与人类合作的形成"②。于是社会对政府最深的负面感就是后者与他们的联系太少，"政府很少关注普通公民的生活以及他们面临的困境。公民感到他们很难对政府的行为产生影响。……因为他们无力影响政府的行为，无怪乎他们将政府视为规模巨大、态度傲慢的怪兽。……雪上加霜的是，由于缺乏与政府的联系，（公民）产生的明显的冷漠情绪，导致公民缺乏相关的重要政治知识"③。

在这样狭隘的官僚制组织社会中，自我以及自我与他者的关系都产生了异化："我们以前总是把自己当成目标。现在，组织告诉我们与谁共事，与谁打交道。我们被那个著名的部门进行了分类，而该部门的名称本身揭示了我们的真实身份。作为人力资源，我们每个人不过是为了完成某个特定工作所需要的供应品的一部分。工作，也就是我们在完成任务的同时自己也有所建树的方式，变成由别人来规定的工作。人在世界上是有一定尊严的，现在却变成了案例。人变成了商品。社会行为中的我们的关系变成了他们的关系，产生了人格物化。"④

---

① ［美］艾赅博、百里枫：《揭开行政之恶》，白锐译，中央编译出版社2009年版，第17页。

② ［美］全钟燮：《公共行政的社会建构：解释与批判》，孙柏瑛、张钢、黎洁等译，北京大学出版社2008年版，第19页。

③ ［美］谢里尔·西姆拉尔·金、卡米拉·斯蒂福斯：《民有政府：反政府时代的公共管理》，李学译，中央编译出版社2010年版，第13页。

④ ［美］拉尔夫·P. 赫梅尔：《官僚经验：后现代主义的挑战》（第五版），韩红译，中国人民大学出版社2012年版，第163页。

◆◇◆ 朝向他在性的公共行政建构

其三，基于原子化个体（自我）设计出发点的官僚制存在制度不正义。古典经济学认为，市场中的问题都可以通过完全的竞争来加以解决，完全竞争的市场能够使资源配置达到帕累托最优，即交易成本为零，这也是"科斯定理"的核心内容之一。但科斯也指出在现实中交易成本为零的情况是不存在的，交易成本甚至会使市场交易低效、无效；在完全竞争中，资源要素所有者之间会讨价还价，由于交易成本的存在，讨价还价的成本可能高于某种生产安排的产值增长，这就导致了市场的无效率。因此，纵使是社会增长也无法完全由市场决定，因为有公平的问题存在。在市场中，拥有有限资源的自我与他人交易他们的有限资源，因为资源的有限性（每份资源都有不同供给者和需求者），因此这种交易是竞争性的。但仅就市场活动来看，竞争只影响有效增长，收入分配却受到一些人为因素影响。

因此政府就有必要进行直接管制，根据生产行政成本低的企业制定的标准，强制规定各种生产要素应该如何使用，结果就是确立起企业的产权制度。这就是新制度主义的核心内容——"交易成本不为零"和"通过产权界定设立企业以替代市场"，它认为一旦保证私有产权（甚至个人利益）的制度条件得到满足，经济运行便会达到帕累托最优，相应的，制度运行也会达到一种均衡，再没有调整的必要。但正如帕累托最优只是一种理想状态一样，在现实中完美的制度均衡也是不存在的，主要是制度供给和运行的不公平造成了制度非均衡，如"搭便车"问题。工业社会中制度设计的出发点是原子化的个人，基于个人主义建构起来的制度也包含着公平追求，并把维护和保障个人利益作为制度公平的首要原则，但基于个人主义就产生了怀疑论，即人性善或人性恶，在人性恶的设定上所做的制度设计就是让执掌权力的人得到相应的制约力量钳制，这也是近代以来制度设计的基本思路——"把那些只知道追求个人利益的人保留了下来，使其成为这个社会赖以成立的支撑因素，并且反过来，又通过这些只知道追求个人

第三章　公共行政他在性建构中的障碍

利益的人去证明这个社会的合理性"①。一般来说如今社会个体的基本生存需要已经不是一个严重问题,如果现实中还存在公平正义问题那么显然是这一制度的不公平造成的,而从原子化个体(自我)出发设计的官僚制是制度不公平的始作俑者。

个人主义(个体原子化)是官僚制组织衍生的逻辑基石,并不是葛德塞尔等学者所认为的二者是矛盾对立的,基于原子化个体的官僚制组织存在制度不正义。近代社会民主理念产生了自我、个体的意识,然而也发生了异化,退化为个人主义。当初,人们为解决个人主义带来的弊端,建构了契约(诸如法律、规则制度等形式)缓解人与人之间的陌生甚至矛盾,官僚制组织就是典型的将竞争合法化成等级制度的近代实体。但这种完全追求同一性和个人利益的个人主义是对他者的一种拒绝,纵使"如今我们正试图借助数字媒体,尽可能地将他者拉向我们身边。此举非但没有使我们更贴近他者,反而使他者销声匿迹"②,因为自我是通过排除异质性而拉近他者的,所以他者并非作为多元性存在,而是同一性,官僚制组织正好强化了这点。

二　公共行政他在性建构中市场的狭隘性

20世纪后期市场观念的出现是他者复权的表现,因为政府治理角色的中心地位问题不断,这也说明公共领域中他在性的匮乏,市场想改变甚至替代政府的治理地位,但是这种他者复权的理念和途径出现了问题。市场如何实现他者的复权?这一复权为何是公共行政他在性建构中的障碍?

经历了20世纪中期政府的扩张发展(国家主义)之后,政府及其公共行政在治理中问题不断,这主要有政府政治部门和行政部门两方面原因,而不像水门事件最终的结果是对政府行政部门进行改革,实质上它是政府政治部门引发的。政府政治部门和行政部门的恶性博

---

① 张康之:《从协作走向合作的理论证明》,《江苏行政学院学报》2013年第1期。
② [韩]韩炳哲:《他者的消失》,吴琼译,中信出版社2019年版,第47页。

◆◇◆ 朝向他在性的公共行政建构

弈导致政府整体出了问题,在以市场为研究对象的领域看来也就是政府失灵(government failure)。70年代开始,随着"滞胀"的发生和国内外政治经济环境发生变化,美国政治环境中充斥着反官僚、反政府的风气,政府及其行政陷入危机之中,人们质疑政府及其行政,产生了对政府重塑的愿望和行动。于是,20世纪后期在私有化、市场化运动和企业家政府改革(第三条道路)中,市场神话逐渐通过对公共行政层面的调整来取消政府的治理角色,理由就是市场能够更有效专业地提供服务,而政府不行,这当然是从政府及其公共行政在近代政府分工治理过程中承担的有效与科学的治理角色而言的。

20世纪70年代开始,基于个人主义的公共选择理论建议多元化的公共物品和服务提供方式,打破传统中由公共部门担任主要甚至唯一治理主体的逻辑,因为没有证据显示官僚制是最有效的组织形式。公共选择理论指出存在"国家干预不能提高经济效率或收入分配不公平时所产生的政府失灵"[①]现象。奥斯特罗姆认为传统政治经济学将公共物品与公共机构联系在一起,并能够严格区分出纯私人物品和纯公共物品,但随着不确定性的出现,[②]产生了公共组织提供公共物品和服务的外部效应,导致公共组织没有动力去实现公共利益,即使在集体行动能达成一致时,依靠公共组织的宪法选择[③]也非常昂贵。于是奥斯特罗姆认为不能期望找到适用于提供所有类型公共物品和服务的规则,最佳的决策规则要随着情况变化而变化,不同规模的组织或者几个组织的重叠区都可能有提供不同公共服务的水平,由多组织构成、高度依赖顾客的公共行政系统就此形成。公共选择理论认为公共

---

① [美]保罗·萨缪尔森、威廉·诺德豪斯:《经济学》(第16版),萧琛等译,华夏出版社1999年版,第323页。

② 不确定性的出现是因为"决策的发生不是在个体知道所有策略和结果的情况下,而是对策略产生的结果缺乏了解或者并非知道所有策略和结果的情况中"。(Vincent Ostrom and Elinor Ostrom, "Public Choice: A Different Approach to the Study of Public Administration", *Public Administration Review*, Vol. 31, No. 2, March 1971, pp. 203–216.)

③ 奥斯特罗姆认为,在"宪法选择"逻辑中,一个具有代表性的个体可能会试图实现集体利益,在这一逻辑视角下公共机构被视为分配决策的手段,根据个人在不同社会背景下的偏好来提供公共物品和服务。

第三章　公共行政他在性建构中的障碍

领域其实与市场一样：诸如选民、利益集团、政治家和官员等主体都是自利的、理性的，他们通过选票等具有交易性质的决策行为追求效益最大化。既然二者一样，那么政府能做的（有效地执行决策、提供公共服务等），市场中的组织也能做到。社会于是开始了大洗牌，政府依赖于市场中的组织（私有化），市场中的组织也受到了政府资助（市场化）。

20世纪后期西方各国进行了以市场化、私有化为基本内容的行政改革运动（90年代初胡德才明确用新公共管理来指称这场运动）。特里指出："近年（80年代）来，解放管理和市场化管理已经成为公共管理领域的主要手段。有人认为，一种新的、更为复杂的管理主义巩固了这两种手段，它被称为'新管理主义'。"[1] 私有化与市场化的主要内容有：竞争性投标，反对公共机构内部人员参与，让私人公司参与投标；签约外包，受公共机构资助将大量工作转交给私人公司；特许经营，公共机构授权私人公司提供服务，后者可在提供服务过程中收费；发放凭单，公民可用政府发放的凭单购买私人供给者提供的服务。[2] 萨瓦斯划分出10种类型的公共服务提供，除了3种是政府作为公共服务生产者，寻找到7种民营化类型，即按照私人部门对市场的依赖程度而成为公共服务生产者：（1）自由市场；（2）志愿服务；（3）自我服务；（4）特许经营；（5）凭单；（6）补助；（7）合同承包。[3] 总体来说，从尼克松政府的"新联邦主义"政策、卡特政府的反经济滞涨政策到里根政府的系列举措，逐渐放权于私人领域，尤其里根政府时期就开始了政府变迁，不要求政府提供"没有能力提供的东西"，放宽甚至取消对私人组织的限制性规章。

1993年，副总统戈尔向克林顿总统和公众汇报了国家绩效审查，

---

[1] Larry D. Terry, "Administrative Leadership, Neo‐Managerialism, and the Public Management Movement", *Public Administration Review*, Vol. 58, No. 3, May 1998, pp. 194–200.

[2] ［美］敦利威：《民主、官僚与公共选择》，张庆东译，中国青年出版2004年版，第250页。

[3] ［美］萨瓦斯：《民营化与公私部门的伙伴关系》，周志忍等译，中国人民大学出版社2002年版，第104页。

◆◇◆ 朝向他在性的公共行政建构

表达了重建联邦政府的期望,包含几项原则:"构建一种将人放在第一位的政府:服务顾客;赋予雇员权力;培育卓越。将做到:创造使命感;授权和负责;用激励取代规章;制定基于结果的预算;通过顾客满意度衡量成功。"① 该报告可追溯到奥斯本和盖布勒的公共管理思想,即将官僚制政府向企业型政府转变。林恩指出公共机构会产生困境,② 他建议公共行政遵循市场逻辑,在公共机构管理中利用经济、社会、社会心理学等先进概念模型,"发展一种将政治和行政联系起来的理论,就像企业管理中将市场和企业行为相联系一样。新公共管理运动的开展为此提供了动力和智力上的能源"③。莫恩也认为公共行政的已有范式不能在新的信息驱动技术的世界里灵活变化,而戈尔报告和奥斯本等人提出的企业型政府抛弃了繁文缛节,从使人们对规则负责转向对结果负责,坚持顾客导向,通过分权、重新设计工作方式和项目流程不断设法使政府以更低的成本更好运行。④

经历了私有化和市场化运动,人们首先得出政府与私人组织不分的结论:"政府和私人部门的基本要领是相似的,并且有着相似的激励方式和管理过程,政府应当被视为在竞争激烈的市场环境中功能最好的企业。"⑤ 其次得出政府治理角色落寞的结论,因为市场及其组织更有效率。比如,1994 年世界银行发表的有关基础设施问题的报

---

① Ronald C. Moe, "The 'Reinventing Government', Exercise: Misinterpreting the Problem, Misjudging the Consequences", *Public Administration Review*, Vol. 54, No. 2, March. 1994, pp. 111 – 122.
② 因为公共机构在一定程度上反映立法意图,而立法意图可能难以解读和评判,也许当公民和利益集团发现政策执行过程中出现了目标偏离时,政策在程序上却是对的。(Laurence E. Lynn, Jr., "The New Public Management: How to Transform a Theme into a Legacy", *Public Administration Review*, Vol. 58, No. 3, May. 1998, pp. 231 – 237.)
③ Laurence E. Lynn, Jr., "The New Public Management: How to Transform a Theme into a Legacy", *Public Administration Review*, Vol. 5, No. 3, May. 1998, pp. 231 – 237.
④ Ronald C. Moe, "Exploring the Limits of Privatization", *Public Administration Review*, Vol. 47, No. 6, November. 1987, pp. 453 – 460.
⑤ Ronald C. Moe, "The 'Reinventing Government' Exercise: Misinterpreting the Problem, Misjudging the Consequences", *Public Administration Review*, Vol. 5, No. 2, March 1994, pp. 111 – 122.

第三章　公共行政他在性建构中的障碍　◆◇◆

告中已经指出市场也成为了发展基础设施的主力,也就是说20世纪90年代的现实否认了亚当·斯密时期提出的政府提供基础设施这一天职;又如,新公共行政运动的代表性人物弗雷德里克森在90年代比较新公共行政运动与重塑政府运动后放弃了前者——"新公共行政运动中的概念在25年后得到广泛接受,却不是以新公共行政运动的语言,而是以重塑政府运动的方式出现的"[1]——这足以证明20世纪后期近代政府治理角色的衰落。

美国企业型政府理论的提出让我们更为清晰地看到市场及其组织彻底替换了以往公共行政在治理分工中的合理身份——"重组行政部门组织结构"[2],因此否定了近代政府的治理角色。当喊出"我们政府的类型错了"的话时,奥斯本和盖布勒的意思是:以往包括政治层面(诸如决策)和行政层面(即执行政策、提供服务等)的政府分工治理形式存在问题(诸如政府规模过大、政府缺乏提供服务的专业性和效率等),加上复杂变化的环境已经无法满足治理需求。我们需要什么样的政府呢?奥斯本等提出企业型政府(掌舵型组织)[3],于是我们看到市场及其组织对公共行政合理角色的替换:如今的政府等同于以往政府政治部门,承担政策制定等职能,而市场及其他组织取代了政府公共行政的角色,提供公共服务,"政策制定(掌舵)同服

---

[1] H. George Frederickson, "Comparing the Reinventing Government Movement with the New Public Administration", *Public Administration Review*, Vol. 56, No. 3, May 1996, pp. 263 – 270.

[2] Gary L. Wamsley, James F. Wolf, "Introduction: Can a High-Modern Project Find Happiness in a Postmodern Era", In *Gary L. Wamsley, James F. Wolf, ed., Refounding Democratic Public Administration: Modern Paradoxes, Postmodern Challenges*, Thousand Oaks: Sage Publications, 1996, p. 4.

[3] "掌舵型组织制定政策,给(公私)执行机构提供资金,并评估它们的业绩,但是很少自己去发挥执行机构的作用。"([美]奥斯本、盖布勒:《改革政府:企业家精神如何改革着公共部门》,周敦仁等译,上海译文出版社2006年版,第12页。)更具体来说,"掌舵的人应该看到一切问题和可能性的全貌,并且能对资源的竞争性需求加以平衡。划桨的人聚精会神于一项使命并且把这件事做好。掌舵型组织机构需要发现达到目标的最佳途径。划桨型组织机构倾向于不顾任何代价来保住'他们的'行事之道"。([美]奥斯本、盖布勒:《改革政府:企业家精神如何改革着公共部门》,周敦仁等译,上海译文出版社2006年版,第17页。)

◆◇◆ 朝向他在性的公共行政建构

务提供（划桨）分开"，即政府负责"筹集各种资源，通过民主政治程序设定社会需要的优先目标"，而"提供服务并非政府的义务，政府的义务是保证服务提供得以实现"。[1] 也就是格林和哈贝尔提到的重塑政府运动，"使旧有的政治与行政二分的误导性内容得以持久"[2]。总之，"这不是一个'实干'的政府，不是一个'执行'的政府"[3]。

依据企业型政府理论的观点再回顾私有化和市场化运动，可以发现20世纪后期的政府改革运动都是替换公共行政在近代历史中的合理性治理角色来否定政府的地位，也就是说公共行政成为了市场（包括市场中组织）神话的一块跳板。总体而言，政府及其公共行政在治理中问题不断，20世纪后期在政治争斗不断的政党交替中充斥着反官僚、反政府风气，尤其里根政府时期，分属于不同党派缺乏政治意识形态认同的高级官僚都会随着政党交替被扫地出门，公共行政体系成为政治家的抹黑工具和社会问题的替罪羊。市场想给政府这一问题开一剂药方，却只是想用市场及其组织替代政府的治理角色——重塑政府（尤其是"掌舵而非划桨"原则）其实是"行政组织结构的重组"[4]，这构成了公共行政危机的主要内容之一。

一方面，新公共管理运动这一他者的复权带来了公共性的扩散，[5]在传统中是通过主体唯一性赋予政府垄断社会治理的合法性，政府是

---

[1] [美] 奥斯本、盖布勒：《改革政府：企业家精神如何改革着公共部门》，周敦仁等译，上海译文出版社2006年版，第6—7页。

[2] Richard T. Green, Lawrence Hubbell, "On Governance and Reinventing Government", in Gary L. Wamsley, James F. Wolf, ed., *Refounding Democratic Public Administration: Modern Paradoxes, Postmodern Challenges*, Thousand Oaks: Sage Publications, 1996, p. 58.

[3] [美] 奥斯本、盖布勒：《改革政府：企业家精神如何改革着公共部门》，周敦仁等译，上海译文出版社2006年版，第25页。

[4] See. Gary L. Wamsley, James F. Wolf, "Introduction: Can a High-Modern Project Find Happiness in a Postmodern Era.", in Gary L. Wamsley and James F. Wolf, eds., *Refounding Democratic Public Administration: Modern Paradoxes, Postmodern Challenges*, Thousand Oaks: Sage Publications, 1996.

[5] 张康之、张乾友：《民主的没落与公共性的扩散——走向合作治理的社会治理变革逻辑》，《社会科学研究》2011年第2期。

第三章　公共行政他在性建构中的障碍 ◆◇◆

公共性的，社会及其组织是私人性的，甚至社会被视为与政府（自我）相对立的他者；新公共管理运动以后，一些原本由国家及其政府所承担的治理功能也就被转移到了社会之中，那么社会必然获得了一定的公共性，这使得治理主体多元化，打破了政府的治理垄断地位，有利于更好实现民主。另一方面，新公共管理运动也造成他在性建构中的问题，首先从民主治理层面看，"公共企业家"因为尴尬的问责问题而对民主构成了威胁，尽管一些学者为"公共企业家"的自由决策权设定了原则，但并不能确定他们遵守，尤其是当这些原则与"公共企业家"的个人议程相违背时；其次"公共企业家"的新管理主义中蕴含的行为假设严重受到公共选择和组织经济学影响，它们对人进行了不完整和扭曲的解读与设定；最后新管理主义的"公共企业家"无视了公平、正义、代表性等价值。[1]

具体而言，从新公共管理运动更细致的内容可以看到，它在他在性建构中存在的主要问题是造成消极公民和政府责任的旁落，那么作为他者的公民仍然会产生治理恶果，作为自我，政府的本质也被异化。消极公民和政府责任旁落这两大问题是直接相关的。首先，新公共管理运动对政府与社会关系的产物——顾客导向、回应性等呼声强烈，但是值得反思的是"每个人都倾向于坐在'顾客'这把闲适的座椅上享受清闲而不再愿意投身于辛苦、冗繁的公共参与活动当中。……管理主义思潮过分强化政府回应理念的重要性，而忽视了公民治理/参与的意义"[2]，即新公共管理导致了一种被动的公民态度，也就是说，顾客导向及回应性的主张很可能产生消极公民，本质上"顾客是被劝说和售卖给了一种形象、产品或服务，而不是参与商议和决策"[3]。人们会彻底束手无策，最终权力的中心人群在治

---

[1] Larry D. Terry, "Administrative Leadership, Neo-Managerialism, and the Public Management Movement", *Public Administration Review*, Vol. 58, No. 3, March 1998, pp. 194–200.

[2] 王巍、牛美丽编译：《公民参与》，中国人民大学出版社2009年版，第69页。

[3] Richard C. Box, "Running Government Like a Business: Implications for Public Administration Theory and Practice", *The American Review of Public Administration*, Vol. 29, No. 1, 1999, pp. 19–43.

◆◇◆ 朝向他在性的公共行政建构

理过程中的威胁就越来越大了。其次,这种消极公民观念与政府的责任直接相关,因为虽然顾客导向要求政府倾听人们的需求,但当人们变成一种被售卖的产品或服务的对象时,政府与公民之间就成为一种交换关系。在这样一个资源和权威等各种因素都不对等的环境下,交换关系只会发生异化(新自由主义所设置的交易成本为零在现实中不存在),那么顾客的真实需求就变得形式化、不重要了,顾客导向下的政府需要什么样的"顾客需求",就会进行什么样的"引导",那么为公民服务的基本责任就衰落了。

新公共管理运动在他在性建构中的真正的主要问题是政府的主要功能——维护社会公平——被搁浅。面对美国梦(20世纪,包括少数群体和贫困群体的美国人拥有一个美国梦,即经济发展为生活质量的提高提供支持,后代也将获得更高的生活水平)的破碎,社会的不公现象逐日增加:"从1973年到1993年,40%的最为贫困的家庭收入有所下降,而最为富有的20%的家庭收入大约每年上升1.3%。从1973年到1995年,消除通货膨胀的影响因素后,普通劳动工作者的周收入降低了18%。……在此期间,普通劳动者的月收入按稳定美元价格测算大概削减了100美元,即4.6%。与此同时,在收入分配结构中,上层大约三分之一的全职职业人士收入上升了7.9%,上层5%的家庭收入保持了29.1%的增长速度,而上层1%的家庭收入惊人地增长了78%"[①]。虽然政府权力增长,但相关社会功能并没有提升,即不同个体和群体从政府获得的收益差异明显。

社会不公是造成社会不满的主要原因,但是20世纪晚期对此的回应却是企图提高效率的政府私有化运动,"(这种改革行为)假设当今政府存在的问题不在于政府的职能范围,而在于政府实施职能的方式。重塑政府运动强调官僚组织行为的商业主义的一面,希望建立成本低、效果好的政府。这场改革运动的目标直指被视为浪费公共资

---

① [美]谢里尔·西姆拉尔·金、卡米拉·斯蒂福斯:《民有政府:反政府时代的公共管理》,李学译,中央编译出版社2010年版,第2—24页。

第三章 公共行政他在性建构中的障碍 ◆◇◆

金和扼杀创新的官僚主义的繁文缛节。它假设公众所需要的不是较大规模的政策调整或者积极地参与政府议程，而是政府行为的效果"[1]，那么政府所面临的主要问题也就被搁浅了。"这种行为使政府面临更为严重的问题，因为政府卸载了向怀有疑虑态度的社会公众提供服务的核心责任。而且，这种修修补补的工作，并不能解决美国公众与政府之间关系疏远的深层次问题，在某种程度上可能会加深政府与民众之间的疏离感。"[2]

关于西方政府20世纪中后期维持社会公平与平等的功能，我们可以在社区治理这一缩影中看到。如果说20世纪60年代西方社区具有出于社会平等而爆发运动，并向政府表达不满的功能，如今的社区更多是以消费和休闲为主的日常生活领域。近代文明中对"社会—国家"结构的建构打破了一个个封闭共同体的社会给人们提供了公共空间，公共空间是一种共享性空间，促进原本可能不会彼此交往的个体之间的社交互动，促进平等和自由，这种具有共享性质的公共空间主要提供公共物品（public things）和服务，"公众可以平等地访问它们，使用它们时不需要任何显著的额外费用"[3]，而国家的责任就是维持这个空间的共享性。但在私有化和市场化改革中，国家及其政府逐渐从公共福利领域退出，将生产资料（如土地）和消费资料（如医疗、住房）逐渐私有化，虽然社区满足了不同的消费需求但并没有根本解决社会的平等问题，甚至贫富差距愈加拉大，它只是复制了社会的不平等。这表明封闭社区不仅没有解决原初的社会不平等问题，还加剧了问题的不良影响，但也说明它并不是社会不平等的始作俑者，甚至在有些地区出现将肮脏等同于贫穷的观念，原初的公共福利也被等同于穷人的专享。

---

[1] ［美］谢里尔·西姆拉尔·金、卡米拉·斯蒂福斯：《民有政府：反政府时代的公共管理》，李学译，中央编译出版社2010年版，第31—32页。

[2] ［美］谢里尔·西姆拉尔·金、卡米拉·斯蒂福斯：《民有政府：反政府时代的公共管理》，李学译，中央编译出版社2010年版，第33页。

[3] Glasze, G., "Some Reflections on the Economic and Political Organisation of Private Neighbourhoods", *Housing Studies*, Vol. 20, No. 2, 2005, pp. 221–233.

第三节 公共行政他在性建构中的合法性与责任

面对20世纪后期政府及其行政被诟病的现状,以及公共行政他在性建构中官僚制组织和市场狭隘的现实性,公共行政领域急切地作出回应,但在回应过程中出现了进一步的问题,即如何处理与他者的关系?表现为公共行政对他者的承认问题和公共行政对他者的责任问题。第一,因为对不同他者的承认,20世纪后期对合法性问题(公共行政寻求合法性多半需要他者帮助)的认知途径各异,造成20世纪后期公共行政对他者承认问题的混乱,更多他者都沦为公共行政的承认工具,在追求合法性过程中也没有发现他在性的价值。第二,民主价值这一被公共行政自我建构过程忽视的他者在20世纪中后期得到重视,但它可以作为一项政治原则,即从政治层面来看,意味着非民选机构(行政)对民选机构(政治)负责,这主要发生在20世纪中后期的公共行政实践中;民主价值也可以作为社会原则具有其实质内容,即从社会角度审视,意味着非民选机构直接对社会负责,这主要发生在20世纪中后期的公共行政理论中,20世纪60年代以来,在倡导社会参与和公民参与的理论大背景下,社会对行政的要求一目了然。二者如果要求一致则可,但20世纪后期公共行政的发展充分体现了政治要求(主要是公共行政实践)与社会要求(主要是公共行政理论)的冲突,造成理论逐渐失去了对微观现实的解释能力,也积累了越来越多对现实的不满。

一 公共行政他在性建构中沦为承认工具的他者

虽然在重塑政府的过程中有人声称这场改革运动无关政治而是在论述管理问题,但试图利用市场及其组织取代政府公共行政从而否定近代政府的治理角色,显然已经是一个政治(文化)问题,这必然会在公共行政领域引起强烈反击,最具代表性的就是黑堡学派,他们为公共行政合法性代言。虽然新公共行政运动将合法性概念引入公共行

第三章 公共行政他在性建构中的障碍 ◆◇◆

政领域,但随后近 10 年的时间公共行政实践仍然如火如荼,直到新公共管理运动中政府失灵提法的广泛流行,公共行政合法性问题才成为一个重要问题逐渐进入人们的视野。公共行政寻求合法性多半是需要他者帮助的,到底哪一他者可以协助公共行政实现合法性,成为众多学派与思想争论不一的问题,但争论中他者已沦为工具性价值,而他在性价值并未被人们挖掘反而被曲解。

合法性最初是政治学领域的概念,主权学说就是典型的阐述合法性问题的理论,即如果说"主权在民"的理念在启蒙思想阶段就获得了合法性,那么作为政治领域的载体——政府——就自然拥有"合法性",并且政府的任何行动(主要指行政)也自带公共性,"依据美国宪法与各州的宪法,主权在民,民主的政府是建立在主权在民的基础之上的政府"[①]。只有国家的合法性问题得以解决,国家的政府治理过程才具有了开展的前提,国家的合法性即为主权国家的建构,统治权力得到社会认同(同意)。例如,霍布斯是最早谈论主权概念的启蒙思想家,他通过主权赋予国家合法性,提出的契约切断了君主与主权的联系,为同意原则(社会认同)作了准备,人人订立信约形成人格,承担人格的就是主权者(国家),其余的人就是臣民。当然霍布斯与绝对国家没有完全脱离干系(给予了统治者以绝对性,主权思想并非那么彻底),洛克摆脱了霍布斯那里尚存的绝对国家色彩,他的国家合法性概念更具有革命意义,赋予了国家合法性以人民主权和同意原则的内涵。

国家的合法性问题在政治学领域已经得到了解决,人们因此默认了政府及其行政的合法性,否则也不会有公共行政领域的出现和自我建构发展。在 20 世纪后期明确提出公共行政的合法性问题之前,公共行政的地位和发展主要取决于它在治理分工中承担了效率和科学的角色。公共行政一开始在效率和科学的指导下创造自我世界时能很好

---

① [美]弗雷德里克森:《公共行政的精神》,张成福等译,中国人民大学出版社 2003 年版,第 51 页。

◆◇◆ 朝向他在性的公共行政建构

地完成事务、实现目标，换句话说，如果不是追求科学、效率，行政很可能就被扼杀在摇篮里，这是有目共睹的。正如麦克斯怀特所言，公共行政"早期的实践者和学者选择了消除合法性问题的方式来更好地建立其创始神话，后来一代代的公共行政者也忽视了合法性可以安抚批判者和服务对象的重要性"[①]。亚当斯也认为："近来对公共行政合法性的讨论并非是向后现代过渡的表现；它们仅仅只是自由国家调和民主和行政之间紧张的最新尝试。这一紧张自美国建立之初就存在，但它们被现代性提到最前线并加以强化，从而在进步时代及之后变得愈加明显。"[②] 但是到了20世纪后期，行政世界面临着合法性的拷问，即公共行政的身份危机，近代行政为何是公共行政？其自身的目标追求显然不能保证合法性，人们的视野转向了他者，这也是公共行政朝向他在性建设过程中的必然问题。

最初，PAT-Net对合法性问题的关注源于实践层面对政府提出的质疑，直到市场对公共领域的侵入，黑堡学派很快将切入点放在了他者（一般意义上的政治，包括政治和宪法）身上。其实，市场神话中所界定的近代政府公共行政的角色早已发生了变化，并非治理分工中的合理性角色，尤其是到黑堡学派这里公共行政的自主性达到了最高点，于是市场神话中试图用私人部门取代公共行政合理角色来否定政府的做法实际上就没有对象了。前文已经提到，早在"新政"及第二次世界大战后公共行政就已渗入政治过程，其治理角色不断丰富，在实际操作中职业文官承诺执行政策官员的指示时都会在经过每一个层级时拖延措施影响政策，[③] "在政策制定上，官僚所表达的国家意

[①] O. C. McSwite，"Postmodern，Public Administration，and the Public Interest"，in Gary L. Wamsley and James F. Wolf，eds.，*Refounding Democratic Public Administration：Modern Paradoxes，Postmodern Challenges*，Thousand Oaks：Sage Publications，1996，p. 198.

[②] [美] 杰伊·D. 怀特、盖·B. 亚当斯：《公共行政研究：对理论与实践的反思》，刘亚平、高洁译，清华大学出版社2005年版，第30页。

[③] Marshall E. Dimock，"Bureaucracy Self-Examined"，*Public Administration Review*，Vol. 4，No. 3，July 1944，pp. 197 – 207.

第三章 公共行政他在性建构中的障碍 ◆◇◆

志可能比选举机构的表达更完美"[1]。甚至在政治现实中公共行政领域拥有自决权,"官僚机构在很大程度上承担着公开宣传政策的责任,在使政策获得赖以生存和发展的政治基础方面担负着更大的责任"[2],官员甚至是社会规划者,制定明确的行动准则,为政府活动制定目标,如果立法标准被严重分割,官员还要调解压力集团之间的利益。[3]这也就是登哈特所认为的:早期公共行政被视为政府行政机构的活动,仅仅涉及行政部门[4]的运行,大致在20世纪50年代以后的公共行政涉及政府所有部门的行政官员。[5] 所以从这个视角看,市场神话对公共行政的替代基本是无的放矢。黑堡学派认为以市场取代政府及其行政治理功能为研究对象的思想其实是"一再以抽象理论回应多姿多彩的现实"[6],因此他们从合理角色转变到合法性角色来重建公共行政的治理角色——"治理过程中的合法角色"[7],包括合法性角色是什么(legality)和怎么样(legitimacy)两方面内容。

如前文所述,市场神话希望替代公共行政的合理性治理角色,而黑堡学派给予公共行政以至高的治理自主性(合法性角色)来反抗市场神话的预设:越过市场神话所指的政府(其实是政府政治部门),找到政府公共行政的合法性。黑堡学派首先从源头上赋予公共行政治理角色以合法性,即从宪法的角度(legality 层面)讲述了公共行政

---

[1] Norton E. Long, "Power and Administration", *Public Administration Review*, No. 4, 1949, pp. 257–264.

[2] Norton E. Long, "Power and Administration", *Public Administration Review*, No. 4, 1949, pp. 257–264.

[3] Wayne A. R. Leys, "Ethics and Administrative Discretion", *Public Administration Review*, Vol. 3, No. 1, March 1943, pp. 10–23.

[4] 登哈特所谓的政府行政部门及其活动是指国家、州和地方政府的行政部门,由国会和州立法部门设置的独立委员会、政府公司,以及具有特殊性质的某些其他机构的活动。

[5] [美]罗伯特·登哈特、珍妮特·登哈特:《公共行政:一门行动的学问》,谭功荣译,北京大学出版社2013年版,第6页。

[6] [美]谢里尔·西姆拉尔·金、卡米拉·斯蒂福斯:《民有政府:反政府时代的公共管理》,李学译,中央编译出版社2010年版,第2页。

[7] Richard T. Green, Lawrence Hubbell, "On Governance and Reinventing Government", in Gary L. Wamsley and James F. Wolf, eds., *Refounding Democratic Public Administration: Modern Paradoxes, Postmodern Challenges*, Thousand Oaks: Sage Publications, 1996, p. 1.

◆◇◆ 朝向他在性的公共行政建构

的合法治理角色是什么。作为非民主机构的公共行政并没有铺垫好与民主机构的政治部门争夺合法性资源的优势，所以市场神话中公共行政才落得任人处置的下场，早在卡特政府的文官制度改革中，行政官员治理中的回应性就被篡改为行政官员对政治官员（市场神话中政府的代名词）的回应性。[1] 但黑堡学派指出"对有效治理的需求与民选官员能够提供有效治理的能力之间的差距在不断扩大"[2]，因此罗尔诉诸美国政体价值（regime values），即主权在民的宪法原则使公共行政直接成为宪法而非根据宪法产生的民选官员的工具。[3] "黑堡宣言"甚至指出公共行政是可以完全替代政府政治部门及其民选官员的，行政部门及其职业官僚通过专业知识和技能进行治理，应对市场神话对政府的职责，实现公平和正义，而这种合理性也是宪法赋予公共行政的合法性，即是人民主权需要行政绕过政府部门、民选官员和利益集团直接治理，弥补他们代表性不足的宪法价值问题。[4]

不仅如此，黑堡学派还从民主（公民互动）这一他者的角度（legitimacy 层面）说明了公共行政要如何实现合法治理角色。瓦姆斯利直言："民主和宪法共和国的合法性（legitimacy）不是合宪法性（legality）。……我们对公共行政合宪法性的关注已经在第一个重建计划（1990 年的《重建公共行政》）里体现，但随着政治体制问题的增多，合法性问题也在变化。我们将在这个重建计划（1996 年的《重建民主公共行政》）中切换关注点。在寻求治理和公共利益中重建公

---

[1] Patricia Wallace Ingraham, David H. Rosenbloom, Carol Edlund, "The New Public Personnel and the New Public Service", *Public Administration Review*, Vol. 49, No. 2, 1989, pp. 116 – 126.

[2] Gary L. Wamsley, Charles T. Goodsell, John A. Rohr, Orion F. White and Jim F. Wolf, "The Public Administration and the Governance Process: Refocusing the American Dialogue", *Dialogue*, Vol. 6, No. 2, January 1984, pp. 2 – 18.

[3] John A. Rohr, "Professionalism, Legitimacy, and the Constitution", *Public Administration Quarterly*, Vol. 8, No. 4, January 1985, pp. 401 – 418.

[4] Gary L. Wamsley, Charles T. Goodsell, John A. Rohr, Orion F. White and Jim F. Wolf, "The Public Administration and the Governance Process: Refocusing the American Dialogue", *Dialogue*, Vol. 6, No. 2, January. 1984, pp. 2 – 18.

第三章　公共行政他在性建构中的障碍 ◆◇◆

共行政及其民主角色。"① 格林和哈贝尔指出政府的困境更多是因为官员在公共服务中缺乏承诺、自尊以及忽视责任,政府官员应该受到责任和自尊的激励来更好地服务公民。② 1996 年,黑堡学派在推出的《重建民主公共行政:现代悖论与后现代挑战》中向民主求助,即公共行政需要鼓励公众的参与、提倡培育积极的公民角色使行政过程民主化,使公共行政从合乎宪法的行动者变成民主参与和公共利益对话的促进者。

具体来看,约翰·利特认为"黑堡宣言"开启了公共行政在治理体系中的合法化角色,但只是看到了表层的问题。更进一步看,公共行政是具有治理绩效、可以自我运行的机构,从逻辑上区别于(虽然从宪法层面隶属于)国会、总统和法院,所以它并不仅仅是执行政治政策,而是与外界互动来直接促进治理,而公共行政的治理目的和参与者就是公民(公共利益),这也就是公共行政的合法性所在,即赋予公共行政以民主意识。③ 瓦姆斯利直言将民主行政置于治理的核心地位能够使我们摆脱尖锐化的政治意识形态,克服多元主义的严重缺陷,并降低对事实上掌权的总统的期望,21 世纪的公共行政需要从宪法价值和民主理论中汲取规范性基础。④ 邓纳德也认为公共行政不能通过增强执政首长和立法机构的强权政治来体现其宪法责任,并且

---

① Gary L. Wamsley, James F. Wolf, "Introduction: Can a High-Modern Project Find Happiness in a Postmodern Era", in Gary L. Wamsley and James F. Wolf, eds., *Refounding Democratic Public Administration: Modern Paradoxes, Postmodern Challenges*, Thousand Oaks: Sage Publications, 1996, p.1.

② Richard T. Green, Lawrence Hubbell, "On Governance and Reinventing Government", in Gary L. Wamsley and James F. Wolf, eds., *Refounding Democratic Public Administration: Modern Paradoxes, Postmodern Challenges*, Thousand Oaks: Sage Publications, 1996, pp.38 – 67.

③ John H. Little, "Thinking Government: Bring Democratic Awareness to Public Administration", in Gary L. Wamsley and James F. Wolf, eds., *Refounding Democratic Public Administration: Modern Paradoxes, Postmodern Challenges*, Thousand Oaks: Sage Publications, 1996, pp.327 – 348.

④ Gary L. Wamsley, "A Public Philosophy and Ontological Disclosure as the Basis for Normatively Grounded Theorizing in Public Administration", in Gary L. Wamsley and James F. Wolf, eds., *Refounding Democratic Public Administration: Modern Paradoxes, Postmodern Challenges*, Thousand Oaks: Sage Publications, 1996, p.397.

◆◇◆ 朝向他在性的公共行政建构

宪法合法性"能给予公共行政权威,但如果没有制约公共行政者裁量权的民主身份,(倡导公共行政宪法合法性的)'黑堡宣言'就容易被认为是一种关于政府权力的主张"①。这种民主身份就是公共行政意识到与公民之间紧密的但多于政策命令的联系,这种互动关系会使公共行政消耗更少、生产更多。

当然,最具代表性的是斯蒂福斯赋予公共行政的民主内涵。她认为市场神话是以效率为名放任市场中的组织及其企业家独断统治,民主的行政治理应当以积极公民(active citizenship)的参与为前提,因为即使追溯到洛克派的自由主义都是倡导公民在治理中的重要角色,而不是20世纪70年代以后的新自由主义(Neo-liberalism)用市场中的组织及其企业家取代公民治理角色的做法。积极公民的视角强调公共行政的责任是对公民的责任,公共行政需要培育积极公民,不是传统中等级官僚制中的责任的内涵,也非市场神话中提供服务后的顾客满意的内涵。斯蒂福斯指出积极公民通过促进对话而有助于公共利益的形成,可以对行政权力可能出现的膨胀和自利化问题进行制约。②

总之,市场神话主张替换公共行政合理角色进而否定政府治理功能,黑堡学派重建公共行政合法治理角色对市场神话进行反抗,宪法取代合理性成为公共行政的基本精神,市场神话变得无的放矢,然后通过民主赋予公共行政实现合法治理的途径。换言之,20世纪后期,尤其是里根时代开始③政府失灵增多,处于市场神话之中的新公共管理运动和企业型政府改革对公共行政进行了抨击和替换,公共行政陷入一场严

---

① Linda F. Dennard, "The Maturation of Public Administration: The Search for a Democratic Identity", In Gary L. Wamsley, James F. Wolf, ed., *Refounding Democratic Public Administration: Modern Paradoxes, Postmodern Challenges*, Thousand Oaks: Sage Publications, 1996, p. 323.

② Camilla Stivers, "Refusing to Get it Right: Citizenship, Difference, and the Refounding Project", in Gary L. Wamsley and James F. Wolf, eds., *Refounding Democratic Public Administration: Modern Paradoxes, Postmodern Challenges*, Thousand Oaks: Sage Publications, 1996, pp. 260 – 278.

③ 里根上台时就指出"政府并不是我们解决问题的救星,政府就是问题所在"。(李剑鸣、章彤:《美利坚合众国总统就职演说全集》,陈亚丽、顾中行等译,天津人民出版社1996年版,第447页。)

第三章 公共行政他在性建构中的障碍 ◆◇◆

重的合法性危机,黑堡学派希望通过他者(宪法与民主)重建公共行政的治理角色。

但是,从另一个侧面来看,"黑堡宣言"希望用公共行政概念替换被人们厌恶的已经意识形态化的政府或官僚制概念,他们认为在行政首脑、国会和最高法院无休止争斗的美国政治体制中,公共行政是一个"非战区"。"黑堡宣言"赋予公共行政的独立性建立在区别于民选官员、利益集团的基础上,寄希望于它独立承担公共利益,这也是它认为的美国宪法的价值内涵(人民主权)所在;并且,彼时显然无法回避宪法文本产生时还不存在的利益集团问题,而公共行政可以弥补利益集团和民选官员的代表性不足的问题。[①] 也就是说,从 the Agency Perspective 的视角,公共行政不是代表而是完全可以代替民选官员和利益集团等去实现公共利益,这一视角的合法性来源于公共行政者是对公共利益和宪法秩序负责的,具有专业技能和知识、历史经验和智慧的职业官僚。但是在 20 世纪后期的境况下,"黑堡宣言"提出的依托官僚的公共行政显然不能独自承担治理责任,黑堡学派最终开出的药方是赋予公共行政民主内涵,即培育积极公民,且不说这开头(公共行政本身)与落脚点(积极公民)的矛盾之处,积极公民这一他者能保证公共行政的良性治理实现其合法性吗?或者说宪法、行政官僚或公民,到底谁能给予公共行政合法性?

如果说黑堡学派从一般政治(宪法)、公民等他者来获得合法性,20 世纪中后期的斯蒂夫就是从自身寻求合法性。斯蒂夫指出公共行政主要靠三种途径实现合法化。[②] 斯蒂夫重点强调通过专业主

[①] Gary L. Wamsley, Charles T. Goodsell, John A. Rohr, Orion F. White and Jim F. Wolf, "The Public Administration and the Governance Process: Refocusing the American Dialogue", *Dialogue*, Vol. 6, No. 2, January 1984, pp. 2 – 18.

[②] 第一,通过立法监督,确保公共行政的行动符合民选官员意志,民选官员通过选举具有坚实的合法性基础,公共行政因受其控制而获得合法性;第二,促进公共行政官员专业技能,公共行政人员在其特定领域拥有服务于大众的专业技能,这天然赋予其合法性;第三,制定适当的个体或集体参与行政决策的程序,程序本身应当符合法律,符合正当程序的公共行政人员具有合法性。(Michael W. Spicer, *The Founders, the Constitution, and Public Administration: A Conflict in World Views*, Washington D. C.: Georgetown University Press, 1955, p. 22.)

◆◇◆ 朝向他在性的公共行政建构

义赋予公共行政合法性,来自民选官员的监督和符合正当程序的合法性是一种消极的合法性,而专业主义是"一种强调公共行政内部积极品质的合法性策略。它与美国基本的价值和需求相吻合。……诉诸积极品质的专业主义者相信,公共行政人员因其技能和承诺而至关重要"①。其实公共行政专业主义是一项遗产,在公共行政自我建构过程中就是依靠专业主义获得效率的,随着政府危机的出现这项共识被终结,斯蒂夫认为要解决政府危机必须重拾专业主义才能赋予其合法性。"在后进步时代的公共行政理论和实践中,文官承担着促进公共行政成为公共导向专业的关键角色。文官体系的合法性即在此。一个合法的、公共导向的专业应当相信它所提供的服务与产品对公共文化具有积极作用"②。

但正如有学者指出的,"近期对更高的专业化程度和更科学严谨研究的呼吁只是重复差不多一个世纪前的呐喊"③,因为"近来的公共行政文献包含明显的合法性诉求,呼吁更高的专业化程度和以研究为基础的专家。这些合法性诉求与现代性的主题一致,并代表了公共行政的正统,这一正统在进步时代逐渐明晰,尽管有起有落,但一直持续到今天"④。可以说,专业主义是公共行政的必要技能,如果说黑堡学派从一般政治(宪法)、公民等外界获得合法性,斯蒂夫就是从自身寻求合法性,在社会变化发展中,仅靠专业主义就能获得政府的合法性吗?历史已经给予了答案。

通过合法性曲解他在性的最鲜明的例子就是麦克斯怀特的思想,麦克斯怀特自始至终都认为公共行政的发展是一个寻求合法性,即公

---

① James A. Stever. *The End of Public Administration: Problems of the Profession in the Post-Progressive Era*, New York: Transnational Publishers Inc., 1988, p. 17.
② James A. Stever. *The End of Public Administration: Problems of the Profession in the Post-Progressive Era*, New York: Transnational Publishers Inc., 1988, p. 178.
③ [美]杰伊·D. 怀特、盖·B. 亚当斯:《公共行政研究:对理论与实践的反思》,刘亚平、高洁译,清华大学出版社2005年版,第32页。
④ [美]杰伊·D. 怀特、盖·B. 亚当斯:《公共行政研究:对理论与实践的反思》,刘亚平、高洁译,清华大学出版社2005年版,第30页。

第三章　公共行政他在性建构中的障碍

共行政寻求自我认同的过程，因此他在性就是公共行政丧失自我的表现，他发现公共行政的发展不断丧失自我，他在性只是公共行政丧失自我的一种表现，因此麦克斯怀特希望公共行政能够寻回自我，体现了一种自我中心主义的倾向，而未发现他在性的价值。正如斯蒂福斯他们所言："如果我们已经与'我们是人民'的观念相去甚远，我们必须为自身是政府合法化的一部分而辩护，所以问题不在于合法性。问题的症结是比合法性更深入、更持久，具有潜在致命性的问题。"①

二　公共行政他在性建构中对他者的责任问题

公共行政他在性建构在对他者负责的问题上有两种走向，在理论层面上主要走向了对社会负责，而在实践层面上主要是对政治负责。20世纪后期的实践中政治对行政的控制与理论上行政自由裁量权对社会负责的呼吁构成了矛盾，因此才有公共行政理论与实践的脱节问题，造成公共行政他在性建构的障碍之一。也就是说，公共行政理论被指责失去对现实的解释和指导价值，而政府及其行政被人们抱怨丧失了公共性，这都源于人们对公共行政他者责任认识的混乱。

"在公共行政和私人部门行政的所有词汇中，责任一词是最重要的。"② 当然，在发展过程中，行政责任存在不同类型，传统公共行政中权责是一致的，是行政权力在执行过程中承担的责任，这种行政责任类型比较简单，在科学管理的要求下，权责一致实际上是一条效率原则，显然行政责任是从属于行政效率的目标。随着行政对他者的承认，政治—行政二分原则破产，行政不再仅仅被视为一种执行，行政责任的内涵也开始变得复杂，行政责任的地位不断提升。具体而言，随着行政责任及其与社会关系的复杂化，尤其是行政国家使民主受到威胁，行政效率与行政责任的地位发生了改变，"对于民主政府

---

① ［美］谢里尔·西姆拉尔·金、卡米拉·斯蒂福斯：《民有政府：反政府时代的公共管理》，李学译，中央编译出版社2010年版，第3—4页。

② ［美］特里·L.库珀：《行政伦理学：实现行政责任的途径》，张秀琴译，中国人民大学出版社2001年版，第62页。

· 187 ·

而言，行政责任的重要性并不逊于行政效率；从长期角度来看，它甚至会促进行政效率的提升"①。

"拥有民主动机是负责任的官僚制组织的前提条件"②，民主价值这一被公共行政自我建构过程忽视的他者在20世纪中后期得到重视，但它可以被理解为不同层面的他者，这个不同层面往往导致冲突。民主价值可以作为一项政治原则，也可以作为一项社会原则，阿普尔比就指出，第一必须使行政服从于一般的政治、政策和当时的形势，既要考虑到政治效率，也要考虑到经营效率；第二，行政要适应大众批评、态度和需要。③ 正如马斯和拉德威所言，行政责任是对公众、利益集团、立法机关、法院、行政首脑、政党和专业的责任，当这些责任发生冲突时，行政机构需要寻求解决僵局的方案。④

第一，民主价值可以作为一项政治原则（从一般意义上来理解，即包括政治与法律等内容），那么行政应当对政治负责，这主要发生在20世纪后期的公共行政实践中。在第二次世界大战之后行政对他者的承认过程中，政治与行政二分原则就受到了批判，行政需要政治这一他者实现其完整性。芬纳指出："行政官员没有自由裁量行为；他们要对民选官员负责，即使是在细小的技术可行性上，民选官员也决定了他们的行为。"⑤ 阿普尔比认为行政部门被交由民选官员负责，所以行政官员具有责任，具体而言，职业官员认识到选举在民主社会中的根本意义，深信他们有义务根据选举中所表达的公众情绪的变化而改变立场，职业官员诚实和干练地把他们的忠诚放在不断变化的政

---

① Herman Finer, "Administrative Responsibility in Democratic Government", *Public Administration Review*, Vol. 1, No. 4, July 1941, pp. 335 – 350.

② David M. Levitan, "The Responsibility of Administrative Officials in a Democratic Society", *Political Science Quarterly*, Vol. 61, No. 4, December 1946, pp. 562 – 598.

③ Paul H. Appleby, "Toward Better Public Administration", *Public Administration Review*, Vol. 7, No. 2, April 1947, pp. 93 – 99.

④ Arthur A. Maass and Laurence I. Radway, "Gauging Administrative Responsibility", *Public Administration Review*, Vol. 9, No. 3, July 1949, pp. 182 – 193.

⑤ Herman Finer, "Administrative Responsibility in Democratic Government", *Public Administration Review*, Vol. 1, No. 4, 1941, pp. 335 – 350.

第三章 公共行政他在性建构中的障碍 ◆◇◆

治官员、政治气候、立法和行政状况中。[1] 斯蒂弗也指出："民选官员对行政官员的监督可以保证行政行为和政策的合法性。这是因为选举事实产生的民选官员可以赋予行政官员以合法性,在民选官员的严格控制下,行政官员及其机构才能合法化。"[2] 因此公共行政需要对政治,尤其是民选官员负责。

尽管 20 世纪中后期开始一直在强调公共行政与社会关系的培育问题,但 70 年代以后,在尼克松的"新联邦主义"改革中,项目和责任被转移到州等地方政府中,实际上被民选官员挪走权威,参与活动的不是理论中所倡导的受剥夺者而是利益集团,尤其是 1978 年的文官制度改革中政治对行政体系的控制加强,具体落实了公共行政对政治负责的要求。具体而言,权力下放被视为澄清和加强官僚机构与公民之间联系的一种手段,例如"伟大社会"的权力下放活动要求公民参与到行政人员、咨询小组和董事会之中,公民与行政的亲近是行政回应战略,明确地重新定义了行政问责制,从民选官员问责制,再到公民问责制。赫伯特·考夫曼认为,大型公共组织的权力下放不仅是对更有代表性的行政管理要求的一种回应,也是对民选官员控制和问责公共官僚机构要求的一种回应。但"伟大社会"计划将决策和资金从民选官员那里挪移时产生的权力、权威和责任的分散问题引起了民选官员的强烈反对。这种政治上的反对改变了权力下放的性质,导致新联邦主义中移交给州政府的项目和行政责任的实质是将"权力移交给州和地方民选官员,而不是分散的公民团体和新公共行政者。此外,附属于联邦资金的是许多联邦限制和指导方针。……对州和地方政府施加了新的行政控制。因此,在声明各种价值和目标的同时,它也限制了公民参与和新公共行政最初支持的(行政)灵活性。更值得注意的是,参与这些项目的不仅是新公共行政赋予权利的公民,更多

---

[1] Paul H. Appleby, "Toward Better Public Administration", *Public Administration Review*, Vol. 7, No. 2, April 1947, pp. 93 – 99.

[2] James A. Stever, *The End of Public Administration: Problems of the Profession in the Post-progressive Era*, New York: Transnational Publishers Inc., 1988.

的是传统利益集团"①。

1978年的《公务员制度改革法》具体规定了一些联邦人事行政程序的权力下放,此外,立法的其他组成部分,例如高级行政事务处,赞同面向政策和更负责任的高级职业管理人员的概念。该立法确实试图通过权力下放将人事行政和管理联系起来,尤其是1982年专业和行政职业考试的结束以及中央缺乏征聘能力造成了权力下放的实际需要。但僵化的人事制度和规章无法迅速对急剧变化的政治方向作出反应,这已成为职业公务员制度和民选官员之间关系普遍恶化的一个组成部分。尼克松政府反对权力下放,尼克松宣称联邦官僚机构太大,效率太低,他为获得对联邦服务的更大控制权而采用的策略是假定官僚们在积极抵制总统。卡特政府和里根政府对职业官僚的公共服务都持负面看法,进一步加大了政治对行政的控制,因此英格拉姆他们认为20世纪80年代需要重新建立对职业行政人员的专门知识和能力的信心。

一般政治的内涵包括政府政治,以及宪法与法律。在追求合法性的过程中,公共行政面临一个悖论,既需要谋求合法性,又不能跟政治部门争夺合法性资源。面对这个困境,黑堡派的罗尔诉诸美国独特的政体价值,即宪法价值,让宪法成为公共行政的一个合法性依据,否定了行政官员需要通过民选官员的中介来承载宪法的价值,赋予行政官员以宪法行动者的角色,"黑堡宣言"指出公共行政不仅具有宪法上的合法性,也可以弥补宪法文本的不足。在19世纪末的威尔逊时期,由于行政与立法的矛盾而产生的"国会政体"问题造成了对行政管理的漠视,威尔逊通过重构立法与行政的关系来修正美国政治运行过程中宪法精神的偏离,流露出加强行政权力的愿望,以实现对立法权力的制约,这远远超出了文官改革者的构想。威尔逊所主张的政治是一般意义上的(不对法律和政治作严格区分),也就是国家意志

---

① Patricia Wallace Ingraham, David H. Rosenbloom and Carol Edlund, "The New Public Personnel and the New Public Service", *Public Administration Review*, Vol. 49, No. 2, March 1989, pp. 116–126.

第三章 公共行政他在性建构中的障碍 ◆◇◆

表达层面上的政治，他想要实现的是行政相对于政治的分离，其中就包括重构立法与行政的关系，他看到了国会独大和政府力量的孱弱，试图通过政治与行政的二分给予行政广阔的发展空间，有力地制衡国会。而到了20世纪后期，有些学者，比如罗尔，恰恰希望通过宪法赋予公共行政合法性，但他强调的并不是宪法文本本身，① 而是宪法所蕴涵的价值以及"构成宪法主要基础的美国思想"。他通过重新解读"主权在民"这一政治原则否定了行政官员需要通过民选官员这一中介来获取合法性的观念，加强了公共行政与宪法之间的联系。② 可见，罗尔虽然否定公共行政官员对民选官员负责，却并不否认公共行政对一般政治负责。

第二，民主价值还可以作为一项社会原则。弗雷德里克就根据政治与行政之间关系的模糊性，以政策为基点引申出了行政责任问题，并提出了行政责任的双重标准——技术责任和政治责任。政治责任是外部性的，也是一项社会原则标准，"如果能够表明，某项政策没有适当地考虑到社群特别是考虑到占主导地位的大多数人的现有偏好，我们同样有权称之为不负责任的"③，"在一个民主政府中，为了提出真正负责任的政策，政治责任也是必需的。……一个原因在于政党政治的侵入，这一点我们已经讨论过了；另一个原因在于公众在试图把握政策问题，如在把握今日之外交事务、农业与劳工等问题的更为宽泛的含义时所遭遇的巨大困难"④。沃尔多指出，20世纪60年代末和70年代初的一个突出的主题和运动是参与。参与运动在公共行政方面有两个方面的表现：（1）在内部使更多的人参与影响就业条件的

---

① 众人皆知，美国宪法文本并没有直接对公共行政作出规定，甚至没有使用过"公共行政"这一表述，要想在宪法文本中寻找公共行政的合法性依据，基本是不可能的。

② John A. Rohr, "Professionalism, Legitimacy, and the Constitution", in Willa Bruce ed., *Classics of Administrative Ethics*, Boulder: Westview Press, 2001, p. 383.

③ 颜昌武、马骏编译：《公共行政学百年争论》，中国人民大学出版社2009年版，第6页。

④ 颜昌武、马骏编译：《公共行政学百年争论》，中国人民大学出版社2009年版，第8页。

决定，使普通民众参与有关机构的方案决定；（2）在外部促进社区或客户更大程度地参与机构方案的决策及其执行。[1] 沃尔多强调靠政治的、理论的和哲学的方法来思考民主和官僚之间的紧张关系，他更多的是批评而不是证明，更多的是强调增加官僚机构中制定政策的公众参与和民主表达程序。他担心公共行政作为一个领域将被决策者取代，他们过度沉迷于一套以牺牲民主价值观念为代价来使政府组织有效率和有效的价值观念。

哈蒙认为在我们目前的社会和政治状态方面，行政责任观念相当不足，而最近一些新的更有经验的想法的引入，对公共行政的教学和研究都产生了实质性影响。哈蒙指出，过去几十年公共行政规范性理论的主要问题是责任和自由问题，关于行政责任性质的理论提出了约30年时间，大致开始于芬纳和弗雷德里克之间。对于芬纳而言，重点是需要依靠法律和其他一些正式的执行责任的途径；对于弗雷德里克而言，重点是需要依靠行政人员正式培训过程中培养的专业价值观所提供的内部审视。哈蒙认为，弗雷德里克和芬纳对人的本性，尤其是行政人员的本性都持消极态度，他们认为如果没有法律或专业社会化过程所提供的审查，行政人员的最终行为将是自私和反复无常的，这种消极主义源于公共行政和政治科学文献中对行政责任概念的不必要的限制性假设。传统的观点坚持民选官员的决策（而不是行政人员自己的价值观和动机）应该主导和引导行政决策，行政人员只有在合法的范围定义和授权的职责，行政人员应该影响他们的"客户"而不是公民。哈蒙指出传统观点没有承认行政人员的政策角色，他试图超越这种只将行政人员视为执行者的观念，主张重新引入行政责任作为必要的行动标准来避免行政瘫痪或政治虚无主义。行政人员具有至高无上的制定政策的角色，行政人员作出决定不仅是简单地反映民众的意愿，或者是为了对社会变革保持开放的态度，更是作为一个政治

---

[1] Dwight Waldo, "Supplement: Developments in Public Administration", *The Annals of the American Academy of Political and Social Science*, Vol. 404, November 1972, pp. 217–245.

第三章 公共行政他在性建构中的障碍 ◆◇◆

家，在一个支离破碎的政治体系中拥有实现组织目标的技能，同时改变那些受他的决定影响的人的特性，并部分地决定公众参与政治的性质和方向。[1]

明诺布鲁克第一次会议中的许多论点都与"伟大社会"的权力下放活动相关，主张公民参与以及加强公民对服务提供的控制，认为公民接近行政是行政回应新策略的基石，它明确地重新定义从民选官员到公民团体的行政问责。[2] 权力下放在某种程度上与参与运动有关，但在某些方面却截然不同，这是一场旨在使公共项目更受各州和地方政府管辖的运动。这两种运动的公开目标是将权力交还给人民，或者至少是阻止权力进一步集中于联邦政府。[3] 在新公共行政运动中，社会参与获得了重要地位，它指出公共行政的作用是保持政府和社会正在进行的对话，因为人们很少对宪法对话或宪法主题有兴趣，因此行政机构要向这些人提供这些服务，"使他们作为公民能够参与对话和讨论，最终使他们说出和听到道德真理，过上道德生活。在这种作用下，公共行政机构有责任提醒自己和社会，没有任何个人或团体拥有发表道德真理或要求他者遵守其道德规定的专属特权。这就是为什么必须允许所有公民参与"[4]。如果社会的所有成员都被允许参加这种对话，所有个人都可能充分发挥其道德潜力，为了促进对话，行政人员必须理解规范决策是如何通过对话和辩论式的商议达成的。

艾尔登认为："新左派和新公共行政的真正融合，在公共行政的

---

[1] John Paynter, "Comment: On a Redefinition of Administrative Responsibility", in Marini F, ed., *Toward a New Public Administration: the Minnowbrook Perspective*, Scranton. PA: Chandler Publishing Company, 1971, pp. 187–188.

[2] Patricia Wallace Ingraham, David H. Rosenbloom and Carol Edlund, "The New Public Personnel and the New Public Service", *Public Administration Review*, Vol. 49, No. 2, March 1989, pp. 116–126.

[3] Waldo Dwight, "Supplement: Developments in Public Administration", *The Annals of the American Academy of Political and Social Science*, Vol. 404, November 1972, pp. 217–245.

[4] Robert C. Zinke, "American Constitutionalism in the Interconnected World: Administrative Responsibilities in a Rhetorical Republic", in Mary Timney Bailey and Richard T. Mayer, eds., *Public Management in an Interconnected World: Essays in the Minnowbrook Tradition*, New York Westport, Connecticut London Greenwood Press, 1992, pp. 160–182.

◆◇◆ 朝向他在性的公共行政建构

未来中,比新左派和旧右派表面上的相似之处,显得更为重要。新公共行政要成功地以公平取代效率,以参与取代精英主义,以民主取代官僚主义,新左派的反利益集团、自由主义的反抗将会促进新的自治结构,这使美国民主的承诺更接近现实所需。"[1] 左派所寻求的是一个本土的、自治的公共行政,强调社区作为一种生活方式,目标是通过参与实现个人、公共组织的权利和政治自治。"新左派"旗帜下的参与式民主,攻击官僚国家本身的特征,并寻求一个新的整体的政治基础的结束,意味着政府将拥有更多的公共利益和更全面地参与的公民,理想情况下,会有一种基于社区的政府形式,每个人都可以利用公共资源来达到更高的自我实现水平。

新公共行政运动关于社会公平的主张也意味着参与,包括公务员参与和公民参与,"社会公平强调政府服务的平等,强调公共管理者决策和项目执行的责任,强调公共管理的变革,强调对公民需求而非公共组织需求的回应"[2]。弗雷德里克森认为要实现对社会公平的承诺就必须改变不公平的现实社会结构,具体而言就是进行组织变革,改变官僚制组织支配公共行政与社会的现实,实际上就是增强公共组织的开放性而使它与其他组织形式区别开,将公民、顾客、民选官员纳入组织定义中,积极鼓励外部人员参与。

尤其是在第二届和第三届明诺布鲁克会议中提出了代表性官僚制,宣称通过以客户为中心、对客户忠诚将获得更大的积极代表性。尽管早先关于代表性官僚机构有争论,但毫无疑问,来自高度自我意识的公职人员对社会中的不同地位或不利地位保持着与他们有关的态度。当具有社会代表性的公共服务与公众参与机制结合时,例如共同制作、社区行动方法、公共听证会和公民审查委员会,代表性的潜力

---

[1] James M. Elden, "Radical Politics and The Future of Public Administration in the Postindustrial Era", in Waldo Dwight, eds., *Public Administration in a Time of Turbulence*, Scranton. PA: Chandler Publishing Company, 1971, pp. 19 – 42.

[2] [美]弗雷德里克森:《新公共行政》,丁煌、方兴译,中国人民大学出版社2011年版,第4页。

第三章 公共行政他在性建构中的障碍 ◆◇◆

就会很大。当公共机构雇用全职的"公民参与专家"来组织公民参与行政决策时,内部和外部参与的可能性就会产生。坎贝尔认为新公共行政人员拥有两个基本方向,一个是其在组织内部的安排,即坚持一种民主参与的决策过程,并且十分重视人际关系和敏感性培训;另一个涉及外部影响,即强调新公共行政人员为顾客提供优质的公共服务,这也要求顾客团结起来去参与影响政策。[①]

哈特认为公共应定义为公民,公共行政的公共导向就是强调公共行政对公民的责任,他为新公共行政运动关于公共行政官员作为公民而不是民选官员的代表提出理论证明。弗雷德里克森认为民主行政不仅反映在选举过程中,更要求让决策过程对行政官员开放,因为他们与公民有着日常性接触,如此能对民选官员形成决策制衡,那么公民诉求在决策中就能得到体现。

可以看出,公共行政需要在理论和实践两个方向上对他者负责,但公共行政理论被指责失去对现实的解释力和指导性,公共行政实践因对他者责任的混乱而被抱怨丧失公共性,并且这两者之间在20世纪后期构成了矛盾,导致公共行政理论与实践的脱节,这是他在性构建中的一大障碍,因此厘清责任问题就成为公共行政他在性建构必须面对的任务。

---

① Alan K. Campbell, "Old and New Public Administration in the 1970's", *Public Administration Review*, Vol. 32, No. 4, July 1972, pp. 343–347.

第四章　公共行政他在性建构的路径选择

　　通过整理与分析，本书阐述了朝向他在性的公共行政演进逻辑，并发现在此过程中的障碍，基于此，并在这一丰富的他在性内涵指导下，我们对当代公共行政建构路径提出几点建议。第一，他在性意味着向他者开放，迎接他者，即具有包容差异、对他者负责的道德性。第二，他在性意味着我们应当依据反权威（控制）来建构公共行政。反权威首先是去中心化或者说非正典化，即政府及其官员自视为他者，为他者服务，祛除公共行政现代性建构中对主体性价值（控制、理性、效率、科学等）的宏大叙事和基础主义迷信，其次是参与性治理活动能够对抗权威（即使是与政府产生冲突时也拥有对抗权威自由）。所以公共行政在他在性建设中自视为他者可以应对官僚制本身在现实中的狭隘性问题，更深层次上是依据反权威（控制）、反傲慢（理性）和倾听、行政关怀等来建构后现代主义公共行政。第三，他在性意味着所有他者（包括政府和社会）的在场形式都不能削弱公共领域的公共性本质，对他者开放并不意味着逆向自我中心主义。所以在面临后现代主义境况时，公共行政解决自我分裂时需要支点来自信地处理与他者有关的问题。第四，向他者开放还意味着公共行政直面高度复杂的具体现实环境。所以在 20 世纪后期，当"共在规定此在"变为现实，在异于历史上任何发展阶段的快速流动趋势中，最终落脚于公民身份的合法性策略没能完全适应社会治理需求，突破实体性在场观念对公共行政他在性建设提出了现实性要求。

第四章 公共行政他在性建构的路径选择

第一节 后现代主义公共行政中的自我建构

在愈加复杂和多变的环境中，自我是具有重要价值的，并非像后结构主义和后现代主义宣告的主体已经死亡，但此时的自我也并非现代主义尤其启蒙思想中呼吁的处于刚性权力结构中单一、中心化的主体观念，而是自我超越和实现，自我学习和反思，成为克服现代主义弊病的行动者。但在后现代惊慌中，自我建构并非是一帆风顺的，本书认为，第一，无论是在处理与他者有关的问题上，还是迎接一切他者的过程中，尤其是面临后现代主义思潮（后现代主义是他性的）的到来时，公共行政不仅自我分裂，同时市场等他者也想取而代之，公共行政需要支点（公共性）来自信地处理与他者有关的问题，解决自我分裂，但后现代主义中公共行政支点的境况又是不同于现代主义的。第二，如果说在迎接他者的过程中确立支点可以防止市场对政府及其行政治理角色的取代，那公共行政在他在性建设中自视为他者可以应对官僚制本身在现实中的狭隘性，这种自我更在于为他，通过他者才能达到自我，因此在这个为他的过程中需要自视为他者才能实现服务于他者，才能体现自我价值，在更深层意义上讲，自视为他者意味着我们应当依据反权威（控制）、反傲慢（理性）、行政倾听与关怀等来重建公共行政。

一 重构公共行政他在性建构的支点

在前文的叙述中我们知道，一方面，在公共行政迎接他者的过程中并不能放手去处理有关他者的问题，尤其是在 20 世纪中期以来政治这一他者领域中的实证主义入侵时显得措手不及，政策分析、组织理论和比较行政受此影响，纷纷从公共行政共同体中分离，使得后者成为了二等公民。20 世纪后期的公共行政规范研究在积极迎接一切他者的过程中丧失了研究支点，即原本为解决 20 世纪中后期学术共同体分化的理论努力再次面对分裂，尤其是在后现代主义语境中，公

◆◇◆ **朝向他在性的公共行政建构**

共行政规范研究的支点面临碎片化威胁，从而使研究缺乏理论解释力，更无法指导实践。另一方面，20世纪后期市场观念的出现是他者复权的表现，因为政府治理角色的中心地位问题不断，这也说明公共领域中他在性的匮乏，市场想改变甚至替代政府的治理地位，但是这种他者复权的理念和途径出现了问题。自包含私人化和市场化的新公共管理运动以来，作为他者复权的市场观念的流行打破了政府（官僚制组织）作为唯一治理主体的传统，甚至想从质上取代政府及其行政的治理角色，但其所包含的诸多因素和内容也导致公共行政及其官员的责任旁落，政府主要功能——维护社会公平——被搁浅。

本书认为，在愈加复杂和多变的环境中，自我是具有重要价值的，并非像后结构主义和后现代主义宣告的主体已经死亡，但此时的自我并非现代主义尤其启蒙思想中呼吁的处于刚性权力结构中单一、中心化的主体观念，而是自我超越和实现，自我学习和反思，成为克服现代主义弊病的行动者："当我们将人看成自我超越或自我实现的社会存在，他们有能力实践自我反思和诠释，并有潜力去学习和改变时，我们就能看到，对于改变各种关系以及克服官僚制非人格化行动和狭隘的意识趋向来说，自我是一个最重要的行动者。"[①] 在此基础上才能进一步挖掘他在性的价值。

无论是在处理与他者有关的问题上，还是迎接一切他者的过程中，尤其是面临后现代主义思潮的到来，公共行政不仅自我分裂，同时市场等他者也想取而代之，这在我们看来主要是因为公共行政长期丧失了支点（或者说逻辑起点）——公共利益。因为没有支点，公共行政无法自信地去处理与他者有关的问题；因为没有支点，我们都相信了从理论上而言市场是能够实现资源最优配置的方式，但现实中并不能满足（缺乏条件），是需要政府承担公平供给的；因为没有支点，公共行政在迎接一切他者的过程中，尤其是面临后现代主义的到

---

① ［美］全钟燮：《公共行政的社会建构：解释与批判》，孙柏瑛、张钢、黎洁等译，北京大学出版社2008年版，第135页。

第四章 公共行政他在性建构的路径选择 ◆◇◆

来时,自我分裂并可能被他者取而代之。所有他者的在场形式都不能削弱公共领域的公共性本质,对他者开放并不意味着逆向自我中心主义,因此,公共行政的他在性建设首先要重视在自我建设中的支点问题。

近代行政建构的背景是多党制政治,实质就是利益集团们抢占政治资源的场域,漠视了公共利益造成了不满,威尔逊时期,美国已经有了强烈的建构现代行政的愿望,麦克斯怀特却毫不留情地指出:"公共行政的创立者选择道路的目的地是重新复活传统体制,使其适合于公民不喜欢政治精英的腐败统治的意识,并赋予它为形成国家认同提供可能的能力。这一认同使公共行政成为了现存联邦主义体制的附属物。"[1] 也就是说行政只是政治获得认同的工具,那近代行政如何被称为公共行政呢?此时人们主张政府及其行政必须保持中立,不偏袒任一团体利益,追求公共利益,行政也就被称为公共行政了。具体来说,作为近代行政实践自觉的标志,1883年的美国文官制度改革"通过建立受到公众信任的公共机关尊严使官场生活中的道德气氛得到澄清,通过非党派服务开展行政业务"[2]。文官制度的功绩导向通过屏蔽行政人员的价值属性,寄希望于他们不偏不倚地推进政策,在行政过程中不再代表什么党派群体利益,为公共利益的实现服务。初试牛刀的改革为近代行政搭建了一个道德目标——公共性,在此意义上我们可以将它称为公共行政了。

但是在现代公共行政发展过程中,公共利益是否为政府的真实目标,这是被很多人质疑的,社会的阶级、阶层对立与冲突在根本上决定了政府及其行政无法实现实质意义上的公共性,那么西方追求民主的过程中一直标榜的公共利益现实境况如何呢?"公众的钱被用于私人目的,文职官员靠征收来的罚金生活;另一方面,行政人员用公民

---

[1] [美]麦克斯怀特:《公共行政的合法性:一种话语分析》,吴琼译,中国人民大学出版社2002年版,第144页。

[2] Woodrow Wilson, "The Study of Administration", *Political Science Quarterly*, Vol. 2, No. 2, 1887, pp. 197–222.

◆◇◆ 朝向他在性的公共行政建构

个人的钱补给军队或缴纳税款。……任命和选举过程常常只是通过非正式的会议和商议做出的,并且是不经审查就获得批准的决定。……同样,法律不被认为是为了积极的社会目的。实际上,'政府实质上被认为是征召和动员私人力量去达成私人目的'。因而当然不会把它看作是重新分配财富和权力的手段。社会被认为是一种有机的私人社会关系模式的产物。政府仅仅是一个紧密相关的附件,大多数时候只是一个工具,通过它,对诸如是否允许人民四处放养牲畜这样的问题就能有一个回答。"[1] 面对20世纪后期的治理境况,甚至有人质疑公共性能否作为公共部门、公共事务的正当性论据,公共机构和私人组织的差异日益减小,边界逐渐模糊。[2]

如今,面对后现代主义的到来,发源于现代社会的公共利益甚至面临理论上的挑战,因为后现代主义是他性的,为什么?《公共行政与治理过程:重新调整美国对话》(黑堡宣言)在1984年PAT–NET的《对话》刊物上发表,并引起了现代主义与后现代主义的交锋?黑堡宣言希望用公共行政概念替换被人们厌恶的已经意识形态化的政府或官僚制概念。[3] 从后现代主义视角来看,"随着20世纪80年代理论研究的发展,政府研究扩大了理论与传统政治科学/公共行政之间的鸿沟,获得有成效的进展的机会被错过了。就是说,理论工作在领域的内部和外部都已经转向了对话"[4],瓦姆斯利等人也是希望重塑美国当时的政治话语环境,从话语层面上将已被妖魔化的官僚制概念替换为公共行政这一概念。

---

[1] [美]麦克斯怀特:《公共行政的合法性:一种话语分析》,吴琼译,中国人民大学出版社2002年版,第53—54页。

[2] 马亮:《中国公共管理的学科定位与国际化》,载《公共事务评论》(第1卷),湘潭大学出版社2018年版,第3—11页。

[3] 从溯源上来看,如果说黑堡宣言是从一般政治这一他者诉求公共行政合法性的,那么黑堡学派中另一拨人则是从社会这一他者那里诉求的,强调公共行政与民众的关系。这种民主身份就是公共行政意识到与公民之间紧密的、多于政策命令的联系,这种互动关系会使公共行政消耗更少、生产更多。

[4] [美]麦克斯怀特:《公共行政的合法性:一种话语分析》,吴琼译,中国人民大学出版社2002年版,第63页。

第四章　公共行政他在性建构的路径选择

黑堡宣言希望重塑美国政治话语（在公共行政的研究中，后现代主义是以"话语"的主题为标志的，后现代主义运动又被称为话语运动）的做法并不完全被后现代主义观念认可。在公共行政领域，怀特和马歇尔的《黑堡宣言和后现代争论：在一个未命名时代中的公共行政》通过从后现代主义重新解读黑堡宣言而开始了公共行政的后现代转向。怀特和马歇尔将《黑堡宣言》定位为一种高度现代主义，因为现代主义的信念是把行政作为创造进步、解决社会问题和在社会中创造更好条件的手段，它的中心承诺是理性，但《黑堡宣言》的理念超越了古典行政思想的科学主义和理性的工具主义，提供了一种结构形式的互动或对话来唤起理性，这与哈贝马斯的"理想的话语条件"十分相似。但是从后现代的观点来看，这种具有宏大叙事的理想条件是无法确定的，因此呼吁"理想话语条件"的《黑堡宣言》最多是一种高度现代主义。

为何"理性话语条件"不是后现代主义有效的主张？这源于后现代主义对人类话语、语言的认知。怀特和马歇尔认为，例如在结构功能主义中，"结构"一词是根据结构所执行的功能来定义的，同样，"功能"一词是根据功能所发生的结构来定义的，这种同义反复导致理论倾向于认为任何存在于社会系统中的事物都具有维持该系统的"结构"或"功能"，这说明话语（结构功能分析）是如何创造有意义的解释的，似乎是指外部的世界，而实际上是自我参照的。后现代主义想要揭示的是，在现代主义观点中被接受的意义仅仅是基于被认为理所当然的潜在对立或一组类别（类比），而这些对立或类别本身只能参照其他对立或类别而不是外部现实来维持。相反，后现代主义分析是一种将文本的中心对立变得模糊的分析，这种分析消解了文本所构成的类别之间的界限，并揭示出隐含着支撑文本的进一步类比、对立的链条。后现代主义拒绝了所有现代主义认识论所持有的真理形式或模式，因为当我们把语言错当成现实时，认识论或元叙事被认为是独立的真理而不受质疑。因此后现代主义主张解构，这种解构主义的作用不是毁灭，而是质疑话语（语言）所主张的基本真理，将真理作为一种思维方式或话语产物予以揭露。

◆◇◆ 朝向他在性的公共行政建构

并且，怀特和马歇尔发现，从后现代主义视角来看，《黑堡宣言》的核心是 the Agency 概念以及它与市场之间的对比。与市场不同的是，the Agency 提供了一个场域，让公民可以就他们希望的社会生活方式进行有意识的对话，而不需要把经济或政治问题留给市场这一反复无常的隐性手段。但是怀特他们发现，构建公共语言的规则与市场规则非常相似，尽管 the Agency 和市场是相对立的，但我们看到《黑堡宣言》中的 the Agency 只是市场对话过程的一个机构容器。那么在 the Agency 提供的场域中的对话里，参与者不是为了赋予对话生命而积极、真实地参与，而是在他们能够对讨论作出合理结论的有利时刻有所保留和等待。①

可以看到，怀特和马歇尔认为，黑堡宣言因现代主义的宏大叙事（基础主义）特征而不能完全归于后现代公共行政范畴，也无法回应后现代普遍存在的差异性问题，但他们还是将黑堡宣言定性为"高度现代性"的。自怀特和马歇尔开始，公共行政规范研究领域对黑堡宣言的态度也就成了现代主义与后现代主义的起始点和争论点，公共行政规范研究对后现代寄予了很大期望。不同于怀特和马歇尔提出的"高度现代性"，福克斯和米勒认为，黑堡宣言甚至是对不合理现实的一种屈服，黑堡宣言"是在一个错误的基础上进行的。……正如黑堡学者所承认的那样，他们已经逐渐接受制度主义和权威，至少是把它们作为对复活的右翼自由主义的无政府状态可喜的替代物。我们认为这是过分的失败主义。……在替代模式方面的言论没有什么可骄傲的，因为它的论证已堕落为一种狡辩和歪曲；缺乏实在的指向物；并且从工具主义的性质讲，它似乎太依赖于既有治理结构"②。

那么"合理"的现实是什么呢？瓦姆斯利和沃尔夫在《重建民

---

① Gary S. Marshall, Orion F. White and Jr, "The Blacksburg Manifesto and the Postmodern Debate: Public Administration in a Time without a Name", *Dialogue*, Vol. 20, No. 2, 1989, pp. 89–122.

② ［美］查尔斯·福克斯、休·米勒：《后现代公共行政：话语指向》，楚艳红等译，中国人民大学出版社2002年版，第28页。

第四章　公共行政他在性建构的路径选择

主公共行政：现代悖论、后现代挑战》中指出是后现代主义，"苏联和铁幕的崩溃；冷战的结束；资本与贸易的国际化；混沌/复杂性理论的出现；媒体推动的全民投票政治机构和程序的发展；越来越多的人意识到我们已经进入了一个贴上后现代标签的新时代。……然而，我们还没有准备好迎接这种在后现代主义中以某种方式发生了量子飞跃的分裂、瓦解和千变万化的步伐"[1]。瓦姆斯利和沃尔夫认为我们已经进入了后现代主义，后现代主义"意味着技术以指数速度发展而社区却在下降，进步的概念变得越来越不稳定；在主体性丰富的地方，客观性的概念就变得越来越陈旧和好笑，主体间性的需要和潜力却在不断增长。……后现代世界是一个对立的综合体，是传统制度受解构主义影响的综合体，是努力跟上千变万化和个体差异不断扩大步伐的综合体"[2]。后现代境况已经来临，急于消解黑堡宣言的基础主义（"有策略技巧的元叙事"，福克斯和米勒语）诉求，"由于'现实'处在快速变化中，来自不同时期、出于不同目标结合起来的机构将会失去其重要性，并且冷漠的、相信因果报应的后现代公民并不是唯一的不愿为西方传统承担责任的后现代游戏者。由于这种安排可以看做是精英组织的特权，因此老的建立在传统基础上的机构将会失去且再也无法恢复合法性"[3]。

从后现代主义视角来看，现代主义是一种宏大叙事，"纵观其历史，公共利益的理念一直被吹捧为控制治理过程中参与者行为的一种手段。他们的论点是，从公共利益出发，公共行政者和其他人可以避

---

[1] Gary L Wamsley, James R Wolf, "Introduction: Can a High-Modern Project Find Happiness in a Postmodern Era?", in Gary L. Wamsley, James F. Wolf, eds., *Refounding Democratic Public Administration: Modern Paradoxes, Postmodern Challenges*, Thousand Oaks: Sage Publications, 1996, pp. 1–37.

[2] Gary L Wamsley, James R Wolf, "Introduction: Can a High-Modern Project Find Happiness in a Postmodern Era?", in Gary L. Wamsley, James F. Wolf, eds., *Refounding Democratic Public Administration: Modern Paradoxes, Postmodern Challenges*, Thousand Oaks: Sage Publications, 1996, pp. 1–37.

[3] [美]查尔斯·福克斯，休·米勒：《后现代公共行政：话语指向》，楚艳红等译，中国人民大学出版社2002年版，第65页。

免做错事。因此，公共利益用大写的'T'来代表真理（truth），用大写的'G'来代表道德上的善（good）。当我们努力使制度适应这种'真与善'的观念时，派系斗争不可避免地发展起来，因为不同的利益集团都在努力推动他们对'真与善'的理解。这之所以是不可避免的，是因为任何事物的全部真相都是永远无法获得的；然而，由于'全部真相'仍然是标准，所有关于真理的部分陈述，无论多么不完整或不充分，都必须设法把自己表现为至少是对'全部真相'的最佳近似。因此，对话变成了意识形态"[1]。所以后现代主义强调不把语言锚定在大写T开头的"真理"中，就有可能产生有意义的话语，这是合作而非竞争的社会过程的自然基础。对于公共行政和政策及其所组成的机构而言，没有作为中心的"真理"，某种情境的各方将被视为持有多重和暂时的真理，这些真理必须通过建立在真实沟通基础上的群体过程，以一种尝试性的模式组合在一起，这种模式将成为在分散设置中进行实验的基础，这些实验将根据其结果进行判断。

后现代主义需要重新评估和进一步的重复行动，防止错误的唯一方法是过程本身的实验性。但是现代主义是理性主义的，完全依赖于有意识的态度作为寻找正确行动路线的工具，那么这种包含了更多无意识的开放实验行为就是非理性的。而在后现代主义看来，无意识是一种他者的位置，"虽然理性的、有意识的思想哲学可能有困难，或者发现它不可能制定正确的行动路线，但无意识/他人的声音是没有这些困难的。理性发现矛盾心理是内在的，因为它是从一种主体性说出来的，而这种主体性并没有完全在无意识之下，也就是荣格所说的自我。他者的声音是站在自我毁灭的立场上说话的，不受矛盾心理的束缚"[2]。对于治理领域而言，"这是一种准确的描述，因为产生的行

---

[1] O. C. McSwite, "Postmodern, Public Administration, and the Public Interest", in Gary L. Wamsley, James F. Wolf, eds., *Refounding Democratic Public Administration：Modern Paradoxes, Postmodern Challenges*, Thousand Oaks：Sage Publications, 1996, pp. 225-259.

[2] O. C. McSwite, "Postmodern, Public Administration, and the Public Interest", in Gary L. Wamsley, James F. Wolf, eds., *Refounding Democratic Public Administration：Modern Paradoxes, Postmodern Challenges*, Thousand Oaks：Sage Publications, 1996, pp. 225-259.

第四章 公共行政他在性建构的路径选择 ◆◇◆

动不是根据原则设计的,而是根据经验设计的,而且它们只针对每个行动时刻团队想要做的事情。这将是一种非常具体的治理方法,在这种方法中,意识形态几乎没有立足之地。结果,就没有了统治的基础,就没有了雄心勃勃的、宏伟的、大规模的计划,也就没有了随之而来的灾难性错误的基础"[1]。

基于此,在后现代挑战(多元化、碎片化)中还能存在一种集体的公共利益表达吗?马歇尔与乔杜里认为应该由行动紧迫性和凸显价值去实现公共利益,而不是通过逻辑推理去表达和实现公共利益的理性行动,也就是说基于理性的元叙事性公共利益是无效的。他们指出,后现代对意义的包容性和解释性的认识使公共行政的对话既摆脱了理性主义主张的限制作用,也摆脱了传统主义愿望的束缚困境。"在后现代主义中,不是以对立的方式去阐释行政话语和行政行为的意义,而是以一种组合形式理解行政决策的不同利益和身份。正是在这样的组合形式中,才能检验智慧的可靠性。这种构成的组合行为既不能具有稳定的同一性或利益,也不能依靠逻辑推理去确定这种或那种利益的意义。应该创作式地将公众以一种更强烈、更有意义的方式联系在一起,而不是通过元叙述来编排意义。"[2] 在这种背景下,公共利益作为一种符号,根据后现代经验以不同的方式(马歇尔和乔杜里称为"复合式公共利益")被重新呈现,表达了在传统主义和现代主义的术语概念化中未被陈述甚至被压制或忽视的东西,关于利益和身份变化的对话性质和术语中的差异不被边缘化。总之,"当我们进入 21 世纪时,公共利益的象征需求唤起人们渴望得到的效果是包容而不是整合(传统主义者追求的是融合)和相互关联而不是分化(现代主义者看重的是分化),虽然没有一个总体的叙事可以代表我

---

[1] O. C. McSwite, "Postmodern, Public Administration, and the Public Interest", in Gary L. Wamsley, James F. Wolf, eds., *Refounding Democratic Public Administration*: *Modern Paradoxes*, *Postmodern Challenges*, Thousand Oaks: Sage Publications, 1996, pp. 225–259.

[2] Gary S. Marshall, Enamul Choudhury, "Public Administration and the Public Interest", *American Behavioral Scientist*, Vol. 41, No. 1, 1997, pp. 119–131.

◆◇◆ 朝向他在性的公共行政建构

们中的任何一个人进行干预，但我们都应对以公共利益名义所做的事情负责"①。

如前所述，无论是在现代主义还是后现代主义境况中，社会不公总是存在，这主要源于有限资源的不平等社会性。20世纪后期市场神话的发展造成异化，例如消极公民和政府责任的旁落，真正的问题是政府的主要功能——维护社会公平——被搁浅。我们都相信了在理论上市场是能够实现资源最优配置的方式，但现实中并不能实现（即缺乏条件），是需要政府承担公平供给（实现公共利益功能）的。在市场中，拥有有限资源的自我与他人交易他们的有限资源，因为资源的有限性（每份资源都有不同供给者和需求者），因此这种交易是竞争性的。市场促进增长的秘密就在于竞争，但是良性的社会增长应该是有效增长和分配公平的有机结合，但竞争只影响增长（投入），至于市场收入（价格）并不由竞争而是一些非公平性人为因素决定。因此，纵使是社会增长也无法完全由市场决定，因为有公平的问题存在。公平也是一种稀缺资源，在不必要（例如在一个健全的法治国家，法院的权威是不允许社会个体与其谈公平的，这是没有必要的）和不可能（在一个战事纷扰的国家，与形同虚设的政府谈公平也是不可能的）条件下它是不存在的，除此之外，政府需要保障社会增长过程中的公平性。所谓公平要在机会和分配上同时保证公平，机会不平等一般是由市场一时需求（社会偏好）造成的，这就需要政府保证资源和规则的开放与平等，再分配的平等则是标准意义上的政府责任。

二 培育公共行政自视为他者意识

如前文所述，公共行政他在性建设面临现实中的狭隘性，主要是官僚制组织和市场在现实中存在的狭隘性，如果说在迎接他者的过程中稳定支点可以防止市场对政府及其行政治理角色的取代，那公共行政在他

---

① Gary S. Marshall, Enamul Choudhury, "Public Administration and the Public Interest", *American Behavioral Scientist*, Vol. 41, No. 1, 1997, pp. 119–131.

第四章　公共行政他在性建构的路径选择 ◆◇◆

在性建设中自视为他者可以应对官僚制本身在现实中的狭隘性问题。当公共行政作为一个拒绝他者的自在自为的主体时，它与政治、社会等他者是并立甚至对立冲突的；而当公共行政自视为与其他他者平等的他者时，我们就都是作为他者而存在，作为对象的他者就消失了，自我与他者的对立也消失了，那么公共行政、政治和社会之间也就是平等而非工具和控制的关系了。他在性给予了公共行政建构甚至重构更多可能性，公共行政他在性建构中遇到的障碍很多，而官僚制组织的发展就是其中的一种狭隘现实性，表现为官僚制组织对他者的排斥，不能自视为他者破坏着社会性和生产充斥在个体和组织各个层面的行政之恶，并且基于自我意识设计出发点的官僚制存在制度不正义。官僚制组织他在性建构中的这些障碍，根源于它的自我中心主义。

对于公共行政者而言，自我有两方面的内涵：第一，公共行政者是具体行动者，因此必须具有一定的自由裁量权，也就是说作为自我的公共行政者具有一定的自由意志和判断；第二，这种自我还在于为他，通过他者才能达到自我，因此在这个为他的过程中需要自视为他者才能服务于他者，才能体现自我价值。我们这里所说的主要是第二层内容，更深层意义上讲，自视为他者意味着我们应当依据反权威（控制）、反傲慢（理性）、行政关怀来建构公共行政。总之，当公共行政作为一个拒绝他者的自我时，它与政治、社会等他者是对立甚至冲突的；而当公共行政自视为他者时，公共行政与政治、社会等就都是作为他者而存在的平等关系了。这意味着我们应当依据他在性来重构公共行政。

第一，通过向他者开放的他在性建构消除组织的封闭性及其对社会性的破坏。其实如今向他者开放已经获得了技术性支撑，也就是很多思想家发现的20世纪后期以来，异于历史上任何发展阶段的快速流动现象和趋势，传统的时空概念已经被突破。得益于全球化、虚拟化及其相关技术，时空二维极大化地统一互融，你可以说距离遥远的二者共时，也可以说不同时间的二处共在，因为当今的理念和技术是支持的，这也就是在场概念的更新，空间上实体性的在场、"遥在"，

· 207 ·

◆◇◆ 朝向他在性的公共行政建构

时间上的同时和不同时,如今都能称为且实现在场。但是也正如有人指出的,"数字化的全联网和全交际并未使人们更容易遇见他者。相反,它恰恰更便于人们从陌生者和他者身边经过,无视他们的存在,寻找同者、志同道合者,从而导致我们的经验视野日渐狭窄。它使我们陷入无尽的自我循环之中,并最终导致我们'被自我想象洗脑'"①。为什么?这源于我们并未意识到他在性的价值。

首先,以真正的合作取代将他者视为承认工具的封闭取向。如前所述,官僚制组织这种分工—协作的物化结构和行动方案是建立在"自我优先性"思维方式基础上的,即自我与他者之间是一种同一化关系,在激烈的竞争中你我都成为对手,纵使他们之间存在协作,更多也是为了实现利益和成功而将他者视为一种工具。这也就是有学者提出的,纵使到了当下,"世界被数字化网络缠绕,除了主体精神之外,其他任何东西都不允许出入。由此便产生了一个充满熟悉感的视觉空间,一个数字化的回音室,它消除了陌生者与他者的所有否定性,在这里,主体精神只能遭遇它自己。它仿佛为世界罩上了它自己的视网膜"②。但是人是多样的,我们并不能以这种"自我优先性"思维作为组织甚至制度建构的出发点,需要在承认人的复杂性,尤其是他者的差异性前提下去进行理论和实践的建构。③ 在具有高度复杂性和高度不确定性的社会中,合作是谋求灵活性的,每一合作者都面对着可供选择的诸多合作对象,在自我独立自主的前提下去确认合作对象;一旦开始了合作行动,就会在配合无隙的行动中承担任务解决问题。虽然每个人还是独立个体,但是他已经是自觉的个体,他意识到了自己与他人的共在共存,根据共在共存的需要与他人开展合作。也就是说,"并不是因为人类在一夜之间变得愿意做利他主义者了,也不是道德教育发挥了作用,更不是因为组织以及人们厌弃了竞争,而是因为人类进入了高度复杂性和高度不确定性的时代,每日每时所

---

① [韩]韩炳哲:《他者的消失》,吴琼译,中信出版社2019年版,第5页。
② [韩]韩炳哲:《他者的消失》,吴琼译,中信出版社2019年版,第44页。
③ 张康之:《从协作走向合作的理论证明》,《江苏行政学院学报》2013年第1期。

第四章 公共行政他在性建构的路径选择 ◆◇◆

面对的是大量个人或单个组织无法应对的问题,个人或单个组织都只有把自己的生存希望寄托在对他人或其他组织的携手合作之上"①。

区别于协作的合作是建立在信任基础上的,是一种非中心化的网络结构,规范保证着该结构的运行而不是规则等级。组织规范主要是以一些原则性规定的形式出现的,从而为文化价值规范和道德规范提供了发挥作用的更大的空间。这些规范根源于组织成员内心的行为规范,可以在发挥作用的同时又丝毫不减损组织成员的自主性。强调文化以及道德在组织中的规范作用,绝不是要提出一种价值决定论的主张,而是反对价值决定论(任何一种决定论都必然导向控制的追求和行为)。这种组织是任务导向的,任务引导着组织的建构和发展,所以组织中的文化、道德等价值规范所发挥的仅仅是对行为和行动的规范作用,是不能够从决定论的意义上来加以认识和理解的。组织中的文化和道德也是建构性的,并不是先在于组织的规范形式,是在集体行动展开的过程中才得以建构的。当然,为了保证这种组织结构的非中心化,还要建构与之匹配的具有开放性的权力和信息。在权力方面,此时的权力不是稳定地与某个实体性的因素联系在一起的,而是一种获得了流动性的观念。在流动性的视野中,权力临时性地与人联系在一起,意味着权力将不再包含着权力意志,这是一种权力与权力意志相分离的状况,而且权力的应用也是具有柔性的,并不服务于控制、支配,而是在得到人的内心道德响应的情况下发挥着整合作用。②

---

① 张康之:《走向合作制组织:组织模式的重构》,《中国社会科学》2020年第1期。
② 一切权力都是存在于集体行动之中的,而且一切集体行动不仅是交往互动体系,还包含着行为一致性的追求,即统一行动。在合作制组织中,第一,行为的一致性既不归结为权力意志也不归结为规则体系,而是取决于组织成员对合作理念共有的基本理解,表现为趋近于一致性的追求;第二,出于走向合作目标的要求,组织成员行为的一致性是不需要通过物化的标准加以确认的,而是由组织成员自我感知和理解的,是在组织成员理性判断的基础上所把握的实质性的一致性。在这里,不仅权力意志被消解了,而且权力的应用也是具有柔性的,并不服务于控制、支配,而是在得到人的内心道德响应的情况下发挥着整合作用。也就是说,合作行动是有道德的行动,不再包含着权力意志的权力只对道德负责,是在道德发挥作用的过程中发挥着辅助的作用。(张康之:《论合作行动中权力与权力意志的分离》,《东南学术》2019年第5期。)

· 209 ·

◆◇◆ 朝向他在性的公共行政建构

在信息方面,信息在组织中以及组织间共享,可以随时在广泛的社会合作体系中获得并得到最高效的利用。这种在信息及其技术支持下的充分开放性就会要求组织中的任何一个层级、任何一个组织成员都不应当封存任何对组织有价值的信息。①

其次,不再以控制他者的思维处理组织与环境的关系。任何一个组织都不可能通过环境控制的方式向他者开放,因为宏观环境的复杂性和不确定性在逐日提升,不再有更多可能使组织在控制环境上有回旋空间。组织将不再把自我的存在看得至高无上,不再刻意去谋求自身的价值和产出的合法性,不再去追求社会认同,不再将自己理解为一个实体而是一个承担任务的过程,那么组织与环境的关系就被纳入开放性的解释之中,"由于开放性,组织成员间,组织与环境间,都可以实现高度融合和互动。由于这种互动,距离消失了,隔离也瓦解了,从而进入一种无间隔的合作行动的状态"②。如果组织的封闭性不复存在,那么也就没有单一的组织身份取代多元的社会身份这一现象了。

第二,在技术理性上越走越远的官僚制组织应当正视这一主体性自我价值带来的问题。如前所述,无论是技术理性等主体性价值或傲慢所产生的行政之恶,还是基于个人主义建构而导致的制度不正义,本质上都是官僚制组织的自我中心主义泛滥。理性是在启蒙运动中诞生的,相对于神本主义,文艺复兴开始就主张个性解放,但随着建筑

---

① 合作制组织中的信息是具有专业性的,但这种专业化是组织(知识)的专业化。传统上我们总将专业化与专家联系在一起,这"就会把眼睛盯在专家而不是专业知识上,就会倾向于采取占有或排斥专家的做法。相反,一旦把注意力放在专业知识上,就会主动地去寻找获得所需专业知识的途径,特别是会倾向于通过共享专业知识而达成合作"。在合作的信息系统中,不同类型的信息之间没有边界,专业会整合和消融,合作制组织"要素间的联结是非常松散的,主要是依靠信息流的传递和交换来协调行动。……合作制组织的高度专业性又决定了组织间的相互依赖关系,即在合作场域的网络结构中形成互动和联动。合作制组织之间相互依赖却互不隶属,每一组织都依赖于其他组织所提供的所有它需要的服务,它也同时向其他组织提供所需的而且根据它的专业性能够提供的服务。因而,合作制组织会处于不停歇的系统流传递和交换过程之中"。(张康之:《走向合作制组织:组织模式的重构》,《中国社会科学》2020年第1期。)

② 张康之:《基于组织环境的组织模式重建》,《行政论坛》2014年第5期。

第四章　公共行政他在性建构的路径选择 ◆◇◆

学、天文学等科学发展，在最初意味着知识的客观性、经验有效性（思维对存在的统一性，经验主义）和绝对精确性（科学的预测功能，理性主义）的科学精神兴起。当然，在最开始科学精神与经验的关系是复杂矛盾的，一方面得到经验支持的科学精神才能更让人信服，另一方面行使预测未来功能的科学并不能完全来源于已有的经验。这一时期的理性与我们理解的技术理性和工具理性的内涵还是有差异的，它在伦理和认知方式之间徘徊。但是在公共行政领域，人们在理性道路上越走越远，狭隘地将理性服务于工具性目标，尤其是从19世纪末开始，无论是生产活动还是管理活动，表现出趋向合理性追求的技术/工具理性话语，乃至整个治理体系都被要求根据这个标准来实践，成为一种霸权，导致价值理性和经验理性的落寞。当然，在第二次世界大战之后的公共行政领域就有大量研究对技术理性进行了反思和批判，因为在组织实际运行中无处不渗入其他因素。

如今自我与他者无时无刻不在合作中，我们必然要更换一种思维，如果说技术理性思维是在自我与他者的关系中寻找唯一性，那么经验理性则是在自我与他者的关系中寻找多样性。如今"由于'现实'处在快速变化中，来自不同时期、出于不同目标结合起来的机构将会失去其重要性……由于这种安排可以看作是精英组织的特权，因此老的建立在传统基础上的机构将会失去且再也无法恢复合法性"①。在这种境况中，理性路径无法作用，因为任何组织的决策都没有时间精心评估甚至选择一项最优方案，作为一个承担任务过程的组织，可以在日新月异的信息技术和网络技术中打破时空约束，从经验中发现成功的秘诀和失败的教训进而行动。当然，经验理性不同于"经验主义"（非理性状态），也不同于复制他者行为。② 经历了工业社会理性高扬的时代，人类的认识已经走出了拘泥于经验的状态，经验正在发

---

① ［美］查尔斯·福克斯、休·米勒：《后现代公共行政：话语指向》，楚艳红等译，中国人民大学出版社2002年版，第65页。
② 张康之：《论从科学理性到经验理性的转变》，《河南师范大学学报（哲学社会科学版）》2019年第3期。

生性质上的改变，即包含着理性的特征。经验理性在思维特征上会表现为一种不同于理性分析性思维的相似性思维，每一项新的行动开启之时都需要首先去考虑对相似性的经验进行学习，发现加以模仿的可能性。现实的快速变化使复制行为失去价值，而模仿带有人的主观能动性，模仿已经包含着一定创新的内容，谨慎的模仿则是经验理性的体现。

第三，自视为他者和参与性行动有助于克服组织及其成员的自我中心主义倾向。早在明诺布鲁克时期，政府自视为他者的观念就有所体现，尤其是在第二届和第三届明诺布鲁克会议中提出了代表性官僚制，宣称通过以客户为中心、对客户忠诚，将获得更大的积极代表性。尽管早先关于代表性官僚机构有争论，但毫无疑问，来自高度自我意识的公职人员至少开始意识到社会与他们息息相关。当一个具有社会代表性的公共服务与公众参与机制相结合时，例如共同制作、社区行动方法、公共听证会和公民审查委员会，代表性的潜力就会很大；当公共机构雇用全职的"公民参与专家"来组织和阐明公民参与行政决策时，内部和外部参与的可能性就会产生。如新公共管理运动，我们不可否认这场运动的根本动因是过剩的资本主动流入公共领域而想获取更多利润，但这类再造运动反对官僚制的本质是对其治理的垄断地位不认同，冲击了国家及其政府作为唯一治理主体的状况，他者开始参与承担社会治理功能。

在韩炳哲看来，倾听是一种主动行为，是一种给予和礼物，有治愈功效，我对他者是欢迎的，肯定他性，甚至我对他者的倾听是先于他对我的倾诉，在他者倾诉之前，我便已经在倾听或者等候他者开口，于是他者才能在一个共振的场所畅所欲言。倾听的责任表现为耐心，在倾听过程中很少评判，因为每种评判都有可能带有偏见，应该在倾听中放空自己而更好地容纳、庇护他者。倾听也是一种主动参与的政治维度，调和他者的痛苦将人们联结为一个共同体，而如今痛苦已经私人化，每个人都习惯独自面对自己，痛苦和恐惧的社会性就被

第四章　公共行政他在性建构的路径选择 ◆◇◆

忽视，原初将私人的转换为公共的政治化过程就使公共空间瓦解了。①可见，倾听是一种自视为他者的理念。

再如新公共管理运动，这类再造运动反对官僚制的本质是不认同其治理的垄断地位，但在法默尔看来这种重塑和"反"还是不彻底的——"自20世纪下半叶以来，以各种'再造'或'重塑'的名义出现的新公共管理的运动正是反官僚制的。……所谓的'反'官僚制，其实也就意味着官僚制正是它的参照，意味着'反'仍是由那一被反者所结构，甚至可以说，没有官僚制，那一反官僚制也就是不可能的"②。真正的"反"应该是解构权威，这也是官僚制组织自视为他者的题中之意。"原先官僚制指的是一种确定的命令—控制结构"，因此要解构控制和权威就是解构官僚制，途径就是通过公共能量场。能量场是一个多元主义公共场域的暗喻，在这样一个场域中，组织及其行为者和环境及其行为者的进出和交互活动都是自由的，传统上官僚制组织与环境要么是封闭的，要么在演变发展中是具有边界意识的互动关系，但"能量场概念更强调一种根本上的相互依赖性，甚至说是一种渗透性，而不只是承认开放系统可渗透的边界观念"③。在能量场内，福克斯和米勒认为公共行政人员要学会倾听，因为倾听是他性的，倾听"表明了一种关切的态度，体现了真实话语的一种愿望。……公共行政者的角色就是要通过让异质的亚群体讲公共利益的语言来推进话语。……被武断地排除在话语之外的那些人（例如，因为没有钱）应该被包括进来"④。

真正的朝向他者是需要公共行政将自身也视为他者，但直至20世纪后期，官僚制仍旧做不到这一点，权威控制无处不在，具有排他

---

① [韩] 韩炳哲：《他者的消失》，吴琼译，中信出版社2019年版，第52—56页。
② [美] 法默尔：《公共行政的语言：官僚制、现代性和后现代性》，吴琼译，中国人民大学出版社2005年版，译者前言第3页。
③ [美] 查尔斯·福克斯、休·米勒：《后现代公共行政：话语指向》，楚艳红等译，中国人民大学出版社2002年版，第104页。
④ [美] 查尔斯·福克斯、休·米勒：《后现代公共行政：话语指向》，楚艳红等译，中国人民大学出版社2002年版，第152页。

◆◇◆ 朝向他在性的公共行政建构

性的技术理性和行政傲慢更是高居中心地位。所谓行政傲慢就是政府本位，政府掌握了大部分社会资源甚至可以形塑（支配）个体或社会，这一切源于政府自以为是的理性（效率与科学）和专业。法默尔对官僚制的解构主要就是针对理论（文本）目标的客观性和实践（文本）目标的效率性进行的。首先，各种力量（包括出版和发行）和现代性文本促进了理论目标的客观性，例如西蒙的《管理行为》；其次，效率是一种社会构成物，是社会控制语言的一部分，是现代主义文化文本的一部分，也为人所不欲，因为其模糊性、粗暴性或被不规范解读时就可能造成无效。

不同于权威（控制）和行政傲慢（理性），斯蒂福斯提出了关怀政治的理念，她认为具有差异性的生活经验本身并不能被代表，"这意味着我们生命中一些重要的事情，无论是在科学领域内还是在政治思想领域中，即使不是不可能代表的，也是非常困难的。它们难以经受时空方位和强烈程度的检验，逻辑分析的手段只能拙劣地理解它的内涵。……当抽象的理性已经制定出空洞的决策时，我们应该重新强调经验的作用"[1]。因此要转变对科学、理性的过度依赖就需要诉诸以经验为基础的关怀，它是"一种形塑直接经验、又被直接经验所塑造的接近生命的途径"。关怀使事物之间的联系变得可能，在斯蒂福斯看来，自海德格尔开始就改变了笛卡尔坚持的自我中心主义而强调与他人之间的关系，强调在与他人之间的互动关系中，经验才能得以展现，个体才能知道自己的存在。关怀不仅是对他人的关爱，也意味着我们存在于真实情境之中，置身于与他者的关系之中。

这种存在于情景、经验和关系之中的关怀政治需要通过参与、共享经验的过程实现，即通过民主性知识实现，"民主性知识，使扎根于日常生活并将他人的需要与观念纳入思考范围内的判断成为可能，即政治判断以真实的世界为基础，换句话说，关注的是公众的共同事务，而不

---

[1] ［美］谢里尔·西姆拉尔·金、卡米拉·斯蒂福斯主编：《民有政府：反政府时代的公共管理》，李学译，中央编译出版社2010年版，第45—46页。

第四章 公共行政他在性建构的路径选择

是抽象的概念术语"[①]。公民参与需要重新开放公共空间,打破西方政治思想中严格区分开的公私领域,创造普通民众的生活经验直接进入公开讨论领域的可能性,吸纳民众的知识和思想,在公共空间的关于公共事务的公开对话中产生丰富的概念,这种公开对话或争论是不存在唯一标准和强制性的。"在争论的过程中,既不存在可以测量它们的概念性'标准',也不存在'旗帜性'的公认的价值。……公共生活唯一的实现途径,在于存在差异但平等的人类个体相互倾听他们关于共同关注问题的主张的争论之中。公共空间的建构是通过共同分享关怀的(事务)实现的,而不是建立在共识的基础之上的"[②]。

这种通过民主性知识重新开放的公共空间如何使得公共问题得以解决呢?斯蒂福斯落脚于阿伦特的判断理念,"公共空间的一致性取决于判断的实践。判断可以使不同的个体一起协商。即使人们存在争论,判断也能使公共空间保持一致,公共空间既不会封闭,也不会退化到所有人对所有人战争的霍布斯状态中去。……(判断)验证起源于与他人思想的联系中,将他人的观点纳入考虑的范畴,以增强某人的心智。……在这个过程中,我们可以使用想象力将自己置身于他人的位置,不是为了同情他们,而是为了理解他们眼中的世界"[③]。即以共同体成员的身份,将自身置身于他人处境进行判断,在交互过程中理解公共利益。

全钟燮也指出这种自视为他者是公共行政人员培育自身的公民意识,感同身受地从他人那里获得伦理道德责任。"如果一个行政管理者向具有公民意识,它必须创造性地在他或她的伦理责任与良好的公民美德之间进行平衡,……想要建立有意义的相互信任关系,一个行政管理者就必须减少官僚主义的价值观,如权威意识、按部就班,以

[①] [美]谢里尔·西姆拉尔·金、卡米拉·斯蒂福斯主编:《民有政府:反政府时代的公共管理》,李学译,中央编译出版社2010年版,第49页。
[②] [美]谢里尔·西姆拉尔·金、卡米拉·斯蒂福斯主编:《民有政府:反政府时代的公共管理》,李学译,中央编译出版社2010年版,第52页。
[③] [美]谢里尔·西姆拉尔·金、卡米拉·斯蒂福斯主编:《民有政府:反政府时代的公共管理》,李学译,中央编译出版社2010年版,第53页。

及其他一些出现在行政管理过程中的形式主义特征，同时，还要致力于发展如相互关系、开放性等社会资本，获得公众的信任。在一个文化多元化的社区中，与一些来自不同背景、利益、种族、语言或性别的人建立相互信任关系是非常困难的。这也将成为21世纪里行政管理者的最大挑战。"① 这种伦理责任需要从自我与他者的关系视角来审视和建构，即社会建构："当个体与其他人分享自己的利益并向其他人学习、与其他人商讨已有的法律、规章、伦理准则时，伦理的辩证性是可能的。从微观层面到宏观层面来理解伦理过程，是强化个体责任的更有效途径，而不是相反。确保责任的宏观方法，如强调人们遵守法律和程序，也许会影响人们的伦理行为，但实施有责任行为的过程本身就有很大程度的不确定性。由于我们做伦理决策时有很多模糊性，而外部标准，如伦理准则和法律往往也是效率低下的。好的判断只有在这种情况下才可能出现，即'道德的自我'使得行动者通过批判地检视他人的观点而形成自己的伦理观点。"②

第二节 21世纪公共行政中在场的他者建构

第一，在公共行政领域，从他者处追求合法性问题已经将他者沦为工具性附属，在追求合法性过程中也没有发现他在性的价值，尤其是合法性策略中与社会这一他者相关的社会参与、顾客导向、公民主义等思潮都存在纰漏，20世纪后期，异于历史上任何发展阶段的快速流动现象和更快趋势出现了，这些思潮最终落脚的公民身份这一成员资格设定的策略已经不能完全适应社会治理需要。第二，流动性和现代科技显然已经创造了更新在场概念的现实性，而实体性思维对流动也有着禁锢，但如今突破了实体性思维的在场观念也依旧面临着问

---

① [美]全钟燮：《公共行政的社会建构：解释与批判》，孙柏瑛、张钢、黎洁等译，北京大学出版社2008年版，第157页。
② [美]全钟燮：《公共行政的社会建构：解释与批判》，孙柏瑛、张钢、黎洁等译，北京大学出版社2008年版，第158页。

第四章 公共行政他在性建构的路径选择 ◆◇◆

题,政府面临的冲突和矛盾与日俱增。在如今这个信息化世界,"共在规定此在"已经变为现实,在场和不在场的区分已经越来越脱离了传统时空的范畴,我们需要注重的是在场意味着什么,在场的我们有什么样的责任。

一 超越从合法性理解他在性的纰漏

从合法性解读他在性价值是狭隘的。在公共行政领域,如前文所述,直到新公共管理运动中政府失灵提法的广泛流行,公共行政合法性问题才成为一个重要问题逐渐进入人们的视野,到底哪一他者可以协助公共行政实现合法性,成为众多学派与思想争论不一的问题,但在这种观念中他者已沦为工具性价值,他在性价值没有被挖掘。从他者寻求公共行政合法性的并不在少数,典型的是麦克斯怀特将他在性视为公共行政合法性建构中的绊脚石。

到了20世纪后期,行政世界面临着合法性的拷问,即公共行政的身份危机,近代行政为何是公共行政?其自我建构的目标追求显然不能保证合法性,人们的视野转向了他者,这也是公共行政朝向他在性建设所要面临的必然问题,而向他者求取合法性最主要的途径就是向民主求助,即公共行政需要鼓励公民的参与、提倡培育积极公民角色使行政过程民主化。首先,作为专家型的公共行政者们凭借其敏锐嗅觉和高超的专业技能充分利用了这一合法性获取路径,将"社会参与"发展为一项策略,他们发现:一方面"公民不是通过行政人员的合作来决定怎样最好地解决问题,而是消极被动地做出判断,甚至经常蓄意破坏行政人员的业绩;另一方面,出于工作局限和视野狭隘等原因,行政人员不愿与他者共享信息,而是依靠自己的技术和专业知识判定自己在行政过程中的应然角色"[1]。从本质上来看,"社会参与"被视为一种单向活动——资源从行政专家流向公民,所以人们才得出"通过常规的制度途径进行的参与活动对政府管理几乎没有任何

---

[1] [美]王巍、牛美丽编译:《公民参与》,中国人民大学出版社2009年版,第5页。

实质性的影响"①。

其次,20世纪60—80年代开始,美国深陷于经济停滞甚至"滞胀"和战争、种族冲突等复杂社会环境中,政治环境中充斥着反官僚、反政府风气,行政体系成为一系列社会问题的替罪羊。② 彼时,回应性、代表性问题逐渐浮出治理水面,新公共管理运动对政府作为唯一垄断性治理主体的状态提出了中肯的批评,呼吁改变传统政府的姿态,尤其是处理与社会之间的关系时的姿态。

再次,针对上述问题,20世纪后期有人提出公共行政的理念应当是主动从"他们"转变为"我们",这也是行政处理与社会关系的一种方案。如何实现"我们"的精神?弗雷德里克森首先指出,"立法者有可能偏离和沉迷于立法程序,或者为特殊的利益所俘获。在这种情况下,一线的公共管理者能够并且应当承担起作为那些被现代政府的复杂性所迷惑的公民的代理人的角色"③。被给予了与民选官员一样合法性地位的行政人员是"代表性公民",应当促进"我们"的精神,它"强调公共管理者对社会公正的承诺","把他们从专业的管理者转变成公民的合作伙伴。……行政人员还需要加强过程管理和人际交往技能方面的训练,包括沟通、聆听、团队组建、增强合作以及自我学习等各项能力。……转向一种关怀现实的意图"。④ 金等人更进一步地指出:"真正的参与应该是行政人员超越党派和个人利益,与公民一起共同合作,这项合作中,行政人员与公民二者都必须改变传统的参与形态,重新思考二者的基本角色和关系。"⑤

如前文所述,直面社会的行政是20世纪中后期解决合法性问题

---

① [美]王巍、牛美丽编译:《公民参与》,中国人民大学出版社2009年版,第49页。
② Karl, B. D., "The American Bureaucrat: A History of a Sheep in Wolves' Clothing", *Public Administration Review*, Vol. 47, No. 1, 1987, pp. 26-34.
③ [美]弗雷德里克森:《公共行政的精神》,张成福等译,中国人民大学出版社2003年版,第183页。
④ [美]王巍、牛美丽编译:《公民参与》,中国人民大学出版社2009年版,第65页。
⑤ King C. S., Feltey, K. M. & Susel and B. O'N, "The Question of Participation: Toward Authentic Public Participation in Public Administration", *Public Administration Review*, Vol. 58, No. 4, 1998, pp. 317-326.

第四章 公共行政他在性建构的路径选择 ◆◇◆

的路径,20 世纪后期社会问题频繁发生,政府与社会的关系成为人们首要关注的问题,在与社会直接相关的行政领域兴起了社会参与、顾客导向、公民主义等思潮,力图回到公共行政的轨道。其实 20 世纪后期以来社会在高速流动,基于公民身份的治理对于行政世界来说并非一剂良药。但公共行政一方面仍旧保持着近代社会固有的治理思维,导致在诸多危机事件发生时无能为力和一些棘手治理问题的积累;另一方面不断出现的新方案,尤其是 20 世纪后期的公民主义等思潮,也并未号准社会变化的脉搏。

第一,政治学领域追求的合法性"在很大程度上取决于统治者的自我论证,即统治者通过种种解释和说教等论证来赢得社会大众对于政权的认同和忠诚"[1]。但公共领域或者说公共行政追求的并不是合法性,而是思考政府及其人员如何实现公共利益。第二,到 20 世纪后期,行政与社会脱节造成了前者实现公共性的障碍,行政世界受到了合法性的拷问。行政世界逐渐意识到社会的地位和作用,形成一系列处理与之相关问题的方案,最终将社会化简为公民,认为行政能够回应、代表公民就能实现公共性,从而试图解决它的合法性问题。但是只要行政满足公民的需求就是公共行政吗?这就是我们正在面临什么样的社会的问题了,公民身份为何无法满足这样的社会治理?行政又需要采取什么样的治理思维?

作为 20 世纪后期公共行政领域的思潮,公民主义这一合法性策略是否可以作为理解行政与社会关系的恰当角度?这需要我们对公民主义思潮的核心概念——公民身份进行反思。我们不可否认公民身份这一建构概念对社会发展,尤其是政治领域的作用,没有它,近代(政治)文明也就失去了建构基础。但我们发现公民策略往往沦为政治工具,"不幸的是,尽管许多行政管理者将公民参与看作是民主行政的一个重要因素,但是,他们对安抚民众更感兴趣,而不是严肃地

---

[1] 张康之:《以德治国:对合法性的超越》,《首都师范大学学报》(社会科学版) 2002 年第 2 期。

◆◇◆ 朝向他在性的公共行政建构

思考民众提出的思想。政府官员和职业专家常常将公民参与（或者公民治理）视为是'对他们利益的威胁'。……由于公民特别关注那些影响他们生活质量的政治议题，行政管理者常常试图影响利益集团和个体公民的态度"[1]。

具体而言，首先公民身份设置的开始就存在着问题，它巩固了不平等的社会结构，排斥了社会因素；其次，社会实质上是虚拟共同体，内含很多种成员资格，公民身份就是成员资格的一种，如今社会的发展对公民身份产生了冲击，个体身上的公民身份与其他成员的资格身份产生了冲突，同为公民身份的人们之间的差距也越拉越大。

就第一个层面来说，阿尔弗雷德·马歇尔将公民身份分为公民、政治和社会三个要素（三种权利），通过对公民身份三个要素的历史考察，马歇尔指出公民身份演化是一个融合与分化相伴随的过程，融合是空间维度上的扩散，分化主要是在时间维度上，在这样的过程中被人们诉诸平等理念的公民身份能与不平等的资本主义体系共同生长繁荣。"公民身份的核心部分是公民权利，而公民权利是一个竞争的市场经济所不可或缺的。公民权利赋予每一个人——作为一个独立个体——从事经济竞争的权力，……身份并没有从社会系统中绝迹，与阶级、职位与家庭联系在一起的差别身份被单一的、共同的公民身份所取代。这种公民身份提供了一种平等的基础，在其之上可以建立一种不平等的结构。……财产权与其说是一种占有财产的权利，不如说是一种获取财产的权利——如果你有这种能力的话；一种保护财产的权利——如果你已经得到它的话。但是，如果你用这种论证向一个赤贫的人解释说，他的财产权和一个百万富翁的财产权是一样的，他很可能认为你是在胡说八道"[2]。也就是说，在主张平等理念的公民身份设计之下反而巩固了不平等的社会结构。

---

[1] ［美］全钟燮：《公共行政的社会建构：解释与批判》，孙柏瑛、张钢、黎洁等译，北京大学出版社 2008 年版，第 6—7 页。
[2] ［英］马歇尔、吉登斯等：《公民身份与社会阶级》，郭忠华、刘训练编，江苏人民出版社 2008 年版，第 26—27 页。

第四章　公共行政他在性建构的路径选择 ◆◇◆

如果你认为以上只是公民身份中涉及公民权利的部分，那让我们再看看公民身份中的社会要素情况：典型的力图保护公民社会权利的《济贫法》把穷人的权利"看做对公民权利的一种替代——只有当申请者不再是任何真正意义上的公民时，他的要求才会得到满足"①。可以看出，公民身份在发展过程中对社会也是排斥的，这样的分化过程说明社会阶级②是历史地、现实地存在着，如果只看到近代公民身份的设置并寄希望于它对社会治理的决定性作用，那必然会掩盖社会依旧存在的问题。

再来看第二个层面，随着如今社会的发展，公民身份也给治理带来了束缚。如前所述，面对这样快速流动的社会，作为具有一定普遍性成员资格的公民身份显然不能应付，因为流动性已经使个体（拥有各种成员资格）在时空维度中通行无阻，一来公民身份与其他成员资格冲突的发生频率和影响程度就会逐渐增加、扩大；二来公民身份背后的不平等会越拉越大。我们讲公民身份和其他成员资格的设置都是为了实现不同共同体的良性治理，尤其是在近代社会的组织化过程中，形形色色的组织产生，组织（共同体）当然就区别了成员与非成员，这种区分是实体性的区分，也就是说成员与非成员之间的区分是明显的、对管理而言也是可行的，但当流动性增强，谁是成员、谁具有该共同体的身份这一问题已变得没有意义，因为具不具备该共同体的成员资格（身份）已经失去了以往的划分基础——稳定性，那么建立在此基础上的治理也就难以实现；其次，个体的诸多成员资格（身份）因为流动性而在个体身上发生着冲突，从国家这一共同体大范围视角看就是公民身份的治理失效。

二　突破实体性思维与他者共生共在

有人认为在公共领域中，行政人员"由于共同在场而带来的感同

---

① ［英］马歇尔、吉登斯等：《公民身份与社会阶级》，郭忠华、刘训练编，江苏人民出版社2008年版，第19—20页。
② 即马歇尔所说的"不平等结构"。

◆◇◆ 朝向他在性的公共行政建构

身受因而对问题的理解、对情景的把握就会深刻得多，他也更能理解他者的处境，从而使决断与行动更切合实际"①。这种在场思维还是实体性的，如前所述，实体性思维对流动是禁锢，而流动性和现代科技显然已经创造了对在场概念更新的现实性，传统时空观念的突破表示空间已不是传统概念上的地区、地域，是不同时间拉平到一个空间上，或者说同一时间上有着不同空间分布，但如今突破了实体性思维的在场观念也依旧面临着问题，政府面临的冲突和矛盾与日俱增。其实，实体性治理思维的失效，甚至说如今更新的在场观念的失效都是他在性建构的障碍，因为无论是共同体内部（无论是否具有成员资格）人员（自我）对外部人员（他者）的排斥，还是共同体内部的成员（自我）对内部的非成员（他者）的排斥，或者说厚此薄彼的结构关系，都是自我对他者的排斥和否定，那么在公共行政他在性建构中如何思考这个问题？如何解决？

目前阶段彻底消灭共同体的实体性显然是不现实的，我们需要借助前文所述的在场这一概念以便于进一步面对公共行政他在性建构中面临的新的问题。在场概念需要从哲学高度去理解，米德、菲利普斯等学者都对在场进行了持续关注，政治学领域主张从物理空间向符号/意义空间的转变，后者主要是由话语建构的，福柯认为话语的影响力是由社会地位决定的，即是由权力决定的，② 那么在场与否就变成了对时空的一种占有权争夺，我们认为这还是把在场等同为了一种资格，资格需要人去占有甚至争夺，而在场已经不需要这些传统思维了。现象学的在场性具有一种意向性，是符号解释者（直观之物）所在之场，那么就存在符号的不完全性状况，也就是意向性的不充分，这样的界定使现象学对社会治理并没有直接的指导作用，譬如胡塞尔就陷入了"明证""充实"（直观物与被符号意指之物相符的距离）

---

① 王锋：《公共管理中的他者》，《中国行政管理》2016年第1期。
② [法]米歇尔·福柯：《规训与惩罚》，刘北成、杨远婴译，生活·读书·新知三联书店出版社2012年版。

第四章 公共行政他在性建构的路径选择 ◆◇◆

的旋涡。①

海德格尔为了摆脱现象学的这种意向性所带来的困扰,用"被使用"衡量在场性,也就是说被使用的才是在场的,否则就不在场,前者被他称为符号。譬如我们在使用电筒时,就照明功能来讲电筒是不被意识的,是不"触目"的,那么照明功能是在场的而电筒不在。海德格尔用"去远"概念解释了为何在场的反而是符号:"去远说的是使相去之距消失不见。也就是说,是去某物之远而使之近。此在本质上就是有所去远的,它作为它所是的存在者让向来存在着的东西到近处来照面。"② 很明显我们发现海德格尔这里的在场已经冲出了传统空间思维,这也就是哲学上著名的"共在规定此在"的出现,如同萨特提出的"不能把存在定义为在场,因为不在场也揭示存在"③。如果这是理念上的革新,那么现代技术已执行了操作性步骤,使实体与虚拟、传统与现代、近处与"遥在"等都可以汇聚一堂。

斯蒂福斯通过两个谚语来理解更新的在场概念,即"眼不见,心不烦"和"人不见,心更念",前者认为,任何不能被看到的东西都可以打折扣,后者认为,看不见的东西使我们更倾向于它。"眼不见,心不烦",让人们联想到 Cartesian 理性主义对作为知识认识工具的视觉的依赖,正如主流科学所断言的那样,我们不能观察到的东西并不算数,这是行为主义者的信条。远离"眼不见,心不烦",我们可能会远离解决、确定、预测、控制行政生活的探索(这些目标导致他们受困于此),转向由他们自身组成的行政情境。在这种主体间性中,对话和争论是公共生活的本质,在此之外可能会出现解决公共问题的实用方法。虽然科学可以帮助我们更好地理解行政管理的某些方面,但主体间的现实意义却体现了公共生活的开放性,必须在不依赖于标准的情况下获得

---

① [奥]胡塞尔:《逻辑研究》(第二卷),倪梁康译,上海译文出版社1999年版,第二部分。
② [德]马丁·海德格:《存在与时间》,陈嘉映、王庆节译,生活·读书·新知三联书店1987年版,第12页。
③ [法]萨特:《存在与虚无》,陈宣良等译,生活·读书·新知三联书店出版社1997年版,第6页。

◆◇◆ 朝向他在性的公共行政建构

知识。"人不见，心更念"，如果视觉与存在联系在一起，进而客观化，通过心理概念来理解世界及其与"外面"的联系，那么心灵就不能与缺失联系在一起，在公共领域即表征为开放性的行动。一个试图将所有要素都囊括的决定必然是不可能的，公共行政需要承认不可决定要素存在的事实，放弃对适用于所有情况方案的徒劳追求。

基于此，斯蒂福斯将这种更新的在场理解为包容，如果争论性开放问题都有科学的普遍的答案，那公共生活就会陷入经验的必然性，公共生活将会消失。公共生活的公共性是不可或缺的差异性，对公共问题的切实可行的解答是从日常生活经验和相互关心的情境中，而不是从先验原则和检验假设中产生的。为了维护公共行政的公共性，人们需要更多的共同意识和共同点，不是一套信仰和一种方法论，而是一个定位。这种定位就是"在这世上无家可归之感"，直白的翻译就是，在日常经验中，我们大部分时间都是在一国之内度过的，但是当我们意识到自由，虽然我们还没有实体体会却能体验到不在国内的感觉。人类被扔进了世界之中，这使得我们最终无法一直在一国之内，这种神秘感就是由开放性和我们自己的自由所唤起的。斯蒂福斯认为懂得这一点的政治理论家是汉娜·阿伦特，她坚持认为政治是一种基本的开放现象，由不同观点的人之间的争论和主体间的认同构成。在她关于犹太人身份的著作中，阿伦特阐述了在社会中寻求一席之地的"他人"的困境。问题是如何成为共同体的成员而不放弃你对自己的认同，使得你成为"你"。阿伦特提供了三种犹太身份模式，"新贵""流浪者"和"有意识的流浪者"。第三种模式是斯蒂福斯想向规范性理论家提出的建议，因为在这一模式中，阿伦特试图呈现出一个边缘性批判者的范例。所以有研究指出阿伦特的思想并不是倡导同理心，甚至对同理心进行了批判，因为在追求吸收差异和他者的政治时，同理心只是一种幻想甚至是一种优越感。[①]

[①] Andrea Decin Ritivoi, "Reading (with) Hannah Arendt: Aesthetic Representation for an Ethics of Alterity", Humanities, Vol. 8, No. 4, 2019, pp. 1–17.

第四章　公共行政他在性建构的路径选择 ◆◇◆

第一，为了和睦相处，新贵通过给自己提供一个另类的矛盾角色来寻求同化。新贵通过购买体面的地位来进行内化和内部批评，它将"内在奴性"与"外部自由"结合起来。第二，流浪者通过完全脱离社会，从而拒绝其成员的约束条件。流浪者是逃避者；他们已经放弃了自决，他们是被排斥的，他们的生活由于缺乏与他人的联系从而被剥夺了政治上的意义。第三，有意识的流浪者，他们既不完全在内部，也不完全在外部，而是选择了无家可归以便在边缘说话。与流浪者一样，有意识的流浪者是无家可归的人，但与流浪者不同的是，有意识的流浪者仅仅承认无家可归是临界生活的先决条件。一方面，无家可归的意识是一个至关重要的要求，因为如果一个人有在一国之内的感受，那么他就接受了在国内所发生的事情是理所应当的；不在一国之内意味着对理所当然的事情会感到不舒服。他们是一个社会的访客而非身在其中，从这个可选择的地位（有意识的流浪）能看到传统的智慧和常识性假设，但这些对于完全的局内人和完全的局外人都是不可见的。另一方面，有意识的流浪者只有在有意识的流浪者陪伴下才在一国之中，陪伴者意味着差异，多元化为对话开辟了空间。"在我们被逐出或退出世界的时候，我们在多大程度上仍然对这个世界负有责任？"[1]

因此，斯蒂福斯认为："与对科学主义有反复的冲动不同，也疲于用对抗企业的方法来捍卫规范理论，我们需要与有此同感的人团结起来。我们拒绝新贵的解决方案。但问题是我们甘愿成为流浪者，蔑视其他领域吗？我们心里总有解不开的结，永远觉得自己处在质疑中，好像无国籍的难民一直在逃避追捕？或者我们可以成为有意识的流浪者，在我们栖息的领域成为游客而非置身其中，在共同意识到神秘的基础时能相互声援，那么这种通过拒绝完全置身于其中的方法对我们的领域又有怎样的贡献呢？我们可以一起成为有意识的流浪者去拒绝管理科学对公共行政公共性所造成的威胁，这也是我认为公共行

---

[1] CamiUa Stivers, "Resisting the Ascendancy of Public Management: Normative Theory and Public Administration", *Administrative Theory & Praxis*, Vol. 22, No. 1, 2000, pp. 10–23.

◆◇◆ 朝向他在性的公共行政建构

政理论者需要开始着手解决的基础问题。"[1]

自新公共管理等治理运动以来,治理主体多元化已成为不争的事实。在这个事实之上我们看到了多元的实体,也看到了实体思维到达顶峰之后的困境,不仅是反民主性,也存在价值的多元化、共识形成艰难的问题。并且,在如今这个信息化世界,"共在规定此在"已经变为现实,在场和不在场的区分已经越来越脱离了传统时空的范畴,"只有在直接面对面的基础上才能与他者在场"的情况已经不是当今社会的主要形式,包括什么在场、在什么场、如何在场等内容都已失去限制。如果在实体性(如公民身份)的思维下,共同体如何保证每次治理活动中其成员的全部出现?如何避免非成员的干扰?都是不可能实现的;相反,在他者在场的思维下,我们要考虑的不是他是否拥有共同体成员资格,而是在场的我们有什么样的责任,但是很显然目前的公共行政实践领域并没有突破这种思维,政府对他者还是采取主—客对立的关系姿态,这是一种实体性思维。

就政府实体化而言,它是从国家和社会逐渐独立的过程,而实体这个概念本身是相对抽象的,那么突破实体思维是否意味着回到抽象层面呢?换句话说,如果公共行政以往研究的主题依托于政府这一实体,那么突破实体思维是否意味着公共行政研究失去了价值?无论人们对政府或社会如何界定,我们深知二者的本质区别在于政府可以作为实体呈现而社会只是一个领域而非实体存在,那么政府突破实体性思维是意味着政府将与社会一样成为非实体存在吗?并非如此,人们对社会的理解和认知是从主体的逻辑起点发展到主体间性,即普遍认为社会的本质并非由主体而是主体间关系构成的,对政府的认知也一样,当实体思维并不适应治理需求时需要突破转向,依据他在性建构的内涵和方向首先需要将政府与其他社会要素的关系拉入到同一平等治理体系中来。我们认为目前这个阶段突破实体性思维的重点在于转

---

[1] Camilla Stivers, "Resisting the Ascendancy of Public Management: Normative Theory and Public Administration", *Administrative Theory & Praxis*, Vol. 22, No. 1, 2000, pp. 10 – 23.

第四章　公共行政他在性建构的路径选择

向关注"网络",将政府与其他社会要素的关系拉入同一治理体系中来,这首先需要我们思维模式的转变。怎么理解治理实体间的网络关系呢?可以借助乔耀章教授"非国家机构的政府"这一概念。"政府本为行使执掌社会公共权力,处理公共事务的地方和场所……当我们从国家视域看政府时,常把'政府'视为国家的同义语或专属物,不习惯将'政府'用作别的指称物。其实,这是一种习惯或一种认识的历史局限性。"[1] 就此乔耀章教授提出了"非国家机构政府"概念。他认为,作为场所而言的政府在发展过程中不局限于国家机构,如摩尔根描述的酋长会议、最高军事统帅、人民大会等。

当政府及其行政人员在他者身上意识到自我时,就形成了一种持续互动的、不再以自我为中心的网络式社会秩序,"网络式社会结构所造就的社会成员的共生共在意识的觉醒,是形成一种'我们感'"[2]。正如第三次明诺布鲁克会议中指出的,21世纪,治理形式和功能正在演变,并通过网络、合同和一系列信息技术创新展现出它们自身及其与他者的联系。与此同时,公共行政学者正在研究有关权力、责任、法治和公民参与等新的复杂问题,这表明合作是必要的规范,权力正通过一些制度机制和政策工具被分散,新的管理工具——例如促进、谈判、协作解决问题和解决争端——正变得越来越重要,不同类型的专业培训和教育使公共行政人员能够与各种机构和个人行动者跨越治理领域和部门界限去协作。

突破治理主体的实体性思维在于转向对他们之间网络关系的关注,除了理论层面的论述,实践层面也对这种转变提出了要求。随着信息技术的发展,尤其是互联网的广泛应用,20世纪后期以来组织出现了虚拟化趋势:在相互依赖关系中,组织放松了边界控制,促进了组织间的流动,开启了资源和要素的重组;许多大型组织进行了外包,变得"空心化",不再是一个坚固的实体。作为治理主体之一的

---

[1] 乔耀章:《再论作为非国家机构的政府》,《江苏行政学院学报》2005年第2期。
[2] 王锋:《公共管理中的他者》,《中国行政管理》2016年第1期。

◆◇◆ 朝向他在性的公共行政建构

政府随之发生了虚拟化。政府日益重视公共服务的合同承包,[①] 组织间职能交叉地带增多,组织内部的正式结构、分工—协作关系受到破坏,由横纵两个维度构成的立体结构逐渐转向一种更具发散性的网络结构。当然,虚拟组织并不是一种组织形式,而是作为一种组织间的网络关系存在的,是实践发展对治理实体思维转换提出的要求。

---

① 周义程:《服务型政府建设中政府公共服务职能实现方式创新》,《行政论坛》2012年第1期。

结　语

　　行政与公共行政是不同的概念。行政是一个具有泛历史主义特征的概念，即人类历史过程中都需要通过行政活动来实现治理，但公共行政是近代以后的产物。例如早期，亚里士多德将"行政"限定在了一个静态的官职职能中，这与近代意义上的行政内涵是迥异的。亚里士多德关注更多的是职司、官职，包括三类官职：一是可以在特定领域中指挥管理全体公民或部分公民；二是管家事务；三是由奴隶承担的职务。亚里士多德所谓的"行政"主要集中在第一项较高级的官职中，但根据如今的观点，另外两种官职的职能可能更具有近代意义上的行政特色。① 近代行政从法律执行（executive）的角色，发展到成为较为独立的实体（不仅承担 executive 还具有 administration 功能）。② 近代行政的真正区别在于它在理论上提出了公共属性，虽然历史发展中近代行政在效率、科学甚至私人利益上越走越远，但是直至20世纪中期的集体反思，都没有妨碍人们对公共利益的呐喊。

　　这种呐喊着"公共利益"、追求着效率与科学的近代行政被人

---

　　① 参见张康之、张乾友等著：《公共行政的概念》，《中国社会科学出版社》2013年版。
　　② 多数启蒙思想家还是使用（国家）政治权力构成层面上的行政（executive）：洛克的立法权、执行权和对外权其实是传统意义上立法与执行（executive）的二权逻辑，执行权是立法执行，不是近代意义上具有独立性的政府行政功能（administration），它受立法机关的直接控制而没有管理甚至治理层面的意义。孟德斯鸠开始对政治权能进行划分，使三种权力分属于不同的具体机关、团体和官吏，行政权具有了近代公共行政的内涵——"执行公共决议权"。

◆◇◆ 朝向他在性的公共行政建构

们称为公共行政。近代公共行政建构是通过对他者的拒绝实现的，这种拒绝给公共行政带来了自足，如果不是追求理性、效率的指导，行政很可能就被扼杀在摇篮里，这是有目共睹的。人们通过拒绝他者这一途径将公共行政确立为一个独立部门和领域，即排斥所有被这一部门和领域视为他者的元素来保证自我的存在。"新政"和第二次世界大战后，政治和社会因素如雨后春笋般进入公共行政领域，正如人们对自我中心主义的否定，公共行政逐渐发现自己并不能是一种自在之物，它要以政治、社会等他者为前提，在向政治和社会的开放中证明自己的存在和完整性。但在开放过程中对他者的承认并非他在性建设的全部内容，因而20世纪中后期在联系愈加紧密的社会网络结构中，公共行政他在性建构遭遇了障碍。如何让他在性超越现实的狭隘性，同时又不陷入纯粹的乌托邦；如何在高度复杂的环境中实现自我建设，同时又面向他者建设，是当代公共行政建构中的内在紧张。

他在性知识是具有历史分析意识的，突破了线性思维并具有深刻的当代价值，但理论的倡导和呼吁往往是因为历史发展中存在缺憾。首先，从宏观上来看，在人类文明史上，自我甚至自我中心主义自诞生以来从未缺席，但他者几乎从来不讨喜甚至被鄙视，至今，在结构性异化的全球环境中，当"文明"与非文明冲突发生时，我们都能看到对作为他者的异域的偏见和霸凌。20世纪中后期以来，社会中存在一种"疏离文化"，"在这种文化中，我们缺乏感情联系，对于我们自身和他者关系存在潜在关联的事情缺乏关心"[1]。

其次，从中观层面可以发现，随着知识人员生产过剩和市场化与社会化发展，为了回应现实需求和社会问题，知识不断社会化，尤其是在公共行政领域，社会研究机构和市场学术资助不断增多。

---

[1] [美]谢里尔·西姆拉尔·金、卡米拉·斯蒂福斯主编：《民有政府：反政府时代的公共管理》，中央编译出版社2010年版，第44页。

结　语

以往，公共行政作为一门学科在政府资助和高校庇护下生产专业知识，从理论上来说，大学和政府都是不对学科进行干预和控制的，但随着知识的社会化，公共行政专业知识就与市场和社会形成了契约（交换）关系，生产知识的自由和方向也就基本交给了他人，但是失去自由的知识生产也就不再是开放性而是排他的，因为满足市场某个组织的需求必然会与其他人甚至公共的需求南辕北辙。也就是说，自我与他人的关系扩展（社会化）反而可能导致前者的迷失。

再次，从微观上来看，已有的关于西方公共行政历史的主要叙述基本是正统论范畴，基于范式论或阶段论的梳理方式，即依赖线性的时空观念阐述公共行政历史，将大量公共行政知识和视角排斥在外，简单地与时空和整个文化相关，对如今日益复杂的社会环境解释力和指导力较弱；并且我国对黑堡学派以后公共行政的系统研究数量还是较少，关于公共行政实践和理论的系统研究多停留在此之前，在公共行政领域关于他在性问题的知识也几乎寥寥可数。

他在性具有深厚的历史价值，公共行政也拥有朝向他在性演进的逻辑，但由于人类历史中对他者的漠视，公共行政的他在性建构过程中存在诸多问题。第一，公共行政的他在性建构面临自我与他者相互依赖却又分裂冲突的当代环境，包括自我建设的分裂和实体性治理思维的失效。第二，公共行政他在性建构遭遇了狭隘的现实性，官僚制组织不能自视为他者且变本加厉地控制和排斥他者，破坏社会性，又存在基于原子化自我设计的制度不正义，以及市场这一他者复权的理念和途径出现了问题。第三，在对狭隘现实性作出回应的公共行政领域又出现了进一步的问题，公共行政在寻求他者帮助时造成对他者承认的混乱以及对他者的责任问题，将他者沦为承认工具，公共行政理论和实践自此严重脱节。

面对公共行政他在性建构中的主要障碍，公共行政他在性建构的路径有：第一，公共行政需要向他者开放，迎接他者（差异），并对他者负责；第二，公共行政需要支点（公共利益）来自信地处理与处

· 231 ·

◆◇◆ **朝向他在性的公共行政建构**

在后现代主义之中的他者有关的问题，解决自我分裂，并且对抗处于后现代主义中的支点走向相对主义或虚无主义的风险；第三，公共行政在他在性建设中需要自视为他者①以应对官僚制本身在现实中的狭隘性问题；第四，向他者开放还意味着公共行政直面高度复杂的具体现实环境，当今社会异于平常的流动性和现代科技显然已经创造了更新在场概念的现实，面对突破实体性在场观念对公共行政他在性建设提出的现实性要求，我们需要注重的是在场意味着什么，在场的我们有什么样的责任。可见，公共行政的他在性建构不仅意味着公共行政接受他者的建构，也意味着它对他者的建构，公共行政与他者是一道的。当公共行政作为拒绝他者的自足性的主体时，它与政治、社会等他者是对立冲突的；而当公共行政自视为与其他他者平等的他者时，我们就都是作为他者而存在，作为对象的他者就消失了，自我与他者的对立也消失了，那么公共行政、政治和社会之间也就是平等而非工具和控制的关系了。当然，他在性既不意味着以自我为中心，也绝不意味着以他者为中心，而当所有行动主体都自视为他者时，任何中心都无法存在，这就是一种彻底的去中心化，平等的行动者处在一个平等的社会结构之中相互建构。

公共行政朝向他在性的研究过程和路径建议对我国公共行政建设具有启发意义，我们面临的与西方共同的当代背景和本土特有国情都对我国公共行政建设提出了要求和指导。公共行政（理论与实践）的本土化与国际化没有高低之分，更没有对抗之争，而是需要科学地汲取公共行政他在性建构的价值。首先需要继续我国具有经验的、情境性的公共行政本土化（自我）建设，例如完善在概念辨析、研究对象和范围、专业设置、研究路径和方法等方面的自我建设，积极协调和弥合公共行政理论与实践的关系。当然我国拥有不同的本土化特征与优势，例如中国共产党的领导核心地位和天然水乳交融的政治与行政

---

① 自视为他者从更深层次上来看是依据反权威（控制）、反傲慢（理性）和倾听、行政关怀等来建构公共行政。

结　语 ◆◇◆

决定了与西方不同的处理与他者关系的路径；区别于西方线性理性的经验理性，能够适应高度复杂和不确定的社会条件演变，打破传统的时空理念约束。当然，纵使是本土化建设，也是希望建构"一个边界开放、包容、相互交流而不是排他性的学术社区"①。其次需要汲取与全球（他者）的共有经验，例如如何处理高速流动、结构异化和技术迅速更新的大环境，转换传统的政府服务理念，思考在场的政府应当具备的责任，尤其是近年来各国政府都高度重视的人工智能发展，在他在性理念下我们可以站在巨人肩膀上但并非亦步亦趋地跟在他人身后，去创新和发展有益于公共行政的方案，同时也需要面临不同社会与技术条件所带来的挑战。

最后还是以斯蒂福斯的思想作结尾，来表明本书中他在性内涵和价值的大意。斯蒂福斯在 21 世纪初提出"有意识的流浪者"（the Conscious Pariah），"不同于对科学主义有反复的冲动，也疲于用对抗企业的方法来捍卫规范理论，有此同感的人需要团结起来。……或者我们可以成为有意识的流浪者，在栖息的领域成为游客而非置身其中，在共同意识到神秘基础时能相互声援，那么这种通过拒绝完全置身其中的方法对我们的领域又有怎样的贡献呢？我们可以一起成为有意识的流浪者去拒绝管理科学对公共行政公共性所造成的威胁"②。这项"神秘基础"就是公共行政的支点——公共性，而实现这项基础的路径和灵魂就是我们能成为"有意识的流浪者"，即具有他在性意识的反思者和行动者，因为每个人都不因结构、权威、他者而丧失自我（即拒绝完全置身其中，是一个完全自由、流动的游客甚至游戏者），但社会又不是一盘散沙，我们总会因为"神秘基础"团结在一起去拒绝单一、控制和凌弱。"作为人，通过我们的共同努力，通过我们的思想和知识，通过我们与他人的互动，我们创造着我们生活的

---

① 周雪光：《以好的研究标准，超越本土化与国际化的标签》，《管理学季刊》2018 年第 2 期。

② Camilla Stivers, "Resisting the Ascendancy of Public Management: Normative Theory and Public Administration", Administrative Theory & Praxis, Vol. 22, No. 1, March 2000, pp. 10 – 23.

◆◇◆ 朝向他在性的公共行政建构

这个世界,……我们怎样与他人发生联系,我们就怎样建构我们的秩序,就会怎样建构这个将要生活其中的未来世界。"① 这就是公共领域他在性的魅力和价值。

---

① [美]全钟燮:《公共行政的社会建构:解释与批判》,孙柏英、张钢、梨洁等译,北京大学出版社2008年版,第46—47页。

参考文献

著　作

［奥］路德维希·冯·米塞斯：《官僚体制·反资本主义的心态》，冯克利、姚中秋译，新星出版社2007年版。

［德］费希特：《全部知识学的基础》，王玖兴译，商务印书馆1986年版。

［德］费希特：《自然法权基础》，谢地坤、程志民译，商务印书馆2004年版。

［德］哈贝马斯：《包容他者》，曹卫东译，上海人民出版社2002年版。

［德］哈贝马斯：《后民族结构》，曹卫东译，上海人民出版社2002年版。

［德］海德格尔：《存在与时间》，陈嘉映、王庆节译，生活·读书·新知三联书店1987年版。

［德］海德格尔：《海德格尔选集》（下卷），孙周兴译，生活·读书·新知三联书店1996年版。

［德］黑格尔：《精神现象学》，先刚译，商务印书馆1981年版。

［德］黑格尔：《哲学史讲演录》（第四卷），贺麟、王太庆译，商务印书馆1978年版。

［德］胡塞尔：《纯粹现象学通论》，李幼蒸译，商务印书馆1997年版。

［德］胡塞尔：《笛卡尔沉思与巴黎讲演——胡塞尔文集》（第一卷），张宪译，人民出版社2008年版。

［德］胡塞尔：《笛卡尔式的沉思》，张廷国译，中国城市出版社2001

年版。

［德］胡塞尔：《逻辑研究》（第二卷），倪梁康译，上海译文出版社1999年版。

［德］康德：《纯粹理性批判》，邓晓芒译，人民出版社2004年版。

［德］马克思、恩格斯：《德意志意识形态：节选本》，中央编译局编译，人民出版社2003年版。

［德］马克思·韦伯：《经济与社会》（上卷），林荣远译，商务印书馆2006年版。

［法］笛卡尔：《谈谈方法》，王太庆译，商务印书馆2005年版。

［法］福柯：《话语的秩序》，法国Gallimard出版社1971年版。

［法］福柯：《言与文》第4卷，法国Gallimard出版社1994年版。

［法］卡蓝默：《破碎的民主》，高凌瀚译，生活·读书·新知三联书店2005年版。

［法］拉康：《拉康选集》，褚孝泉译，上海三联书店2001年版。

［法］勒维纳斯：《塔木德四讲》，关宝艳译，商务印书馆2002年版。

［法］列维纳斯：《从存在到存在者》，吴蕙仪译，江苏教育出版社2006年版。

［法］卢梭：《社会契约论》（第三版），何兆武译，商务印书馆2003年版。

［法］米歇尔·福柯：《规训与惩罚》，刘北成、杨远婴译，生活·读书·新知三联书店2012年版。

［法］莫里斯·梅洛-庞蒂：《哲学赞词》，杨大春译，商务印书馆2000年版。

［法］萨特：《存在与虚无》，陈宣良等译，生活·读书·新知三联书店1997年版。

［韩］韩炳哲：《他者的消失》，吴琼译，中信出版社2019年版。

［加］查尔斯·泰勒：《承认的政治》，载汪晖、陈燕谷主编《文化与公共性》，生活·读书·新知三联书店2005年版。

［美］F.W.泰罗：《科学管理原理》，胡隆昶、冼子恩、曹丽顺译，

中国社会科学出版社 1984 年版。

［美］R·J·斯蒂尔曼编：《公共行政学：观点和案例》（上册），李方、潘世强等译，中国社会科学出版社 1988 年版。

［美］Robert B. Denhardt, Joseph W. Grubbs.：《公共行政》，黄朝盟等译，五南图书出版公司 2002 年版。

［美］艾赅博、百里枫：《揭开行政之恶》，白锐译，中央编译出版社 2009 年版。

［美］奥斯本、盖布勒：《改革政府：企业家精神如何改革着公共部门》，周敦仁等译，上海译文出版社 2006 年版。

［美］布劳、梅耶：《现代中的科层制》，马戎等译，学林出版社 2001 年版。

［美］查尔斯·沃尔夫：《市场或政府：权衡两种不完善的选择/兰德公司的一项研究》，谢旭译，中国发展出版社 1994 年版。

［美］达尔：《民主理论的前言》，顾昕、朱丹译，生活·读书·新知三联书店 1999 年版。

［美］德怀特·沃尔多：《行政国家：美国公共行政的政治理论研究》，颜昌武译，中央编译出版社 2017 年版。

［美］多丽斯·A·格拉伯：《沟通的力量：公共组织信息管理》，复旦大学出版社 2007 年版。

［美］多迈尔：《主体性的黄昏》，万俊人、朱国钧、吴海针译，上海人民出版社 1992 年版。

［美］法默尔：《公共行政的语言：官僚制、现代性和后现代性》，吴琼译，中国人民大学出版社 2005 年版。

［美］弗兰克·J·古德诺《政治与行政：一个对政府的研究》，王元译，复旦大学出版社 2011 年版。

［美］弗雷德里克森：《公共行政的精神》，张成福等译，中国人民大学出版社 2003 年版。

［美］弗雷德里克森：《新公共行政》，丁煌、方兴译，中国人民大学出版社 2011 年版。

［美］福克斯、米勒：《后现代公共行政：话语指向》，楚艳红等译，中国人民大学出版社2002年版。

［美］古德诺：《比较行政法》，白作霖译，中国政法大学出版社2005年版。

［美］哈蒙：《公共行政的行动理论》，吴琼恩等译，五南图书出版公司1993年版。

［美］汉密尔顿、杰伊、麦迪逊：《联邦党人文集》，程逢如等译，商务印书馆1980年版。

［美］赫伯特·西蒙：《管理行为》，杨砾、韩春立、徐立译，北京经济学院出版社1988年版。

［美］赫梅尔：《官僚经验：后现代主义的挑战》（第五版），韩红译，中国人民大学出版社2012年版。

［美］亨利：《公共行政与公共事务》（第八版），张昕译，中国人民大学出版社2002年版。

［美］怀特：《公共行政研究的叙事基础》，胡辉华译，中央编译出版社2011年版。

［美］怀特、亚当斯：《公共行政研究：对理论与实践的反思》，刘亚平、高洁译，清华大学出版社2005年版。

［美］库恩：《必要张力》，范岱年、纪树立译，北京大学出版社2004年版。

［美］库珀：《行政伦理学：实现行政责任的途径》（第四版），张秀琴译，人民大学出版社2001年版。

［美］罗伯特·B·登哈特：《公共组织理论》（第五版），扶松茂、丁力译，中国人民大学出版社2011年版。

［美］罗伯特·B·登哈特、珍妮特·V·登哈特：《公共行政：一门行动的学问》，谭功荣译，北京大学出版社2013年版。

［美］罗纳德·里根：《里根自传：一个美国人的生活》，东方出版社1991年版。

［美］罗森布鲁姆、克拉夫丘克：《公共行政学：管理、政治和法律的

途径》（第五版），张成福等校译，中国人民大学出版社 2002 年版。

［美］麦克斯怀特：《公共行政的合法性：一种话语分析》，吴琼译，中国人民大学出版社 2002 年版。

［美］全钟燮：《公共行政的社会建构：解释与批判》，孙柏瑛、张钢、梨洁等译，北京大学出版社 2008 年版。

［美］全钟燮：《公共行政：设计与问题解决》，黄曙曜译，五南图书出版公司 2001 年版。

［美］萨缪尔森、诺德豪斯：《经济学》（第 16 版），萧琛等译，华夏出版社 1999 年版。

［美］萨瓦斯：《民营化与公私部门的伙伴关系》，周志忍等译，中国人民大学出版社 2002 年版。

［美］斯蒂福斯：《公共行政中的性别形象：合法性与行政国家》，熊美娟译，中央编译出版社 2010 年版。

［美］唐斯：《民主的经济理论》，姚洋等译，上海人民出版社 2005 年版。

［美］威尔逊：《国会政体》，熊希龄、吕德本译，商务印书馆 1986 年版。

［美］维尔：《美国政治》，王合、陈国清、杨铁钧译，商务印书馆 1990 年版。

［美］文森特·奥斯特罗姆：《美国公共行政的思想危机》，毛寿龙译，生活·读书·新知三联书店 1999 年版。

［美］沃尔泽：《正义诸领域：为多元主义与平等一辩》，褚松燕译，译林出版社 2002 年版。

［美］谢里尔·西姆拉尔·金、卡米拉·斯蒂福斯主编：《民有政府：反政府时代的公共管理》，李学译，中央编译出版社 2010 年版。

［美］珍妮特·V·登哈特、罗伯特·B·登哈特：《新公共服务：服务，而不是掌舵》，丁煌译，中国人民大学出版社 2004 年版。

［英］J. S. 密尔：《代议制政府》，汪瑄译，商务印书馆 1984 年版。

［英］T. H. 马歇尔、安东尼·吉登斯等：《公民身份与社会阶级》，

郭忠华、刘训练编，江苏人民出版社2008年版。

［英］安德鲁·海伍德：《政治学》（第三版），张立鹏译，中国人民大学出版社2012年版。

［英］鲍曼：《流动的生活》，徐朝友译，江苏人民出版社2012年版。

［英］敦利威：《民主、官僚制与公共选择》，张庆东译，中国青年出版社2004年版。

［英］罗纳德·哈里·科斯：《企业、市场与法律》，盛洪、陈郁等译，上海三联书店1990年版。

［英］齐格蒙特·鲍曼：《被围困的社会》，郇建立译，江苏人民出版社2006年版。

［英］塔里克·阿里、苏珊·沃特金斯：《1968年：反叛的年代》，范昌龙等译，山东画报出版社2003年版。

［英］约翰·基恩：《公共生活与晚期资本主义》，刘利圭等译，社会科学文献出版社1999年版。

［英］约翰·洛克：《政府论》，湖南文艺出版社2011年版。

戴黍、牛美丽等编译：《公共行政学中的批判理论》，中国人民大学出版社2008年版。

丁煌：《西方行政学说史》（第三版），武汉大学出版社2017年版。

郭湛：《主体性哲学：人的存在及其意义》（修订版），中国人民大学出版社2010年版。

何艳玲：《公共行政学史》，中国人民大学出版社2018年版。

孔繁斌：《公共性的再生产：多中心治理的合作机制建构》，江苏人民出版社2008年版。

李剑鸣、章彤编：《美利坚合众国总统就职演说全集》，陈丽亚等译，天津人民出版社1996年版。

彭和平、竹立家：《国外公共行政理论精选》，中共中央党校出版社1997年版。

钱满素：《美国自由主义的历史变迁》，生活·读书·新知三联书店2006年版。

王巍、牛美丽编译：《公民参与》，中国人民大学出版社2009年版。

颜昌武、马俊编译：《公共行政学百年争论》，中国人民大学出版社2009年版。

竺乾威等：《公共行政学经典文选》，复旦大学出版社2000年版。

期　刊

［美］H. 乔治·弗雷德里克森：《明诺布鲁克：反思与观察》，宋敏译，《行政论坛》2010年第1期。

昂永生：《试论我国公共行政观念》，《中国行政管理》2000年第9期。

曹海军、霍伟桦：《封闭社区治理：国际经验与中国实践》，《武汉大学学报》（人文科学版）2017年第2期。

陈亚丽：《朝向他者性：人类理想社会形态的演进逻辑——对共产主义社会的一种解读》，《理论月刊》2015年第12期。

陈永章：《差异·他者·宽容：当代公共行政的伦理沉思》，《华中科技大学学报》（社会科学版）2014年第1期。

陈振明：《中国公共管理学40年：创建一个中国特色世界一流的公共行政学科》，《国家行政学院学报》2018年第4期。

丁煌、肖涵：《行政与社会：变革中的公共行政建构逻辑》，《公共行政评论》2017年第2期。

丁煌、肖涵：《作为实体的政府及其超越》，《江苏行政学院学报》2017年第2期。

樊艳梅：《从他性到同一：论勒克莱齐奥作品中的风景与女性》，《国外文学》2018年第1期。

范杰武：《构建具有中国特色的公共管理理论体系》，《行政论坛》2018年第4期。

范钟秀：《印度文明世界的他性——<阶序人>阅读一得》，《西北民族研究》2013年第1期。

高建平：《从"他"到"你"：他者性的消解》，《学术月刊》2014年第1期。

耿旭:《西方比较公共行政学研究的演进探析》,《经济社会体制比较》2017年第6期。

何艳玲:《问题与方法:近十年来中国行政学研究评估(1995—2005)》,《政治学研究》2007年第1期。

何艳玲:《中国公共行政学的中国性与公共性》,《公共行政评论》2013年第2期。

金灿荣、汤祯滢:《从"参议院综合症"透视美国政党极化的成因》,《美国研究》2019年第2期。

孔祥永:《"他者"想象与美国的焦虑》,《美国研究》2015年第4期。

蓝志勇:《中国公共行政学本土化研究的再思考:兼评两篇文章》,《公共行政学报》2017年第3期。

刘鹏:《中国公共行政学:反思背景下的本土化路径研究》,《中国人民大学学报》2013年第3期。

刘彦:《"生鬼""熟化":清水江苗寨社会的"他性"及其限度》,《原生态民族文化学刊》2018年第1期。

刘要悟、柴楠:《从主体性、主体间性到他者性——教学交往的范式转型》,《教育研究》2015年第2期。

吕方、王梦凡、陈欢衎:《对21世纪以来中国公共行政学研究的评估与反思:基于2001—2013年间的4659篇论文》,《政治学研究》2015年第2期。

罗梁波、颜昌武:《从单一性到复合化:中国公共管理研究的现实与未来》,《政治学研究》2018年第5期。

马骏、刘亚平:《中国公共行政学的"身份危机"》,《中国人民大学学报》2007年第4期。

马骏:《中国公共行政学:回顾与展望》,《中国行政管理》2012年第4期。

马骏:《中国公共行政学研究的反思:面对问题的勇气》,《中山大学学报》(社会科学版)2006年第3期。

马亮:《中国公共管理的学科定位与国际化》,《公共事务评论》2018

年第 1 期。

彭兆荣、李春霞：《"自我的他性"：族群共同体的语境化表述》，《思想战线》2011 年第 6 期。

钱俊希、张瀚：《想象、展演与权力：西藏旅游过程中的"他者性"建构》，《旅游学刊》2016 年第 6 期。

乔耀章：《论作为非国家机构的政府》，《江苏行政学院学报》2004 年第 1 期。

乔耀章：《再论作为非国家机构的政府》，《江苏行政学院学报》2005 年第 2 期。

陕锦风：《自我的"他性"——论回族文化的兼容性》，《青海民族大学学报》（社会科学版）2010 年第 3 期。

司林波、李雪婷、孟卫东：《近十年中国公共管理研究的热点领域和前沿主题：基于八种公共管理研究期刊 2006—2015 年刊载文献的可视化分析》，《上海行政学院学报》2017 年第 2 期。

孙秋芬：《从主体性、主体间性到他在性：现代社会治理的演进逻辑》，《华中科技大学》（社会科学版）2017 年第 6 期。

唐兴霖：《论中国公共组织改革的官僚理性基础》，《上海交通大学学报》（哲学社会科学版）2007 年第 4 期。

王锋：《公共管理中的他者》，《中国行政管理》2016 年第 1 期。

王石泉：《转型社会的中国公共行政：挑战、变革与创新》，《中国行政管理》2013 年第 9 期。

吾文泉：《当代美国喜剧的文化他性及其舞台表述》，《当代外国文学》2015 年第 2 期。

吴先伍：《从"自我"到"他者"：他者伦理的中心转移》，《兰州学刊》2016 年第 3 期。

夏志强、谭毅：《公共性：中国公共行政学的建构基础》，《中国社会科学》2018 年第 8 期。

项久雨、张业振：《当代中国价值观国际传播中的自我与他者》，《武汉大学学报》（哲学社会科学版）2018 年第 2 期。

◆◇◆ 朝向他在性的公共行政建构

肖涵、葛伟：《普遍基本收入：回应人工智能挑战的政策选择》，《江苏行政学院学报》2020年第2期。

肖涵：《论官僚制组织研究的封闭性》，硕士学位论文，长安大学，2015年。

肖涵：《威尔逊政治与行政二分原则的内涵矫正：基于美国历史情境的分析》，《广东行政学院学报》2018年第3期。

谢新水：《协同治理中"合作不成"的理论缘由：以"他在性"为视角》，《学术界》2018年第6期。

薛澜、李宇环：《走向国家治理现代化的政府职能转变：系统思维与改革取向》，《政治学研究》2014年第5期。

薛澜、彭宗超、张强：《公共行政与中国发展：公共行政学科发展的回顾与前瞻》，《管理世界》2002年第2期。

薛澜、张帆：《公共管理学科话语体系的本土化建构：反思与展望》，《学海》2018年第1期。

颜昌武：《行政学的本土化：基于中美路径的比较分析》，《政治学研究》2019年第1期。

于文轩：《中国公共行政学研究的未来：本土化、对话和超越》，《公共行政评论》2013年第1期。

俞吾金：《"主体间性"是一个似是而非的概念》，《华东师范大学学报》（哲学社会科学版）2002年第4期。

岳伟、鲍宗豪：《改革开放40年我国政府与市场的关系实践及理论探索：以重要政策文献的表述变化为分析主线》，《企业经济》2018年第8期。

曾峻：《中国特色社会主义行政管理：研究回顾与评析》，《上海行政学院学报》2010年第1期。

张成福：《变革时代的中国公共行政学：发展与前景》，《中国行政管理》2008年第9期。

张劲松：《论我国公共行政的思想危机及其治理》，《中国行政管理》2004年第1期。

张康之：《论打破信息垄断的组织开放性》，《东南学术》2017 年第 4 期。

张康之：《论流动性提出的社会治理变革要求》，《西北大学学报》2019 年第 3 期。

张康之：《论流动性提出的社会治理变革要求》，《西北大学学报》（哲学社会科学版）2019 年第 3 期。

张康之：《在高度复杂性条件下重新审视理性》，《西北大学学报》（哲学社会科学版）2016 年第 3 期。

张康之、张乾友：《解读"新公共行政运动"的公共行政观》，《公共管理与政策评论》2013 年第 1 期。

张康之、张桐：《论普雷维什的"中心—边缘"思想：关于世界经济体系中不平等关系的一个分析框架》，《政治经济学评论》2014 年第 1 期。

张康之：《走向合作制组织：组织模式的重构》，《中国社会科学》2020 年第 1 期。

张乾友：《驳公共领域中的顾客观念》，《中国行政管理》2014 年第 12 期。

张乾友：《求解公共行政身份危机的三种理论途径》，《甘肃行政学院学报》2011 年第 5 期。

张乾友：《债权人的统治还是财产所有的民主？——债务国家的治理前景》，《天津社会科学》2020 年第 5 期。

郑杭生、黄家亮：《论我国社区治理的双重困境与创新之维：基于北京市社区管理体制改革实践的分析》，《东岳论丛》2012 年第 1 期。

周雪光：《以好的研究标准，超越本土化与国际化的标签》，《管理学季刊》2018 年第 2 期。

周义程：《服务型政府建设中政府公共服务职能实现方式创新——以公共服务合同承包为考察对象》，《行政论坛》2012 年第 1 期。

朱华桂：《论市场经济的自为性与为他性》，《南京大学学报》（哲学·人文科学·社会科学）2001 年第 6 期。

外 文

Aaron Widavsky, "The Once and Future School of Public Policy", *The public Interest*, Vol. 79, No. 4, 1985.

Albert Lepawsky, "Graduate Education in Public Policy", *Policy Science*, Vol. 1, No. 4, 1970.

Alexabder Hamilton, John Jay and James Madison eds., *The Federalist Papers*, New York: Cosimo, 2006.

Ali Farazmand, "Globalization and Public Administration", *Public Administration Review*, Vol. 59, No. 6, 1999.

Allison, "Emergence of Schools of Public Policy: Reflections by a Founding Dean", in Moran, Michael, Rein, Martin and Goodin, E. Rober, eds., *The Oxford Handbook of Public Policy*, Oxford: Oxford Press, 2006.

Amnon Cavari, "Religious Beliefs, Elite Polarization, and Public Opinion on Foreign Policy: The Partisan Gap in American Public Opinion toward Israel", *International Journal of Public Opinion Research*, Vol. 25, No. 1, 2013.

Andreas Korber, "Presentism, Alterity and Historical Thinking", *Historical Encounters*, Vol. 6, No. 1, 2019.

Andreea Deciu Ritivoi, "Reading (with) Hannah Arendt: Aesthetic Representation for an Ethics of Alterity", *Humanities*, Vol. 8, No. 4, 2019.

Appleby H Paul, "A Reappraisal of Federal Employment as a Career", *Public Administration Review*, Vol. 8, No. 2, 1948.

Appleby H Paul, "Toward Better Public Administration", *Public Administration Review*, Vol. 7, No. 2, 1947.

Augusto Ponzio, "Signification and Alterity in Emmanuel Levinas", *Semiotica*, Vol. 171, 2008.

Barry D Karl, "The American Bureaucrat: A History of a Sheep in Wolves' Clothing", *Public Administration Review*, Vol. 47, No. 1, 1987.

Behn, D Robert, "The Big Questions of Public Management", *Public Administration Review*, Vol. 55, No. 4, 1995.

Biller Robert P., "Some Implications of Adaptation Capacity for Organizational and Political Development", in Frank Marini, eds., *Toward a New Public Administration: The Minnowbrook Perspective*, Scranton, PA: Chandler Publishing Company, 1971.

Blanchot, Maurice ed., *Political Writings, 1953 – 1993*, Trans., Zakir Paul, New York: Fordham University Press, 2010.

Blanchot, Maurice ed., *The Infinite Conversation*, Minneapolis: University of Minnesota Press, 1993.

Bogason Peter, Dubnick Melvin J., Kirlin John J., Meier Kenneth J., Orosz Janet Foley, Raadschelders Jos C. N. and Ventriss Curtis, "Dialogue: Knowledge and Research", *Administrative Theory & Praxis*, Vol. 22, No. 2, 2000.

Borsdorf Axel, Hidalgo Rodrigo, "New Dimensions of Social Exclusion in Latin America: From Gated Communities to Gated Cities, the Case of Santiago de Chile", *Land Use Policy*, Vol. 25, No. 2, 2008.

Box Richard C., "Running Government Like a Business: Implications for Public Administration Theory and Practice", *The American Review of Public Administration*, Vol. 29, No. 1, 1999.

Bridges, Edward, "The Reform of 1854 in Retrospect", *Political Quarterly*, Vol. 25, No. 4, 1954.

Brudney, L Jeffrey, Hebert Ted and Wright, S Deil, "Reinventing Government in the American States: Measuring and Explaining Administrative Reform", *Public Administration Review*, Vol. 59, No. 1, 1999.

Brudney, L Jeffrey and England, E Robert, "Toward a Definition of the Coproduction Concept", *Public Administration Review*, Vol. 43, No. 1, 1983.

Bruere, Henry, Allen, H William and Cleveland, A Frederick, "Efficiency in City Government", *Annals of the American Academy of Political and Social Science*, Vol. 41, No. 1, 1912.

Campbell, K Alan, "Old and New Public Administration in the 1970's", *Public Administration Review*, Vol. 32, No. 4, 1972.

Carl Rhodes, "Ethics, Alterity and the Rationality of Leadership Justice", *Human Relations*, Vol. 65, No. 10, 2012.

Catron Bayard L. and Harmon Michael M., "Action Theory in Practice: Toward Theory without Conspiracy", *Public Administration Review*, Vol. 41, No. 5, 1981.

Cheryl Simrell King, Kathryn M Feltey, Bridget O' Neill Susel, "The Question of Participation: Toward Authentic Public Participation in Public Administration", *Public Administration Review*, Vol. 58, No. 4, 1998.

Cognog, Y Geoffrey, "Developments in Public Administration", *Public Administration Review*, Vol. 22, No. 2, 1962.

Crosby, Ned, Kelly, M Janet and Schaefer, Paul, "Citizens Panels: A New Approach to Citizen Participation", *Public Administration Review*, Vol. 46, No. 2, 1986.

Cunningham Robert and Schneider Robert A., "Anti – Administration: Redeeming Bureaucracy by Witnessing and Gifting", *Administrative Theory & Praxis*, Vol. 23, No. 4, 2001.

Dahl Robert A, "The Science of Public Administration: Three problems", *Public Administration Review*, Vol. 7, No. 1, 1947.

Denhardt Robert B., "The Continuing Saga of the New Public Administration", *Administration & Society*, Vol. 9, No. 2, 1977.

Dennard, F Linda, "The Maturation of Public Administration: The Search for a Democratic Identity", in Wamsley, L Gary and Wolf, F James, eds., *Refounding Democratic Public Administration: Modern Paradoxes, Postmodern Challenges*, Thousand Oaks: Sage Publications, 1996, pp. 293 – 326.

Dimock Marshall E. , "Bureaucracy Self – Examined", *Public Administration Review*, Vol. 4, No. 3, 1944.

Dimock Marshall E. , Dimock Gladys Ogden and Koenig Louis W. eds. , *Public Administration*, Revised Edition, New York: Rinehart & Company, Inc. , 1958.

Dimock Marshall E. , "The Study of Administration", *The American Political Science Review*, Vol. 31, No. 1, 1937.

Douglass, Bruce, "The Common Good and the Public Interest", *Political Theory*, Vol. 8, No. 1, 1980.

Dubnick Melvin J. , "Spirited Dialogue: The Case for Administrative Evil: A Critique", *Public Administration Review*, Vol. 60, No. 5, 2000.

Elden, M James, "Radical Politics and the Future of Public Administration in the Postindustrial Era", in Waldo Dwight, ed. , *Public Administration in a Time of Turbulence*, Scranton. PA: Chandler Publishing Company, 1971.

ElenaVesselinov, Matthew Cazessus, William Falk, "Gated Communities and Spatial Inequality", *Journal of Urban Affairs*, Vol. 29, No. 2, 2007, pp. 109 – 127.

ElenaVesselinov, "Members Only: Gated Communities and Residential Segregation in the Metropolitan United States", *Sociological Forum*, Vol. 23, No. 3, 2008.

Elizabeth Jelin, "Citizenship and Alterity: Tensions and Dilemmas", *Latin American Perspectives*, Vol. 30, No. 2, 2003.

Farmer David J. , "Mapping Anti – Administration: Introduction to the Symposium", *Administrative Theory & Praxis*, Vol. 23, No. 4, 2001.

Farmer David J. ed. , *The Language of Public Administration: Bureaucracy, Modernity, and Postmodernity*, Tuscaloosa: The University of Alabama Press, 1955.

Fountain Jane E. , "Paradoxes of Public Sector Customer Service", *Governance: An International Journal of Policy, and Administration, Vol. 14, No. 1, 2001.

Frank Marini, "Introduction", in Frank Marini. eds., *Toward a New Public Administration: The Minnowbrook Perspective*, Scranton. PA: Chandler Publishing Company, 1971.

Frant Howard L., "Danger, Chimeras Ahead: Comment on Terry", *Public Administration Review*, Vol. 59, No. 3, 1999.

Frederickson H. George, "Comparing the Reinventing Government Movement with the New Public Administration", *Public Administration Review*, Vol. 56, No. 3, 1996.

Frederickson H. George, "Special Issue: Minnowbrook II: Changing Epochs of Public Administration", *Public Administration Review*, Vol. 49, No. 2, 1989.

FredericksonH. George, "The Lineage of New Public Administration", *Administration & Society*, Vol. 8, No. 2, 1976.

Frederickson H. George, "The Recovery of Civism in Public Administration", *Public Administration Review*, Vol. 42, No. 6, 1982.

Frederickson H. George, "Toward a New Public Administration", in Frank Marini ed., *Toward a New Public Administration: The Minnowbrook Perspective*, Scranton. PA: Chandler Publishing Company, 1971.

Friedrich Carl J., "Public Policy and the Nature of Administrative Responsibility", in Friedrich Carl J and Mason Edward S, Cambridge, eds., *Public Policy*, Massachusetts: Harvard University Press, 1940.

Gaus John M., "Trends in the Theory of Public Administration", *Public Administration Review*, Vol. 10, No. 3, 1950.

Gaus John M. ed., *Reflections on Public Administration*, Tuscaloosa: The University of Alabama Press, 1947.

Glasze, Georg, "Some Reflections on the Economic and Political Organisation of Private Neighbourhoods", *Housing Studies*, Vol. 20, No. 2,

2005, pp. 221 – 233.

Glenn O Stahl, "Democracy and Public Employee Morality", *Annals of the American Academy of Political and Social Science*, Vol. 297, No. 1, 1955.

Gordon P Whitaker, "Coproduction: Citizen Participation in Service Delivery", *Public Administration Review*, Vol. 40, No. 3, 1980.

Green Richard T. and Hubbell Lawrence, "On Governance and Reinventing Government", inWamsley Gary L. and Wolf James F. , eds. , *Refounding Democratic Public Administration: Modern Paradoxes, Postmodern Challenges*, Thousand Oaks: Sage Publications, 1996.

Gulick Luther, "Politics, Administration, and the ' New Deal'", *The Annals of the American Academy of Political and Social Science*, Vol. 169, No. 1, 1933.

Gulick Luther and Urwick L. eds. , *Papers on the Science of Administration*, the Institute of Public Administration, Routledge press, London and New York, 2003.

Haber, Samuel ed. , *Efficiency and Uplift: Scientific Management in the Progressive Era 1890 – 1920*, Chicago: The University of Chicago Press, 1964.

Hamilton, Alexabder ed. , *John Jay and James Madison*, New York: Cosimo, Inc, 2006.

Hamilton, V Charles, "Blacks and the Crisis of Political Participation", *The Public Interest* , Vol. 34, No. 1, 1974.

Harmon Michael, "PAT – Net Turns Twenty – Five: A Short History of the Public Administration Theory Network", *Administrative Theory & Praxis*, Vol. 25, No. 2, 2003.

Harmon Michael M. , "Normative Theory and Public Administration: Some Suggestions for a Redefinition of Administrative Responsibility", in Frank Marini, eds. , *Toward a New Public Administration: The Minnowbrook*

Perspective, Scranton. PA: Chandler Publishing Company, 1971.

Hart David K., "The Virtuous Citizen, the Honorable Bureaucrat, and 'Public' Administration", *Public Administration Review*, Vol. 44, No. 2, 1984.

Henderson Keith M., "A New Comparative Public Administration", in Frank Marini ed., *Toward a New Public Administration: the Minnowbrook Perspective*, Scranton. PA: Chandler Publishing Company, 1971.

Herman Finer, "Administrative Responsibility in Democratic Government" *Public Administration Review*, Vol. 1, No. 4, Summer 1941.

Herman Finer, "The Hoover Commission Reports: Part Ⅱ", *Political Science Quarterly*, Vol. 64, No. 4, 1949.

H. H. Greth, eds., *From Max Weber: Essays in Sociology*, New York: Oxford University Press, 1979.

Hobbes, Thomas ed., *Leviathan*, Cambridge: Cambridge University Press, 1904.

Honey John C., "A Report: Higher Education for Public Service", *Public Administration Review*, Vol. 27, No. 4, 1967.

Hummel Ralph P., "The New Science of Public Administration", *Dialogue*, Vol. 5, No. 3, 1983.

Ingraham Patricia W., Rosenbloom David H. and Edlund Carol, "The New Public Personnel and the New Public Service", *Public Administration Review*, Vol. 49, No. 2, 1989.

IvanIvlampie, "Identity and Alterity in the Primitive Era of Globalization", *Postmodern Openings*, Vol. 9, No. 2, 2018.

Iver Brynild Neumann, "Halting Time: Monuments to Alterity", *Millennium – Journal of International Studies*, Vol. 46, No. 3, 2018.

Jacobs Debra A., "Alterity and the Environment: Making the Case for Anti – Administration", *Administrative Theory & Praxis*, Vol. 23, No. 4, 2001.

Jan – Werner Müller, "What is Populism?" *Philadelphia*: University of Pennsylvania Press, 2016.

John A. Vieg, "The Growth of Public Administration", in Fritz Morstein Marx ed., *Elements of Public Administration*, New York: Prentice Hall, 1946.

Jowitt Kenneth, "Comment: The Relevance of Comparative Public Administration", in Frank Marini ed., *Toward a New Public Administration: The Minnowbrook Perspective*, Scranton. PA: Chandler Publishing Company, 1971.

Kaufman Herbert, "Administrative Decentralization and Political Power", *Public Administration Review*, Nol. 29, No. 1, 1969.

Kronenberg Philip S., "The Scientific and Moral Authority of Empirical Theory of Public Administration", in Frank Marini ed., *Toward a New Public Administration: The Minnowbrook Perspective*, Scranton. PA: Chandler Publishing Company, 1971.

Lambright W. Henry., "The Minnowbrook Perspective and the Future of Public Affairs: Public Administration is Public – Policy Making", in Frank Marini, eds., *Toward a New Public Administration: The Minnowbrook Perspective*, Scranton, PA: Chandler Publishing Company, 1971.

La Porte Todd R., "The Recovery of Relevance in the Study of Public Organization", in Frank Marini, eds., *Toward a New Public Administration: the Minnowbrook Perspective*, Scranton, PA: Chandler Publishing Company, 1971.

Levinas, Emmanuel ed., *Ethic and Infinity*, Pittsburgh: Duquesne University Press, 1985.

Levinas, Emmanuel ed., *Time and the Other*, Pittsburgh: Duquesne University Press, 1987.

Levinas, Emmanuel ed., *Totality and Infinity*, The Hague: Martinus Nijhoff Publishers, 1979.

Levitan David M., "Political Ends and Administrative Means", *Public Administration Review*, Vol. 3, No. 4, 1943.

Levitan David M., "The Responsibility of Administrative Officials in a Democratic Society", *Political Science*, Vol. 61, No. 4, 1946.

Leys Wayne A. R., "Ethics and Administrative Discretion", *Public Administration Review*, Vol. 3, No. 1, 1943.

Little, H John, "Thinking Government: Bring Democratic Awareness to Public Administration", in Wamsley, L Gary and Wolf, F James eds., Refounding Democratic Public Administration: Modern Paradoxes, Postmodern Challenges, Thousand Oaks: Sage Publications, 1996.

Long Norton E., "Power and Administration", *Public Administration Review*, Vol. 9, No. 4, 1949.

Long Norton E., "Public Policy and Administration: The Goals of Rationality and Responsibility", *Public Administration Review*, Vol. 14, No. 1, 1954.

Low SM., *Behind the Gates: Life, Security, and the Pursuit of Happiness in Fortress America*, New York: Routledge, 2003.

Luther Gulick ed., *The National Institute of Public Administration: A Progress Report*, New York: The National Institute of Public Administration, 1928.

Lynn Laurence E., "The New Public Management: How to Transform a Theme into a Legacy", *Public Administration Review*, Vol. 53, No. 3, 1998.

Maass Arthur A and Radway Laurence I., "Gauging Administrative Responsibility", *Public Administration Review*, Vol. 9, No. 3, 1949.

Maranto Robert ed., *Politics and Bureaucracy in the Modern Presidency: Careerists and Appointees in the Reagan Administration*, Connecticut: Greenwood Press, 1993.

Marshall Gary S and ChoudhuryEnamul, "Public Administration and the

Public Interest: Re - Presenting a Lost Concept", *American Behavioral Scientist*, Vol. 41, No. 1, 1997.

Marshall Gary S and White Orion F, "The Blacksburg Manifesto and the Postmodern Debate: Public Administration in a Time without a Name", *The American Review of Public Administration*, Vol. 20, No. 2, 1990.

Marx F. Morstein ed. , *Elements of Public Administration*, New York: Prentice Hall Inc. , 1946.

McSwite O. C. , "Postmodern, Public Administration, and the Public Interest", in Wamsley Gary L. and Wolf James F. , eds. , *Refounding Democratic Public Administration: Modern Paradoxes, Postmodern Challenges*, Thousand Oaks: Sage Publications, 1996.

McTighe, J John, "Management Strategies to Deal with Shrinking Resources", *Public Administration Review*, Vol. 39, No. 1, 1979.

Mde Miribel, "Welcoming The Public: A Royal Road to Alterity", *Documentation Et Bibliotheques*, Vol. 66, No. 1, 2020.

Miller S. M and Rein Martin, "Participation, Poverty, and Administration", *Public Administration Review*, Nol. 29, No. 1, 1969.

Moe Ronald C. , "Exploring the Limits of Privatization", *Public Administration Review*, Vol. 47, No. 6, 1987.

Moe Ronald C. , "The 'Reinventing Government' Exercise: Misinterpreting the Problem, Misjudging the Consequences", *Public Administration Review*, Vol. 54, No. 2, 1994.

Morrison Donald, "Review: Public Administration and the Art of Governance", *Public Administration Review*, Vol. 5, No. 1, 1945.

Mosher Frederick C. , eds. , *Basic Documents of American Public Administration: 1776 - 1950*, New York: Holmes & Meier Publishers, INC, 1976.

Mosher Frederick C. , "Research in Public Administration: Some Notes and Suggestions", *Public Administration Review*, Vol. 16, No. 3, 1956.

Orion F. White, Jr., "Social Change and Administrative Adaptation", in Frank Marini, eds., *Toward a New Public Administration: The Minnowbrook Perspective*, Scranton, PA: Chandler Publishing Company, 1971.

Ostrom Vincent and Ostrom Elinor, "Public Choice: A Different Approach to the Study of Public Administration", *Public Administration Review*, Vol. 31, No. 2, 1971.

Paynter, John, "Comment: On a Redefinition of Administrative Responsibility", in Marini F, ed., *Toward a New Public Administration: The Minnowbrook Perspective*, Scranton. PA: Chandler Publishing Company, 1971.

Peter Savage, "Contemporary Public Administration: The Changing Environment and Agenda", in Marini F, ed., *Toward a New Public Administration: The Minnowbrook Perspective*, Scranton. PA: Chandler Publishing Company, 1971: 17 - 48.

Philip Lewin, "Understanding Narratively, Understanding Alterity", *Human Studies*, Vol. 28, No. 4, 2005.

Randall Lehmann Sorenson, "Kenosis and Alterity in Christian Spirituality", *Psychoanalytic Psychology*, Vol. 21, No. 3, 2004.

Robert P. Biller, "Some Implications of Adaptive Capacity for Organizational and Political Development", in Marini F ed., *Toward a New Public Administration: The Minnowbrook Perspective*, Scranton. PA: Chandler Publishing Company, 1971: 119 - 124.

Rohr John A., "Professionalism, Legitimacy, and the Constitution", *Public Administration Quarterly*, Vol. 8, No. 4, 1985.

Rosenbloom David, "The Politics - Administration Dichotomy in U. S. Historical context", *Public Administration Review*, Vol. 68, No. 1, 2008.

Rosenbloom David H., "Public Administrative Theory and the Separation of Powers", *Public Administration Review*, Vol. 43, No. 3, 1983.

Sayre Wallace S., "Premises of Public Administration: Past and Emerging", *Public Administration Review*, Vol. 18, No. 2, 1958.

Schiesl, J Martin ed., *The Politics of Efficiency*, Berkeley: University of California Press, 1977.

Schultz, A David and Maranto, Robert, eds., *The Politics of Civil Service Reform*, New York: Peter Lang Publishing, Inc, 1998.

Seong Shin – Hyung, "A Study of Alterity and Ethics in Emmanuel Levinas", *Journal of Ethics*, Vol. 113, 2017.

Sharkansky Ira, "Constraints on Innovation in Policy Making: Economic Development and Political Routines", in Frank Marini ed., *Toward a New Public Administration: The Minnowbrook Perspective*, Scranton. PA: Chandler Publishing Company, 1971.

Simon A Herbert, "A Comment on the Science of Public Administration", *Public Administration Review*, Vol. 7, No. 3, 1947.

Simon A Herbert, "Applying Information Technology to Organization Design", *Public Administration Review*, Vol. 33, No. 3, 1973.

Simon A Herbert, Drucker Peter F. and Waldo Dwight, "Development of Theory of Democratic Administration: Replies and Comments", *The American Political Science Review*, Vol. 46, No. 2. 1952.

Simon A Herbert, "Organization Man: Rational or Self – Actualizing?", *Public Administration Review*, Vol. 33, No. 4, 1973.

Spicer Michael W. ed., *Public Administration and the State: A Postmodern Perspective*, Tuscaloosa: The University of Alabama Press, 2001.

Spicer Michael W. ed., *The Founders, the Constitution, and Public Administration: A Conflict in World Views*, Washington D. C.: Georgetown University Press, 1955.

Stivers Camilla, "Refusing to Get it Right: Citizenship, Difference, and the Refounding Project", in Wamsley, L Gary and Wolf, F James, eds., *Refounding Democratic Public Administration: Modern Paradoxes, Postmodern Challenges*, Thousand Oaks: Sage Publications, 1996.

Stivers Camilla, "Resisting the Ascendancy of Public Management: Normative Theory and Public Administration", *Administrative Theory & Praxis*, Vol. 22, No. 1, 2000.

Storing J. Herbert, "Review: The Crucial Link: Public Administration, Responsibility, and the Public Interest", *Public Administration Review*, Vol. 24, No. 1, 1964.

Terry Larry D., "Administrative Leadership, Neo – Managerialism, and the Public Management Movement", *Public Administration Review*, Vol. 58, No. 3, 1998.

Terry Larry D., "From Greek Mythology to the Real World of the New Public Management and Democratic Governance (Terry Responds)", *Public Administration Review*, Vol. 59, No. 3, 1999.

United Nations Technical Assistance Programme, *A Handbook of Public Administration*, New York: United Nations, 1961.

Van Riper Paul P., "The American Administrative State: Wilson and the Founders—An Unorthodox View", *Public Administration Review*, Vol. 43, No. 6, 1945.

Waldo Dwight, "Development of Theory of Democratic Administration", *The American Political Science Review*, Vol. 46, No. 1, 1952.

Waldo Dwight, "Epilogue", in Bailey, Timney Mary and Mayer, T Richard, eds., *Public Management in an Interconnected World: Essays in the Minnowbrook Tradition*, New York Westport: Connecticut London Greenwood Press, 1992.

Waldo Dwight, "Foreword", in Frank Marini, eds., *Toward a New Public Administration: the Minnowbrook Perspective*, Scranton. PA: Chandler Publishing Company, 1971.

Waldo Dwight, "Organization Theory: An Elephantine Problem", *Public Administration Review*, 1961.

Waldo Dwight, "Politics and Administration: On Thinking about a Complex

Relationship", in Chandler Ralph Clark, eds., *A Centennial History of the American Administrative State*, New York: The Free Press, 1987.

Waldo Dwight, "Public Administration", *The Journal of Politics*, Vol. 30, No. 2, 1968.

Waldo Dwight, "Public Administration and Change: Terra Paene Incognita", *Administration& Society*, Vol. 1, No. 1, 1969.

Waldo Dwight, "Public Administration in a Time of Revolution", *Public Administration Review*, Vol. 28, No. 4, 1968.

Waldo Dwight, "Supplement: Developments in Public Administration", *The Annals of the American Academy of Political and Social Science*, Vol. 404, No. 6, 1972.

Waldo Dwight, "The Administrative State Revisited", *Public Administration Review*, Vol. 25, No. 1, 1965.

Walker Harvey, "An American Conception of Public Administration", *Public Administration*, Vol. 11, No. 1, 1933.

Wamsley, L Gary, "A Public Philosophy and Ontological Disclosure as the Basis for Normatively Grounded Theorizing in Public Administration", in Wamsley, L Gary and Wolf, F James, eds., *Refounding Democratic Public Administration: Modern Paradoxes, Postmodern Challenges*, Thousand Oaks: Sage Publications, 1996.

Wamsley Gary L., Goodsell Charles T., Rohr John A., White Orion F. and Wolf Jim F., "The Public Administration and the Governance Process: Refocusing the American Dialogue", *Dialogue*, Vol. 6, No. 2, 1984.

Wamsley Gary L., "On the Problems of Discovering What's Really New in Public Administration", *Administration & Society*, Vol. 8, No. 3, 1976.

Wamsley Gary L. and Wolf James F., "Introduction: Can a High – Modern Project Find Happiness in a Postmodern Era", in Wamsley Gary L. and

Wolf James F. , eds. , *Refounding Democratic Public Administration*: *Modern Paradoxes*, *Postmodern Challenges*, Thousand Oaks: Sage Publications, 1996.

White Leonard D. , "The Second International Congress of Public Administration", *The American Political Science Review*, Vol. 18, No. 2, 1924.

White Leonard D. ed. , *Introduction to the Study of Public Administration*, New York: The Macmillan Company, 1935.

White Orion, "The Concept of Administrative Praxis", *Journal of Comparative Administration*, Vol. 5, No. 1, 1973.

Willoughby, F William: "Appendix III: A General Survey of Research in Public Administration", *The American Political Science Review*, Vol. 24, No. 1, 1930.

Willoughby, F William: "A Program for Research in Political Science", *American Political Review*, Vol. 27, No. 1, 1933.

Wilson Woodrow, "The Study of Administration", *Political Science Quarterly*, Vol. 2, No. 2, 1887.

Woodruff Rogers Clinton ed. , *Municipal Year Book*, American Academy of Political and Social Science, 1916.

Yates, Douglas ed. , *Bureaucratic Democracy*: *The Search for Democracy and Efficiency in American Government*, Cambridge, Mass: Harvard University Press, 1982.

Zinke, C Robert, "American Constitutionalism in the Interconnected World: Administrative Responsibilities in a Rhetorical Republic", in Bailey, Timney Mary and Mayer, Trichard, eds. , *Public Management in an Interconnected World*: *Essays in the Minnowbrook Tradition*, New York Westport: Connecticut London Greenwood Press, 1992.

Zoltán Kovács, Gábor Hegeds, "Gated Communities as New Forms of Segregation in Post – Socialist Budapest", *Cities*, Vol. 36, No. 2, 2014.